U0534871

问题青少年教育矫正管理丛书　主编◎苏春景
EDUCATION,CORRECTION AND MANAGEMENT OF PROBLEM YOUTH SERIES

问题青少年干预
理论与实务研究

王　丹◎著

中国社会科学出版社

图书在版编目（CIP）数据

问题青少年干预理论与实务研究 / 王丹著 . —北京：中国社会科学出版社，2018.5

ISBN 978 – 7 – 5203 – 2791 – 6

Ⅰ.①问… Ⅱ.①王… Ⅲ.①青少年问题—研究②青少年教育—研究 Ⅳ.①C913.5②G775

中国版本图书馆 CIP 数据核字（2018）第 154244 号

出 版 人	赵剑英
责任编辑	张　林
特约编辑	张冬梅
责任校对	周晓东
责任印制	戴　宽

出　　版	中国社会科学出版社
社　　址	北京鼓楼西大街甲 158 号
邮　　编	100720
网　　址	http://www.csspw.cn
发 行 部	010 – 84083685
门 市 部	010 – 84029450
经　　销	新华书店及其他书店
印　　刷	北京明恒达印务有限公司
装　　订	廊坊市广阳区广增装订厂
版　　次	2018 年 5 月第 1 版
印　　次	2018 年 5 月第 1 次印刷
开　　本	710×1000　1/16
印　　张	15.25
插　　页	2
字　　数	244 千字
定　　价	69.00 元

凡购买中国社会科学出版社图书，如有质量问题请与本社营销中心联系调换
电话：010 – 84083683
版权所有　侵权必究

问题青少年教育矫正管理丛书

主　　　编：苏春景
副　主　编：郑淑杰　张济洲
编委会名单：（按姓氏笔画为序）
　　　　　　王　丹　王陵宇　孔海燕　苏春景
　　　　　　李克信　张济洲　郑淑杰　单爱慧
　　　　　　梁　静　董颖红

目　录

第一章　绪论 …………………………………………………… (1)
　第一节　问题青少年界定 ………………………………………… (1)
　　一　问题的界定 ………………………………………………… (1)
　　二　青少年的界定 ……………………………………………… (3)
　　三　问题青少年的界定 ………………………………………… (8)
　第二节　问题青少年特征 ………………………………………… (9)
　　一　表现形式多样性 …………………………………………… (9)
　　二　产生原因复杂性 …………………………………………… (13)
　　三　行为的可塑性 ……………………………………………… (15)
　　四　复发的严重性 ……………………………………………… (19)
　第三节　问题青少年研究现状及趋势 …………………………… (20)
　　一　国内问题青少年研究现状及趋势 ………………………… (20)
　　二　国外问题青少年研究现状及趋势 ………………………… (23)

第二章　问题青少年分类及生成机制 ………………………… (32)
　第一节　问题青少年的分类 ……………………………………… (32)
　　一　学习困难青少年 …………………………………………… (32)
　　二　情绪问题青少年 …………………………………………… (33)
　　三　行为不良青少年 …………………………………………… (33)
　　四　成瘾问题青少年 …………………………………………… (34)
　　五　犯罪青少年 ………………………………………………… (34)
　　六　留守儿童 …………………………………………………… (35)
　　七　服刑人员子女 ……………………………………………… (36)

第二节　问题青少年生成机制 (36)
- 一　个体因素 (36)
- 二　家庭因素 (45)
- 三　学校因素 (51)
- 四　社会因素 (52)

第三章　学习困难青少年及干预 (55)
第一节　学习困难概述 (55)
- 一　国内外学习困难研究的发展历程 (55)
- 二　学习困难的定义 (58)
- 三　学习困难产生的原因 (62)
- 四　国内外对学习困难类型的分类 (69)

第二节　特征 (71)
- 一　认知心理特点 (71)
- 二　学业表现特点 (74)
- 三　社会性发展特点 (76)
- 四　心理健康特点 (77)

第三节　诊断与干预 (77)
- 一　学习困难的诊断标准 (77)
- 二　干预措施研究的发展历程与趋势 (79)
- 三　干预措施的分类 (80)

第四节　案例与干预 (83)

第四章　情绪问题青少年 (85)
第一节　概述 (85)
- 一　概念界定 (85)
- 二　情绪问题产生的原因 (87)
- 三　情绪问题的分类 (94)

第二节　焦虑症 (96)
- 一　特征 (96)
- 二　诊断与评估 (98)

第三节 抑郁症 …………………………………………… (98)
 一 特征 …………………………………………… (99)
 二 诊断与评估 …………………………………… (100)
第四节 强迫症 …………………………………………… (101)
 一 特征 …………………………………………… (101)
 二 诊断与评估 …………………………………… (103)
第五节 恐惧症 …………………………………………… (104)
 一 特征 …………………………………………… (104)
 二 诊断与评估 …………………………………… (106)
第六节 案例与干预 ……………………………………… (107)
 一 恐惧症案例 …………………………………… (107)
 二 抑郁症案例 …………………………………… (108)

第五章 行为不良青少年 ……………………………………… (110)
第一节 行为不良概述 ……………………………………… (110)
 一 研究历史追溯 ………………………………… (110)
 二 行为不良定义 ………………………………… (112)
 三 行为不良分类 ………………………………… (112)
第二节 行为不良青少年成因 ……………………………… (114)
 一 遗传和生理因素 ……………………………… (114)
 二 家庭环境因素 ………………………………… (115)
 三 同伴因素 ……………………………………… (118)
 四 社会因素 ……………………………………… (119)
 五 个人因素 ……………………………………… (119)
第三节 不良行为的分类 …………………………………… (121)
 一 攻击性行为 …………………………………… (121)
 二 破坏性行为 …………………………………… (124)
 三 逃学 …………………………………………… (125)
 四 早恋 …………………………………………… (127)
 五 说谎 …………………………………………… (129)
 六 偷窃 …………………………………………… (132)

七　吸烟 …………………………………………………… (134)
　第四节　青少年不良行为的诊断与干预 ………………………… (135)
　　　一　干预措施研究的发展历程 ………………………………… (135)
　　　二　不良行为的诊断 …………………………………………… (136)
　　　三　干预措施的分类 …………………………………………… (139)
　第五节　案例与干预 ……………………………………………… (146)

第六章　成瘾问题 …………………………………………………… (149)
　第一节　成瘾问题概述 …………………………………………… (149)
　　　一　成瘾问题研究追溯 ………………………………………… (149)
　　　二　成瘾理论 …………………………………………………… (151)
　　　三　概念界定 …………………………………………………… (153)
　　　四　成瘾问题的分类 …………………………………………… (153)
　第二节　特征 ……………………………………………………… (154)
　　　一　药物成瘾的特征 …………………………………………… (154)
　　　二　网络成瘾的特征 …………………………………………… (155)
　第三节　案例与干预 ……………………………………………… (155)

第七章　犯罪青少年及干预 ………………………………………… (157)
　第一节　概述 ……………………………………………………… (157)
　　　一　研究的发展历程 …………………………………………… (157)
　　　二　犯罪的界定 ………………………………………………… (162)
　　　三　青少年犯罪的定义 ………………………………………… (163)
　第二节　成因分析及特征 ………………………………………… (163)
　　　一　成因分析 …………………………………………………… (163)
　　　二　特征 ………………………………………………………… (168)
　第三节　处遇 ……………………………………………………… (179)
　　　一　监禁处遇 …………………………………………………… (179)
　　　二　非监禁处遇 ………………………………………………… (183)
　第四节　案例与干预 ……………………………………………… (188)

第八章　留守儿童 …………………………………………（190）

第一节　留守儿童概述 ……………………………………（190）
一　留守儿童的定义 …………………………………（190）
二　留守儿童的发展趋势 ……………………………（191）

第二节　留守儿童的特征 …………………………………（193）
一　留守儿童的身体健康特点 ………………………（193）
二　留守儿童的心理及性格特点 ……………………（193）
三　留守儿童的学业表现特点 ………………………（196）
四　社会性发展特点 …………………………………（197）

第三节　干预方法 …………………………………………（197）
一　社会干预 …………………………………………（197）
二　学校干预 …………………………………………（198）
三　家校共育 …………………………………………（201）

第四节　案例与干预 ………………………………………（202）

第九章　服刑人员未成年子女 …………………………（205）

第一节　服刑人员子女概述 ………………………………（205）
一　服刑人员子女的定义 ……………………………（205）
二　服刑人员子女的基本状况 ………………………（205）
三　服刑人员未成年子女出现问题的原因 …………（207）
四　服刑人员家庭未成年子女的发展趋势 …………（211）
五　研究我国服刑人员未成年子女教育现状的必要性
　　和重要性 …………………………………………（214）

第二节　服刑人员未成年子女的特征 ……………………（215）
一　自卑心理 …………………………………………（216）
二　逆反心理 …………………………………………（218）
三　嫉妒心理 …………………………………………（218）

第三节　服刑人员未成年子女的干预方法 ………………（218）
一　干预宗旨 …………………………………………（218）
二　社会干预途径 ……………………………………（219）
三　学校干预管理 ……………………………………（222）

四　监护人管理及干预 …………………………………………（228）
　　五　未来发展与展望 ……………………………………………（229）
第四节　案例与干预 …………………………………………………（230）

第一章

绪 论

第一节 问题青少年界定

一 问题的界定

所谓"问题"是"须解决的矛盾,需要回答或解释的题目。"(新华词典,2001,1031页)"问题"是处于需要解决的一些情形,它是现存状况与期望情形之间有所不同时而产生的。

"问题青少年"中的"问题"指一种非正常的有偏差的状态,主要包括行为偏差、心理偏差、道德偏差等方面。

（一）行为问题

行为问题包括行为和情感两方面。行为问题如违纪方面,情感问题又称神经性问题。美国教育界常用的定义是:(1)学校学习存在问题,(2)人际关系不好,(3)不合适的行为和情感,(4)泛化的抑郁和痛苦,(5)与学习恐惧有关的躯体症状。英国把行为问题分为A行为(Antisocial Behaviour,即违纪行为)和N行为(Neurotic Behaviour,即神经症性行为)两类。A行为包括经常破坏自己或别人的东西、经常不听管教、时常说谎、欺负别的孩子、偷东西。N行为包括肚子疼和呕吐、经常烦恼、对许多事情都烦、害怕新事物和新环境、到学校就哭或拒绝上学、睡眠障碍。

我国对行为问题儿童的诊断也包括行为和情绪两方面出现的异常行为,主要是对国际通行的几个测查行为问题儿童的量表加以修订而进行的,把行为问题儿童分为三种类型:外向型行为问题、内向型行为问题和混合型行为问题。外向型行为问题的儿童主要表现为多动、攻击性、违纪行为等；他们的言语理解能力和学习能力较差，可能有阅读、言语缺陷。内向型行为问题的儿童表现为抑郁、焦虑、社交退缩和躯体性诉述等，他们的操作技能较言语技能发展较差，可能存在完成实际行为或应用任务方面的困难，以消极、退缩、隐蔽的形式表现出来，对集体和他人没有明显的妨碍，不易引起教师和家长的注意，但却容易导致以后的各种心理障碍和社会适应不良。混合型行为问题兼有外向型和内向型行为问题及其他问题的特征，注意力不稳定。

（二）心理问题

心理问题又称心理失衡，是正常心理活动中的局部异常状态，不存在心理状态的病理性变化，具有明显的偶发性和暂时性，常与一定的情境相联系，常有一定的情景诱发，脱离该情景个体的心理活动则完全正常。对心理问题，可以有几种解释：第一，心理问题是指心理学中的问题，如心理是什么、心身关系、心理与实践、心理学的理论与应用等，均为心理问题。第二，心理问题是指心理学中研究的问题或心理学工作者研究的问题，如心理学研究什么问题、心理学研究的课题、某心理学工作者正在研究什么问题，均属心理问题。第三，心理问题是指人们心理上出现的问题，如情绪消沉、心情不好、焦虑、恐惧、人格障碍、变态心理等消极的与不良的心理，都是心理问题。（严格来说，心理问题无褒贬之意，既包括积极的，也包括消极的。）心理问题不同于生理疾病，它是由人内在精神因素准确地说是大脑中枢神经控制系统所引发的一系列问题，它会间接地改变人的性格、世界观及情绪等。本书所指的是第三种青少年心理上出现的问题，其原因须将社会文化以及个人成长视作整体，心理在其中是被决定的一方。从人文宏观视野上以弥补科学心理学的不足，对青少年心理问题可以谨慎地做出界定，即青少年心理问题就是在青少年成长和社会化的过程中，出现的与社会规范的不合，在社会规范自身的要求以及各种权力话语参与下的一种区分。

（三）道德问题

道德问题是一种社会意识形态，是人们共同生活及其行为的准则与规范。道德往往代表着社会的正面价值取向，起判断行为正当与否的作用。道德是指以善恶为标准，通过社会舆论、内心信念和传统习惯来评价人的行为，调整人与人之间以及个人与社会之间相互关系的行动规范的总和。道德作用的发挥有待于道德功能的全面实施。道德具有调节、认识、教育、导向等功能。不同的对错标准来自特定生产能力、生产关系和生活形态下自然形成的。一个社会一般有社会公认的道德规范。只涉及个人之间、家庭等的私人关系的道德，称私德；涉及社会公共部分的道德，称为社会公德。虽然人类的道德在某些方面具有共通性，但是在不同的时代、不同的社会，往往有一些不同的道德观念；不同的文化中，所重视的道德元素及其优先性、所持的道德标准也常常有所差异；同样一种道德，在不同文化社会背景中的外在表现形式、风俗习惯往往也相差甚远。道德问题可以理解为在道德认识、道德情感、道德意志和道德行为上存在与社会意识形态，即与人们共同生活及其行为的准则与规范所不符的地方。而青少年的道德问题可以狭义地理解为青少年易在道德情感、道德判断、道德实践上产生偏差状态，出现与社会意识形态，即与人们共同生活及其行为的准则与规范所不符的地方。

二 青少年的界定

自从1882年普莱尔发表《儿童心理学》标志着科学的儿童发展心理学的诞生开始，青少年时期的界定就成为一个学界争论不休的问题，曾有学者在不同的文化中进行长期跟踪研究，发现，不管社会形态如何，不论文明进步程度如何，青少年阶段都是个体成长发展中不可或缺的人生阶段。青少年期在英文中被称作"adolescence"，它源自拉丁文"adolescere"一词，"adolescere"在拉丁文中是一个动词，其含义是"成长为成年人"。在人类个体一生的发展历程中，童年期是人生发展的成长期或幼稚期，成年期是人生发展的成熟期，而青少年期就是连接两个时期的桥梁，在人一生的发展中处在一个过渡的位置上，也就造成了它的独特性与重要性。因此，我们将在接下来的学习中着重介绍有关青少年阶段的年龄界定方面的问题。

（一）对过去青少年界定的回顾

回顾过去对于青少年时期的界定，主要来自四种研究视角：生理发展、心理发展、社会和教育等。例如，霍尔和他的复演理论、格塞尔的成熟理论，都是站在生理发展视角对青少年进行界定的代表理论，而在心理发展视角的代表人物主要有安娜·弗洛伊德和埃里克森，其中以埃里克森尤为著名。他将青少年的年龄界定在了12岁到18岁，因为，埃里克森认为在这一时间段内，青少年主要面临的危机是同一性的问题，因此他将同一性问题的混乱和同一作为这一时期的主要矛盾冲突。除此之外，我国的法律则从社会的角度对青少年进行了界定，虽然在我国现行法律中并没有明确的描述，但由于我国法定的青年节的对象是从14岁开始，因此我们也可以认为在法律上将青少年的年龄界定在14岁左右。在教育方面的代表人物主要是皮亚杰和他的认知发生论，他认为，当孩子的思维发展到形式运算阶段的时候就标志着他已经进入青少年时期了。无论是在发展心理学中还是在各种文献中对于青少年的年龄界定一直存在巨大的争议，这主要是由于存在多种青少年期的界定标准造成的。采用的界定标准不同，所确定的青少年期的起止标准就会相应地发生改变。表1—1中介绍了青少年起止时间的不同标志。

表1—1　　　　青少年起止时间的标志

标志	开始时间	终止时间
生理的	青春期的到来	生殖能力的获得
心理的	与父母疏远的开始	独立的同一感的获得
教育的	高级推理能力的出现	高级推理能力的牢固
人际的	人际交往的兴趣从父母转向同伴	获得与同伴亲密交往的能力，体验到亲密感
社会的	开始接受相应的训练，为从事成年人的工作、承担家庭与公民角色等做准备	完全拥有成人的地位和权力
法律的	少年地位的获得	法定成年地位的获得
文化的	进入向成年过渡的仪式化的训练阶段	成人仪式的结束

资料来源：Steinberg：《青春期：青少年的心理发展与健康成长》，上海社会科学院出版社2007年版。

由表1—1可以发现，采用不同的标准所界定的青少年的起止时间，其中大多比较相近，例如采用生物标准和法律标准所界定的青少年时期的起止时间基本一致。一般而言，青春期开始的时间在十二三岁，到十七八岁个体开始获得生殖能力则意味着青春期的结束（需要注意的是，这里所说的获得生殖能力是指已经完成了必要的发育和必要的生育准备阶段，虽然女性从出现月经开始就已经可以受孕。但是，我们并不认为她们已经具有了完备的生殖能力）。

另外，上述青少年期的不同界定标志的稳定性也是不同的。其中生物的、认知的以及人际的标志意味着个体成熟的因素影响较大，因而相对比较稳定，且具有较强的跨文化的一致性。而教育的、文化的以及法律的标志则受文化和社会因素的影响较大，由于社会发展水平的不同，不同的国家和地区的青少年接受教育的年限也不同等。因此，以学校教育的结束时间作为标志，会使不同国家和地区个体的青少年的终止时间存在较大的差别。

我国的发展心理学界一般把青少年界定为十一二岁至十七八岁这一发展阶段，相当于中学教育阶段（林崇德，2002），并且又进一步将这一阶段分解为青春期和青年初期两个阶段（林崇德，1995）。而这一界定在西方则是一个更大的区间，西方学者认为青少年应当是从青春期开始，直至完成大学学业这一阶段都视为青少年阶段。相比较国内的界定标准，西方的界定标准在西方社会显得更为贴切，原因在于在西方的文化氛围中，孩子从大学里毕业以后就代表着其正式成为社会中的一个独立的成员，他将走出他的原生家庭承担起自己的社会责任，成为一个有担当的成年人。但这一界定在中国则并不合适，原因在于即便是离开了大学，我们的孩子依然有很多依附于他们的原生家庭之中，无法正常地担负起他们的责任和义务，因而也就不能称为一个成年人。

综上所述，我国在青少年的界定上还存在诸多的不完善之处。首先，青少年的界定具有理论视角的不全面性特点；其次，我国青少年的界定还存在适应不良的问题，即无法适应我们当代青少年承担社会责任的年龄特点。因此，虽然已有很多的心理学家对青少年进行了界定，但是，我们要知道任何一个个体都是整体的，无论从生理、心理、社会和教育任何一个视角单一界定青少年，都不可能全面地反映出这一群体的现实特点，因此，应四方面同时兼顾。另外，为了便于现实的实践操作，我们还应当具体界定出青少年阶段年龄的下限及上限。

（二）青少年阶段年龄的下限

由于我国青少年的界定存在一些不足，因而我们需要对青少年这一阶段进行"再界定"，而在本节中我们将着重探讨青少年阶段年龄的下限的界定。

首先,我们依然认为应当将青春期的到来作为一个重要的参照指标。但是,根据我国最新的研究结果我们可以发现,随着我国现代化建设的不断推进,我国目前青少年的青春期的来临时间较之过去有了明显的提前(由于青春期的直接测量难以进行,因此,我们采用间接推断的方法,将身高体重的快速增加作为青春期到来的指标)。

表1—2　　　　儿童青春期年龄增长状况(男生)

年龄(岁)	2000年	1995年
8	5.6	4.3
9	4.9	5.1
10	5.2	4.7
11	5.3	5.4
12	6.3	5.1
13	8.0	8.6
14	5.3	6.4
15	3.8	3.9
16	2.1	2.7
17	0.8	1.6
18	0.2	0.3

注:表格中的数值=当年身高-上年身高。

由表1—2我们不难看出,2000年时男孩从12岁左右开始身高明显增长,而在1995年时这一年龄处在13岁左右。由此可以看出,随着科技的不断进步和生活水平的不断提高,儿童青春期来临的时间也是越来越早。这是由于多方面原因造成的,一方面,随着各类食品添加剂的使用会加快儿童成熟的速度;另一方面,随着改革开放的深入,儿童也有更多的机会接触到各种与性方面有关的信息,这也从心理的层面加快了儿童青春期的到来。除此之外,在社会层面来看,青少年的越轨行为可以追溯到儿童期(6岁左右)的不良行为。并且,根据相关研究的结果显示,不良行为发生的高峰阶段为8—10岁。并且我们的儿童往往在较早的年龄就具备了社会角色的认同。例如,在儿童时期,男孩就更偏爱刀剑、枪械、汽车等类型的玩具，而女孩则更加偏爱洋娃娃等玩具，这可以被认为儿童对于符合自身性别的社会价值观的认同。因此，在界定青少年阶段年龄的下限时，我们必须要考虑到社会进步对于儿童步入青少年时期的影响。除此之外，我们还应该了解，我们在强调青少年的心理问题的干预时，对于青少年心理问题的预防应当大于矫正。所以，通过上面的论述，我们认为应当将青少年阶段年龄的下限界定为6岁。

（三）青少年阶段年龄的上限

在对青少年阶段年龄的下限进行了界定之后，我们将要着重讨论青少年阶段年龄的上限界定问题，对于青少年阶段年龄的上限界定的讨论主要围绕两个方面进行，一个是界定的理论根据，另一个是界定的现实根据。

首先，根据埃里克森的观点，他认为在个体的成年早期时面对的主要问题就是亲密对孤独的冲突。如果这一阶段的危机成功地得到解决，就会形成爱的美德；如果危机不能成功地解决，就会形成混乱的两性关系。而也就是从这一阶段开始，个体开始真正踏入社会，告别青春期的年少无知，承担起了必要的社会责任。这正好对应了我们给青少年阶段的定义，一旦个体踏入社会能够独立地承担社会责任，那么，我们就认为个体的青少年阶段结束了。埃里克森的发展理论就是我们在界定青少年阶段年龄的上限时所沿用的心理方面的理论根据。

其次，从社会方面来看，由于我们的青少年在学校的学习时间被大大延长了，对于我们的一般家庭来说，只要父母依然具备相应的经济能力，那么，他们就会一直负担孩子的各种生活费用直到学习阶段的结束。因此，直到青少年结束学业之前，他们都没有在社会生活中占有一定的社会地位，掌握一定的社会资源，因而他们仍然属于青少年的范畴。

但是，埃里克森的理论认为，成年早期对应的年龄为18岁左右。因为，对于美国这个强调独立的个人主义国家来说，当孩子成长到18岁，就必须要离开父母并承担基本的社会责任甚至成家立业了。所以，对于美国来说将这一阶段的年龄限定在18岁是符合美国的基本国情的。但是，对于我国来说，我国属于社会主义国家，强调家庭在个人成长中的重要作用。正如我们在上文中所说，我国的年轻人往往要等到学业完全结束以后，才开始独立地承担部分社会责任。所以根据我国年轻人的实际情况，我们将青少年阶段的年龄上限定义在25岁，即以完成大学学业进入社会，承担基本的社会责任为标志。

三　问题青少年的界定

在国内理论界，相比于"问题青少年"，"青少年问题"一词出现得更早。"问题青少年"这一词首次出现在1985年许德琦和吴再德的《团伙犯罪与青少年不良交往》一文中，提到"各类有某种不良习气或不良品德的青少年，即问题青少年，正是通过不良交往，特别是不良的社交娱乐活动结成不良游戏型群体，并在不良交往互动过程中结为劣迹群体。"随后，该术语被理论界广泛采纳，沿用至今。

孔海燕将问题青少年分成心理障碍青少年、品行不端青少年和行为失范青少年三类。闫磊和黄梦其认为，问题青少年具有以下五个方面的特征，主要表现为：一是情感异常。意志薄弱，精神压抑，离群寡欢，胆小怕事，缺乏自信心和独立性。抑或性格狂躁，情绪波动大，自控能力差，缺乏恒心和爱心，不懂得尊重和体谅他人。二是思想空虚。表现为理想信念模糊，精神思想空虚，信奉个人主义、享乐主义和拜金主义等错误思想，稀里糊涂混日子或一味追求吃喝玩乐、追星赶潮。三是消极懒惰。往往怕苦怕累怕脏，轻视鄙视劳动，自理能力较差。有的甚至连上学都经常迟到早退、无故旷课。四是奢侈浪费。往往缺乏艰苦奋斗的精神，勤俭节约意识比较淡薄。五是违法犯罪。抽烟酗酒、寻衅闹事，加入帮派、偷抢诈扒，打牌赌博、群架斗殴，严重伤害他人等无所不包。严格意义上说，以上特征类型用现象代替本质的简单罗列还不能称作界定。

邓世英等将问题青少年等同于具有问题行为的青少年，并根据严重程度，将问题行为分成普通的不良行为、反社会行为和过失、犯罪行为。周璐仅以犯罪青少年为论述对象去探讨问题青少年的教育和管理。这种以问题青少年的部分特征、类型来代表作为整体存在的概念也存在局限。从社会学的角度出发，强调问题青少年在社会化过程中出现缺陷，偏离、违背社会规范，表现出普遍的适应不良。例如徐淑慧等认为，问题青少年是指对家庭、学校和社会生活适应不良，偏离或违背社会规范及违法犯罪的特殊群体。许标等认为，青少年的问题行为是指其在家庭、学校、社会等方面由于无法顺利适应环境，从而产生生理上或者精神上的困扰。

从个体社会化过程的视角去界定问题青少年具备一定的合理性,但是它同样不能涵盖全部问题青少年。

处于发育阶段的青少年由于需求膨胀而能力有限,极易诱发偏差行为,并在对客观事物的认知上表现出如下特点:(1)认知倾向带有情绪色彩,表现为好问、好动、好奇、猎奇。(2)思维能力不发达,对客观事物的认知、分析能力低。(3)在伦理观念方面是非模糊或颠倒,形成了错误的人生观,往往信奉极端利己主义和享乐主义。(4)情感起伏节奏快、幅度大,变化多端,喜怒无常。而青少年的偏差行为经常是因头脑发热,感情失控,或激情难抑而迁怒他人不计后果的疯狂行为。主要呈现出以下特点:(1)不考虑后果的盲目性;(2)产生偏差行为的随意性、无计划性,多是一时冲动;(3)偏差行为的连续性,一次偶然的行为得手之后,侥幸心理便得到强化;(4)偏差行为的逆反特点:青少年普遍渴望独立和自立,不愿受管束。

综上所述,实际上"问题青少年"是一个复合概念,外延上包括若干种存在差异的群体类型。"问题青少年"这一概念目前尚无统一定义,通常是用以指称违背了社会普遍认同的准则或者偏离了正常的、健康的成长规划道路的青少年,其行为往往出现"偏差",为社会多数他人所不能接受。本书基于状态特征、年龄特征和连续体特征三个维度进行"问题青少年"的概念界定,所指的"问题青少年"是具有非正常的有偏差的状态,主要包括行为偏差、心理偏差、道德偏差等方面问题并在问题连续体上表现出不同严重程度的6—25岁的人群,其中包括学习困难青少年、情绪问题青少年、行为不良青少年、成瘾问题青少年、犯罪青少年、留守青少年、服刑人员子女七大类型。而留守儿童和服刑人员子女作为失学、失管和失教中的失管人群,长期处于问题家庭中,为问题青少年产生的高危人群。

第二节 问题青少年特征

一 表现形式多样性

由于青少年的心理和生理的复杂性导致了针对青少年心理问题的分类一直具有比较大的争议。专家学者们根据心理问题的种种表现从不同的角度提出了不同的分类方法，归纳下来主要有以下几种情况：

二分法的分类标准，用这种方法进行分类的研究者有，19世纪20年代美国的心理学家威克曼（E. K. Wickman），他将青少年常见的问题分为扰乱性的（如扰乱课堂纪律）和心理性的（如抑郁情绪）。

三分法的分类标准，用三分法对青少年问题进行分类的研究者为美国心理学家奎伊（H. C. Quay），他认为除了威克曼划分的扰乱性和心理性的两类问题以外还存在青少年早期表现出来的在情绪和社交上的不成熟。

四分法的分类标准，我国著名的学者左其沛等根据问题行为产生的内部动因、外部情绪、心理状态、个性特点、行为方式及其特点、行为后果、自我评价及体验性质程度七项指标将问题行为分为过失型、攻击型、压抑型和品德不良型四类。

五分法的分类标准，采用五分法的分类标准进行分类是由日本心理学家古泽赖雄提出的，他将问题行为分成五种类型：即神经性行为、人格问题上的行为、智力活动上的行为、神经病行为、社会性行为。但是，本书并没直接采用现已成型的分类标准来对青少年的心理问题的表现形式进行分类，这是因为我们发现以上我们总结的分类标准都只是停留在对现象进行讨论的层面。我们认为，如果想要深入地去研究青少年的心理状态必须透过其表象进入本质层面进行讨论。这是由于青少年心理问题的复杂性特点所决定的。例如，我们发现有一名学生扰乱课堂纪律，但如果我们没有理解他这么做只是为了吸引他人的注意的话，我们对于他的批评往往会吸引同学们对于他的这种不良行为的注意，反而满足了他希望得到关注的心理需要，从而强化他扰乱课堂纪律的行为。

问题青少年的特征主要表现在以下几个方面：

（一）问题青少年的家庭特征

青少年的很多心理及行为问题的产生都是由于家庭的忽视造成的，因而，问题青少年往往具有相似的家庭特征，主要表现在：

（1）家庭的成员残缺：家庭是孩子的第一个课堂，父母是孩子的第一任老师。家庭教育具有学校教育、社会教育不可替代的作用，夫妻关系是家庭存在的基础。当离婚、死亡或服刑以及其他原因失去了夫妻中的一方或双方时，家庭的完整性便遭到破坏。这时家庭既给子女心理造成一定伤害，又给子女的家庭教育造成了严重的缺陷。

（2）家庭的过度溺爱：如今，在不少家庭中家长对青少年由宠爱滑向溺爱。这种一味地迁就而不加引导的做法，导致青少年从小养成好吃懒做、贪图享受、好逸恶劳、自私自利、唯我独尊、占有欲极强的心理。当其不断增长的需要欲望在家庭中得不到满足时就会向家庭外扩张，由于外界不能满足其一贯的"手到擒来"的要求，加之青少年的认知能力还较低，思想水平不高，尚未形成健全的人格，青少年就会采取一些不正当的做法。

（3）家庭的暴力伤害：现代社会的就业竞争日趋激烈，学历竞争是不可避免的趋势，这样就加剧了教育内部的升学竞争。加上独生子女政策，家长往往把压力转嫁到孩子身上，以使他们将来在竞争中处于优势。他们对孩子的学习成绩的要求大大超越了幼小心灵能够承受的范围。他们奉行"棒棍教育"，不能耐性细致的说服教育。造成孩子和父母感情破裂，形成情绪对立、互不信任的局面。

（4）家庭的沟通不良：有些父母，整天忙于工作或生意，无暇顾及孩子，对子女关心爱护不够。有的父母业余时间都用在泡舞厅、打麻将上，很少过问孩子的思想表现和学习娱乐。由于缺少沟通，形成思想隔阂，对子女的思想、行为也无从了解和掌握，并且由于缺乏管教，加上孩子自我约束力差，一旦结交不良之徒，便容易走上歧途。

（二）问题青少年的校园特征

由于今天的青少年在学校待的时间更长，其青春期也相应地延长了。只要他们经济上还依靠父母，还未开始在职场打拼，无论在家长还是他们自己的眼里，他们都不是成年人，还是个孩子。因而，问题青少年的很多特征在学校期间就已经有所表现，包括以下方面：

（1）学业的失败：学习成绩差和青少年偏差行为有着直接的关联。有一个一致的看法，在学校成绩长期不良的学生也是最容易出现偏差行为的人。事实上，研究者普遍发现，和个人的经济地位、种族和民族背景、朋友交往等因变量比较起来，学业失败对于青少年犯罪具有更强烈的显示意义。学业失败可能导致他们离开学校，开始他们的反社会的行为。因而，学业的失败往往是问题青少年普遍具有的特征。

（2）与同学的疏离：有学者认为，在课堂上捣乱，在学校里破坏公物、展示暴力的行为表现，从某种意义上讲，正是青少年想在毫无生机的校园内寻找快乐。对那些产生疏离感的学生而言，这些捣乱之所以有吸引力，正在于它是对不友好的、令人窒息的学校氛围的一种替代。因而，那些具有失范行为的青少年往往具有与其他同学格格不入的特征，而与同学的疏远进一步加重了问题青少年的孤独感，从而加重了越轨行为的产生。

（3）具有与主流文化相抵触的亚文化：问题青少年往往对于主流的文化呈现出一种敌对和漠视的态度，这主要是由于他们难以在主流文化之中找到自己的位置造成的。也正是由于这种对于主流文化的敌视，使那些与主流文化相违背的社会亚文化得以在这类青少年中流行起来，而这些亚文化往往会指引着青少年走上违法犯罪的歧途。

（三）问题青少年的行为特征

行为问题是问题青少年身上常表现出来的问题，他们往往表现为越轨行为，甚至是违法犯罪行为。并且他们往往具有极端残忍性和危害性，主要表现在以下几个方面：

（1）暴力行为突出：问题青少年往往表现出对于暴力的热衷，他们往往在遭遇冲突时采用暴力解决问题，甚至这种泛暴力化的倾向已经渗透进了他们的日常行为之中，表现为对于暴力游戏、暴力影视的热爱，以及对于社会混乱无序的热衷。

（2）行为集团集群化：问题青少年往往具有集群化的趋势，他们往往集体行动，因为他们能够在暴力团体得到认同，而这种认同正是他们在主流文化难以得到的，因而这种行为的集团化也就成了问题青少年的一个重要行为特征，同时，也正是由于行为的集团化，导致了青少年的犯罪行为，往往具有更大的危害以及更加恶劣的社会影响。

（3）自我监控性差：自我监控又称自我管理、自我控制、自我调整、自律性管理，是自我意识的重要成分。自我监控是指个体对自身的心理与行为的主动掌握，调整自己的动机与行动，以达到所预定的模式或目标的自我实现过程。问题青少年往往具有比较差的自我监控水平，他们对于自己行为是否符合道德和法律的要求缺乏判断，因而他们往往不会考虑行为的后果从而导致各类越轨性的产生。

（四）问题青少年的心理特征

(1) 情绪处理障碍：由于青少年时期的前额叶发育不完善，使得青少年在情绪控制上存在困难，并且生理上的巨大变化使得个体往往经历着焦虑、自卑等不良情绪，而对于问题青少年，在解决这些情绪时往往存在困难，因而他们往往长时间处于自卑、孤独和抑郁的情绪中不能自拔，因此，不良情绪的处理障碍往往是问题青少年的一大特征。

(2) 认知存在偏差：问题青少年的认知往往存在偏差，将别人的言语错误地知觉为带有攻击性的动机，从而导致了攻击行为的产生，除此之外，还包括片面化和偏执化等特点，主要表现为对别人的行为进行曲解和错误的解释。

(3) 人格的缺陷：人格缺陷是很多犯罪青少年所具有的人格特征，他们往往由于家庭或童年早期的不幸经历，因而形成了边缘化人格，反社会人格以及抑郁型人格，这些不良的人格特质使他们成为暴力犯罪等越轨行为的易感人群。

虽然我们可以从问题青少年这类群体上总结出很多的特征，但我们要注意的是，这些特征并不能草率地成为我们判断一位青少年是否属于问题青少年的标准。

二 产生原因复杂性

（一）生理原因

母亲孕期中各种有害因素，比如一些严重躯体疾病、服用药物，甚至严重抑郁情绪和心理问题都会通过血液和内分泌的改变间接影响到婴儿的成长。还有一些婴儿期的感染性疾病，特别是造成严重脑损伤的婴儿，都会造成日后的学习困难、严重的问题行为甚至是暴力犯罪。不同性别的青少年问题行为也表现出差异，从生理角度出发攻击性和激素有关，尤其是和雄性激素有关。

（二）社会原因

来自社会各方面的因素对青少年的负面影响已是不容置疑的事实。青少年的问题行为发生率与其所生活的环境密切相关。大众传媒的负面信息对青少年的价值观的形成产生重要影响，模糊了是非观念，减弱了青少年对自己不当行为的控制，增加了对不良行为的容忍度，鼓励了问题行为的产生。实验证明，经常观看暴力行为电视节目和迷恋网络游戏的青少年更多地表现出一些攻击行为。社会上各种错误思想观念的侵蚀、不良社会风气的影响、不健康娱乐场所的诱惑，其中网络成瘾以及不良的网络文化传播成为重要原因。社会不良的思想观念、不健康的大众媒体以及适应未来社会发展带来的压力，都是形成青少年问题行为的重要社会因素。[①]

宏观社会环境论述青少年犯罪的成因内容非常丰富，主要从社会转型期的角度介绍各种影响青少年犯罪的宏观社会环境因素，包括经济因素、文化因素、制度因素。经济因素主要是指经济水平的发展不充分导致青少年经济需求通过正当途径得不到满足，这促使一些青少年走上了犯罪的道路。文化因素的讨论主要集中在制度因素的研究上，集中在对现有青少年法制建设的缺点上，另外也对青少年相关的教育制度、就业制度、社区服务制度等多方面制度内容进行了讨论。

（三）群体同伴因素

青少年想摆脱家庭与父母，在同伴中寻求归属和依托，这时同伴关系是青少年获取信息、交往技巧的重要途径。群体中的正面影响是大家互敬互爱，共同进步。负面影响是不甘示弱，哥们儿义气的冲动造成不理智行为。在群体中肯定会有人"免疫力"较低，这时若有人出现问题行为那么就很容易感染，甚至交叉感染。方晓义等研究青少年吸烟问题时发现，青少年吸烟的行为受到父母对吸烟的态度、父亲吸烟的行为、同伴吸烟行为等的影响，而同伴的吸烟行为影响巨大。

（四）家庭原因

研究表明，家庭因素与问题青少年的产生高度相关，父母的受教育水平、工作性质、经济条件、生活习惯、父母的教育方式以及家庭结构都与问题行为的发展有着实质性的联系。

家庭结构模式。目前我国的家庭结构以三口之家的核心家庭为主，独生子女家庭在城市中已占据主导地位，独生子女容易养成刁蛮、任性的性格。表现为生活自理能力差、社交能力差、依赖观念重，这些都是

---

① 赵敏、李莉：《青少年问题行为的研究综述》，《新西部》2010年第9期。

滋生问题行为的土壤和条件。单亲家庭又称缺损家庭也是我们常见的一种家庭结构。这种不完整的家庭结构带来的是巨大的心灵创伤，由于青少年无法得到完整的家庭的爱，随之而来的便是焦虑、孤独、拒绝社交等问题行为。在1990年，29个省、市、自治区的52位心理学家在全国学校范围内调查，研究父母离婚对青少年心理、行为各个方面的影响，结果表明，家庭的破裂对孩子的心理创伤是明显的、多角度的和长期的。

父母教育方式。父母的受教育水平、工作性质等因素往往通过父母对青少年的教育方式来对青少年的成长产生影响。有学者认为，在所有影响儿童发展的家庭因素中，父母教养方式对儿童发展的影响最大也最直接。青少年感知到的父母教养方式越温暖越投入，他们的不良行为就越少。在民主型的亲子关系中，父母往往采取温和的教养方式，在相对科学的教育理念的指导下教育孩子，这是有利于健康成长的方式。相反，在受教育水平、心理问题等因素的影响下，有些父母会采取严苛的教育方式，包括态度严肃、要求严格、采用体罚等。早期严厉的，没有爱的环境很可能导致孩子形成敌对的内部加工模式，等孩子长大后会在特定的情景中激活这种敌对和反社会的问题行为。

（五）自身原因

从主观上看，是其错误的思想观念造成的：（1）错误的世界观。一方面，青少年大多处于人生的"十字路口"，其世界观尚未正式形成，又缺乏长期系统的理想、道德和文化素养培养，部分青少年对人生的认识消极片面。另一方面，青少年社会阅历浅、文化水平低、是非观念差，再加之他们正处于情感波动期，思想可塑性大，求知欲、渴望欲强盛，而自控力不强、容易冲动，相对更易于接受外界的各种思潮和错误观念的误导。（2）错误的消费观。一些青少年由于受自身诸多因素的影响和局限，在生活中一味盲目追求高档次消费。当他们的消费欲望得不到满足时，往往就会采用非法手段，甚至铤而走险。（3）淡薄的法纪观。组织纪律观念、政策法制观念，在不少中小学生头脑里显得十分淡薄。我行我素，说话做事，不计后果的现象在青少年之间比较普遍。

三　行为的可塑性

青少年时期正处在一个急剧动荡的时期，在这一时期个体正经历着从一个懵懂的儿童到成年人的转变，而且，这一时期更是个体形成自己独特价值观、是非观和世界观的关键时期。在这一时期个体会由寻求父母的认同逐渐转向寻求同辈同伴的认同，并且，在生理方面，由于大脑中的额叶还没有完全发育成熟，因此，在这一时期个体缺乏对于自己未来的明确规划，并且额叶发育的不成熟还直接导致了对于自身行为和情绪的监控水平不足，因此，处在青春期的个体都普遍具有易冲动的特点并且个体的行为会极易受到外界环境的影响。例如，他们可能因为社会对他们的期望而认真学习，争取进步；更有可能因为社会的歧视而误入歧途走上违法犯罪的道路。除了社会因素以外，同伴关系也是一个极其重要的因素，在2000年台湾的研究者谢月英就曾对同伴关系与行为偏差的关系进行过研究，青少年由于渴望获得认同感和归属感会加入各种社会小团体，而青少年的行为将会极大地受到这些社会小团体的亚文化影响而产生各种越轨行为甚至走上违法犯罪的道路。因此，针对青少年时期个体易受到外界行为塑造的特点，我们将从社会、同伴、媒体、家庭四个方面进行讨论青少年的行为是如何被外界环境塑造的。

（一）社会标签对行为的塑造

越轨是指偏离或违反一定社会行为规范的行为，又称离轨或违轨。对越轨的理论解释有许多种，其中很重要的一种就是社会标签理论。标签理论（Labeling theory）又称烙印理论，其代表人物有埃德文·雷伯特（Edwin Lemert）、霍德华·贝克尔（Howard Becker）等。该理论吸收了符号互动论的思想，集中讨论了越轨的过程，突出强调越轨是相对的而不是绝对的这一观点。该理论认为，所谓越轨和违法犯罪行为是一种人为的主观判断。在任何一个人类社会中，没有任何行为从其本质上来说是越轨的。某种现象之所以成为问题，是因为社会给行为人贴上了一定的标签。一个人只有被他人贴上了"越轨者"的标签时，他的行为才构成违规行为，而这一标签恰是"越轨者"与"正常人"区分开来的耻辱标志。

越轨者从违规到被贴上标签的过程有三个连续的环节：首先是权威者（如警察、学校的老师）或关系密切的人（如父母、朋友）等对越轨行为的觉察；接着是对越轨者贴上违规的标签；最后是越轨者加入越轨群体或越轨亚文化，他的越轨行为在群体和亚文化中得到支持和认可。

这样，一个人就开始了他的越轨生涯。在这一越轨形成的过程中，第二阶段即给当事人贴标签是关键，而加入越轨群体则是强化剂。没有权威者对越轨者贴标签的过程，越轨这一行为也就不会被认定，越轨群体的强化作用也就失去了基础，后来的复发性、习惯性越轨也就不可能出现。由此可见，他人或群体对越轨者的否定性评价和处置措施在越轨者最初形成过程中起着关键的作用。

所以上面在对于标签理论的阐述中我们不难发现，其实"权威者"也就是我们的警察、学校以及"关系密切者"父母、朋友等对于个体的评价会在很大程度上影响到个体今后的行为倾向。因此，首先在我们对那些产生越轨行为的青少年进行评价时要注意自己的方式，尽量选用非正式的场合的谈话代替在众人面前的当面指责。其次，我们在面对有越轨行为的青少年时要采取一视同仁的态度，不要因为他们曾经有过不良的记录就对他们区别对待。当然，也不应该过度关心矫枉过正。

（二）同伴关系对行为的塑造

人是群居的动物，无论生理方面或心理方面均不能脱离群体而生活。人活在群体中，在物以类聚下形成同辈团体，它是由一群年龄相近的人所组成的团体。在同辈团体中个体通过同伴关系与其他个体联系在一起。

青少年离开父母的同时也与他们的朋友越走越近。在工业化社会中，几乎所有的6—7岁的孩子都认为，一天中最好的时光是在学校与同学们一起度过的。然而，到了青春期，年轻人与同龄人的相处时间不仅仅限定在学校，还包括他们放学后的课余时间——晚上、周末以及暑假等假日。

除此之外，青少年在青春期与家人和朋友的关系发生的变化不仅仅是数量上的，还有质量上的。青少年们指出在同伴关系和亲密感上他们依靠朋友多于依靠父母和兄弟姐妹。一项对比青少年朋友和父母关系质量的经典研究是由尤尼斯（Youniss）和斯莫拉（Smollar）开展的，他们调查了1000名12—19岁的青少年。超过90%的青少年指出他们至少有一位"对我意义非凡的"密友。还有大多数（大约70%）的青少年同意"我的密友比我的父母更了解我"这样的陈述。

也正因如此，青少年的同辈密友会对于个体的行为产生巨大的影响，因此引导青少年建立良好的友谊对于青少年心理问题的干预将会产生巨大的作用。

（三）媒体导向对行为的塑造

因为青少年每天都在媒体上耗费大量的时间，并且媒体在青少年社会化的过程中扮演着十分重要的角色，所以我们必须十分注意，在我们的青少年成长的过程中，媒体所扮演的究竟是一种什么样的角色？

最早对于媒体对个体行为的影响可以追溯到行为主义的相关理论中，不过，其中最著名的实验当属班杜拉所做的试验了。他通过让儿童观看录像的方式创造性地研究了暴力视频与暴力行为之间的关系。虽然这只是一个简单的相关研究并不能推导出相应的因果关系，但是，这也为我们之后的研究奠定了基础。

而除了相关的实验研究外，在我们的生活中还有很多鲜活的例子在提醒着我们需要时刻关注媒体对青少年的影响，1999年发生在科伦拜恩中学的枪杀案就是一起典型的案件，两名男孩持枪杀死了该校12名学生和一名老师。枪杀案之前，他们刚刚玩过一款叫作《毁灭》的游戏，当时其中的一个男孩就对另一个说过："我们也能制造同样的血案！"这不得不让人感到震惊，想想充斥着我们游戏和影视市场的那些暴力游戏和视频，它们将会对我们的青少年造成巨大的影响。

（四）家庭环境对行为的塑造

家庭，在儿童的成长中担负着巨大的作用。一方面，对于个体的人格形成具有重要的关系；另一方面，还会对个体的世界观甚至人生观产生巨大且持久的影响。因此，在20世纪70年代有研究者提出了"家庭功能"的概念，成为家庭研究者和心理学家的关注热点，对它的诠释主要集中在两方面：

第一类，是以 Beavers（2000）、Olson（Walsh，2003）、Shek（2002）为代表的结果取向，从家庭的具体特征来定义家庭功能。如 Beavers 用家庭成员交往质量和家庭亲密度、家庭的关系结构、反应灵活性、适应性来表示家庭功能的特征；Olson 用家庭成员间的情感联结、家庭规则、家庭沟通及应对外部事件的有效性来阐释；Shek 从家庭系统、家庭凝聚力、相互关系、关怀、应对能力以及困难应对中体现的家庭生活质量来解释家庭功能。

第二类，是以 Epstein（Miller，Ryan，2000）和 Skinner（Skinner，

Steinhaner，2000）为代表的过程取向，用家庭完成的任务来定义家庭功能，即认为家庭的基本功能是为家庭成员生理、心理和社会性等方面的健康发展提供环境条件，如满足个体衣、食、住、行等物质需要，适应并促进成员发展，应对和处理各种家庭突发事件等。家庭功能就是在家庭系统完成一系列的任务中实现的。

而家庭对于青少年行为的塑造主要体现在不同的家庭教养类型方式上，我们知道一般来说，可以把父母教养方式归纳为两个维度：其一是父母对待孩子的情感态度，即接受—拒绝维度；其二是父母对孩子有要求和控制程度，即控制—容许维度。在情感维度的接受端，家长以积极肯定、耐心的态度对待孩子，尽可能地满足孩子的各项要求；在情感的拒绝端，家长常以排斥的态度对待孩子，对他们不闻不问。在要求与控制维度的控制端，家长为孩子制定了较高的标准，并要求他们努力达到这些要求；在要求与控制维度的容许端，家长宽容放任对孩子缺乏管教。

四 复发的严重性

（一）外显的危害

国外有学者形容青春期是"骚动的、矛盾的、动荡的、暴风雨式的时期"。这个时期的中学生正处在个体发展的特殊时期，生理功能受阻的易发期和多发期，伴随着成长的欣喜、生活的苦恼、学习的压力、情感的吸引，种种感情交织在一起，青少年也变得十分敏感和冲动，花季少年既有绽放的欣喜，也有凋落的忧伤。

（二）内隐的危害

由于处在这一特殊时期，青少年在成长的道路上面临着种种不健康的心理和问题，例如，自卑心理、逆反心理及早恋问题、网络成瘾问题、学业不良问题、青少年犯罪问题和考试作弊问题等。

生活在现代这个传媒高度发达的社会，经常可以听到青少年轻生、杀人等事件发生，一方面我们在为他们的轻生行为感到惋惜时，同时也为他们的暴力行为感到愤怒。另一方面也应该反思这些行为背后的真正原因，是什么让他们走上了一条不归路。

第三节　问题青少年研究现状及趋势

一　国内问题青少年研究现状及趋势

在 CNKI（中国知网）上以青少年心理问题为关键词进行搜索，发现从 2005 年到 2015 年的十年间共有文献 512 篇。之后利用高级检索以青少年心理问题和干预为关键词进行搜索发现共有文献 2 篇，其中一篇为 2010 年的硕士生毕业论文，一篇为 2006 年发表在《中国临床心理学杂志》上的《中小学生心理问题及干预对策研究》。对 2010 年到 2015 年五年间以青少年心理问题为关键词的文献进行了详细分析发现：（1）在这五年间共有文献 260 篇，它们的具体年限分布见（图 1—1）。从图 1—1 中可以看出，在总体上来说有关青少年心理问题的文献数量有小幅度降低。（2）在这些众多的期刊文献中发表在核心期刊上的文献，仅有 2010 年许静发表在《心理科学》上的《大一新生抗逆力团体辅导的实证研究》一文以及李其维 2011 年同样发表在该刊上的《严谨执着成就大气——简评〈当代中国青少年心理问题及教育对策〉》一文。除了上述两篇文献外，硕博士论文为 10 篇占中文文献数的 3.8%，会议论文 2 篇，报纸新闻 3 篇。（3）对文献的作者进行分析发现，其中作者所在单位为高校的文献为 52 篇，占总数的 20%。作者所在单位为研究所的文献为 7 篇，作者所在单位为一线教师的文献数为 16 篇。（4）在这些文献中，发表在心理领域的文章为 103 篇；发表在教育理论与教育管理领域的文献为 131 篇；其他教育领域共 53 篇；发表在医学领域内的文献为 14 篇；其他社会法律等相关领域的共计 39 篇（注：一些文献的发表领域存在交叉）。

对文献进行分类可以分为：（1）综述界定型。例如，2010 年鲁其瑞和唐柏林发表在期刊《经营管理者》上的《浅析中学生心理健康教育》一文。该文主要从中学生心理健康的现状、存在的问题、成因分析以及如何预防和调适中学生的心理健康问题等几个方面分析了中学生的心理健康教育。（2）现状调查型。例如 2010 年范方、柳武妹等发表在《中国临床心理学杂志》上的《震后 6 个月都江堰地区青少年心理问题及影响因素》就是针对汶川地震之后都江堰地区的青少年的心理健康状况的现状调查研究。（3）成因分析型。例如 2011 年，王萍发表在《世纪桥》上

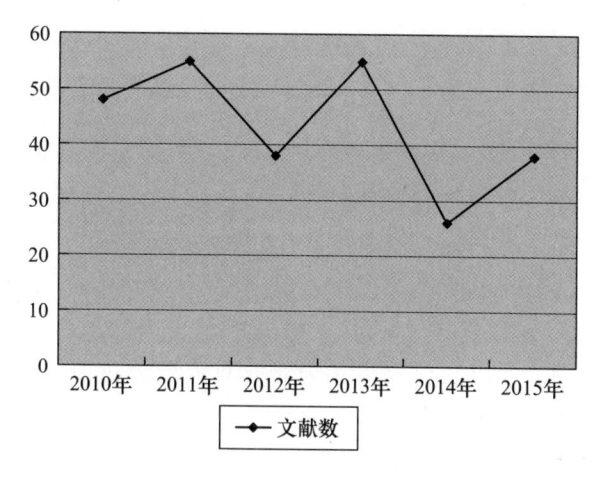

图1—1 学术关注度

面的《新时期青少年心理问题成因探析》，就是从家庭、学校、社会以及青少年自身特点等方面来分析近年来青少年心理问题发生率升高，心理健康状况呈现恶化趋势现象形成的原因。（4）提出对策型。例如2013年，许秀芬发表在《中学政治教学参考》上的文献《中小学心理健康教育存在的问题与对策》，该文对当前中小学心理健康教育存在的问题进行了系统梳理并找出了相应的对策，以期对中小学的心理健康教育起到引导作用。不过虽然文献种类繁多、涉及面广，但是在这些众多的文献中却很容易发现，其中很多存在诸如：应对策略空泛、实际操作困难、内容专业性不强，且多以回溯性研究为主的问题。所以，在这一领域还存在巨大的研究潜力未被完全发掘，当然这也表明在处理青少年各种心理不适的情况时，提出切实可行的方案依旧存在较大困难。

（一）青少年心理问题研究的现状

就目前我国的研究文献来进行分析可以发现，我国对于青少年心理问题干预的研究具有以下特点：

研究对象上，青少年阶段主要是指十一二岁到二十一二岁这个年龄范围，基本上对应于初中、高中以及大学阶段。出于取样的方便性，绝大多数的研究者选择了在校学生进行调查。在本书所涉及的资料中，有超过50%的研究探讨了初中和高中学生的心理健康状况，其中少数研究也包括了职高学生；有约25%的研究只探讨了初中或者是高中学生的心理健康状况；也有近20%的研究探讨了大学生的心理健康状况；另外，个别的研究对象则分别是社区青少年、工读学校的学生或者青少年运动员等。

研究地区上，相关研究的分布范围还是比较广泛的，有来自经济较发达的东部或东南部省份，也有来自经济相对欠发达的中西部省份，这两大地区的研究数量比例大致平衡；有来自环境相对开放的城市，也有来自相对偏僻的农村地区，其中以城市青少年为研究对象的研究占到90%以上的比例，而以农村青少年为研究对象或进行城市、农村比较的研究则为数不多。

研究工具上，近十年有关青少年心理健康的研究所使用的工具大致包括以下几种：SCL-90精神症状自评量表、中学生心理健康量表（王极盛编制）、心理健康诊断测验（MHT，周步成修订）、中国大学生心理健康量表（CSMHS）、大学生人格健康调查表（UPI）、心理健康测查表（PHI）、Achenbach儿童行为量表、Zungs焦虑自评量表（SAS）和抑郁自评量表（SDS）以及自编问卷等。比较引人注意的是，有60%的研究选用了SCL-90精神症状自评量表作为调查工具，其他用得较多的工具分别是心理健康诊断测验、中学生心理健康量表和Achenbach儿童行为量表等，另外有约10%的研究使用了自编的问卷。

研究类型上，基本上所有研究都采用了横断研究的类型，即在一个较短的时间内，对某一个或几个不同年龄组的青少年进行了心理健康调查研究，进而探讨不同年龄阶段的青少年心理行为发展的特点和心理健康方面的问题及规律。在测查青少年心理健康现状的同时，不少研究也对相关原因进行了讨论和分析。

研究时间上，本书所回顾的资料有大约五分之四是在1999年之后发表的，而包括1999年在内的90年代后期的报告在文献中所占的比例较少。

(二) 青少年心理问题研究展望

回顾以往十年的研究，未来开展心理健康教育应该注意以下几点：

(1) 针对不同群体和个体的特点，因材施教。心理健康既是一种普遍的现象，同时也因不同青少年群体和个体的特点而有所区别。因此，对待青少年心理健康，在测查和教育过程中不能一刀切，必须具体问题具体分析，考虑青少年的年龄、性别、家庭、地区和学校等具体特点，根据这些情况开展有针对性的心理指导。

（2）建立完整并且持续性的心理档案制度。首先，全面准确掌握青少年各方面的情况，建立心理档案。心理档案中不仅要包括新生普查的有关心理健康方面的测查，同时要对青少年家庭情况、父母教养方式以及个人基本信息等进行调查，根据其具体情况探讨心理问题。尤其是在校青少年，学校每学年应对他们的家庭经济状况和心理状况进行一次全面的登记和修订工作，做到心理档案的记录有持续性。

（3）注重早期人格的塑造和培养，发挥家庭的优势。如前所述，家庭因素对青少年的心理健康影响非常大。但有研究（涂敏霞，2006）表明，家庭给予青少年的支持并不足够，约四成的青少年认为父母并未给自己很多的情感支持，43%的青少年有困难也不会与父母商量，而相反的是由于社会竞争的加剧，家长的心理压力日益增大，家长经常向小孩发脾气的比例占8.9%，加上独生子女政策的实行，青少年从兄弟姐妹中获得情感支持已经相当少，因此，家庭方面的情感支持也在减少。针对这一情况，改善家庭教育、提高父母素质成为当务之急。

（4）引导青少年合理利用网络。随着时代的发展，网络对青少年的影响越来越重要，来自网络上的情感支持对青少年的心理健康产生了很大的影响。上网聊天、玩网络游戏、网恋等行为已屡见不鲜，其积极和消极作用也多有争论。如何恰当引导青少年合理利用网络，需要社会做更多的工作。

（5）普及心理卫生知识，开展专门的团体辅导和个别辅导。由于团体辅导可以使参加者就共同关心的问题进行讨论，相互交流，彼此启发，支持鼓励，使成员了解自己的心理行为反应和他人的心理行为反应，从而改善人际关系，增强社会适应能力，促进人格成长。另外，戴健林等（2003）的访谈研究表明，绝大多数青少年（83%）都不曾想过寻求专业心理咨询机构或其他社会机构的帮助，因此也要做好心理辅导的宣传工作，使青少年接受这种形式的安排。

二 国外问题青少年研究现状及趋势

在CNKI（中国知网）外文文献下，以"青少年"并含"心理问题"

为关键词进行模糊搜索,可发现从 2008 年到 2018 年的十年间共有文献发表 186 篇。

对以上文献的分析总结如下:

(一) 道德问题

自 20 世纪 80 年代以来,面对世界范围内日益突出的信仰危机、价值观念危机、社会信用危机等问题,人们开始反思市场经济带来的道德倒退,加强公民道德教育尤其是未成年人的道德教育已成为世界各国普遍关注的问题。

美国大力宣扬"美国精神"和青少年志愿服务。美国最具特色的是青少年志愿服务,几乎渗透到社会生活的各个层面。美国社会鼓励青少年进行道德实践,很多组织和基金会为高中生提供多种在社区服务上有突出贡献的奖学金。有些高中生的学业并不突出,但因为道德表现突出而被大学录取了。这种社会道德导向,对青少年是一种潜移默化的影响。同时,美国注重对青少年宣扬具有民主精神、勇于开拓的"美国精神"。联邦政府投巨资修建的规模宏大的自然博物馆、历史博物馆、科技博物馆等文化设施免费供游人参观;宇航馆里反复播放美国人在航天科技事业上攀登飞跃的镜头。这些举措对青少年的国家意识、科研意识的培养和激发作用是显而易见的。

德国进行"民族性格"及"善良教育"培养。德国是一个以严谨认真、恪守规则著称的国家,对青少年进行道德教育自然也要灌输这样的价值观和民族性格。表现在培养青少年爱祖国,具有民族自尊心;爱劳动,具有勤业思想;讲认真,对工作一丝不苟;有信念,不管在困难时期还是顺利时期都具有乐观精神,为信念而执着追求。此外,还包括个人行为道德、人际关系道德、社会公德和职业道德的培养,"善良教育"是重要的内容之一。(1) 爱护小动物是许多德国幼童接受"善良教育"的第一课。在孩子刚刚学会走路时,不少德国家庭特意为孩子喂养了小狗、小猫、小兔、小金鱼等小动物,并让孩子在亲自照料小动物的过程中,学会体贴入微地照顾和爱护弱小生命。幼儿园也饲养了各种小动物,由孩子们轮流负责喂养,还要求孩子们注意观察小动物的成长、发育和游戏,有条件的还须做好"饲养记录"。此外,利用自己积蓄的零用钱来"领养"动物园里的动物,或捐款拯救濒临灭绝的动物也是德国孩子热衷的活动。(2) 同情和帮助弱小者也是德国人对孩子进行"善良教育"的另一重要内容。在成人社会的倡导、鼓励下，孩子们帮助盲人、老人过马路早已蔚然成风，为身有残疾的同学排忧解难也并不是什么新鲜事。使孩子明白：仰慕强者也许是人之常情，而同情弱者更是美好心灵的体现。(3) "宽容待人"被德国人普遍认定为一个人"善良品质"的一个重要方面，"得理且饶人"比"得理不饶人"更值得尊敬。(4) 唾弃暴力是对孩子进行"善良教育"的一种重要方法。德国制造的武器之精良举世闻名，但德国人并不赞成玩具商开发高科技"暴力玩具"，更不支持孩子（特别是男孩）与玩具枪炮、坦克为伴。对那些恃强欺弱的所谓"小霸王"，校方的反对态度非常鲜明。对于影视节目中频频出现的暴力镜头，无论是教师还是家长，都十分注意引导孩子以"批判"的眼光来审视。德国研究者已找到了越来越多的证据证实：小时候如经常用玩具"模拟杀人"，长大后难保能成为和平人士。一些联邦议员也指出：让德国男童少与玩具枪炮为伴是"明智"之举。法国注重对青少年进行公民意识教育。法国对青少年道德教育主要是以公民意识教育为主线，以人权教育为核心。在小学阶段就培养儿童的公民意识，要求儿童做个新公民，做个好公民。必须尊重人身安全，尊重人类尊严及自由表达的权利。同时，还应承认人与人之间存在差别，具有民主作风，了解国家政治制度及其合理性等。此外，还有爱国主义教育和伦理道德教育。自 20 世纪 70 年代后，法国教育界推出了一系列措施和法规，旨在加强对青少年德育的社会参与。

英国以现实生活为题材对青少年进行道德教育。英国认为，让青少年具有良好的道德品质是教会的事情，所以学校的道德教育主要以现实生活为题材，使学生掌握各种生活技能，内容包括：社会意识、公民意识及责任意识；个人与他人的关系；就业中的工作制度及与雇主关系；商品社会中的消费问题；婚姻、爱情及家庭问题；学习名人及英雄的情操；各行各业的职业及职业道德；学习传统文化和各国优秀文化；参与社会事务及福利事业；有关暴力、吸毒、酗酒、凶杀、死刑、性解放、核战争等社会问题。英国在中、小学阶段并不要求孩子死记硬背这些准则，而是创造各种机会，使孩子们能够从心灵深处，从日常学习、游戏和生活中去领悟。

日本对青少年开展"对生命的敬畏之念"教育。日本针对近年来日益增多的自杀、杀人、破坏自然环境等现象，在社会上及学校德育课中，对青少年增加了"对生命的敬畏之念"教育的内容，旨在唤醒青少年热爱生命、热爱自然的意识。

（二）社会矫治功能的展望

许多国家采用"缓刑"处置"问题青少年"。缓刑令，在英国又称社区恢复令，在社区矫治制度中是很重要的措施，使用率也高居各社区矫治措施之首。"作为判决，缓刑意味着对有罪的人应允许他继续居住在社区，但是给予公开的警告以防止他重新犯罪。"① 缓刑通常是将一部分已经被定罪判刑的罪犯，有附加条件地放在社会上给予监督、暂缓执行监禁刑罚的一种非监禁刑。缓刑一直为各国刑事政策所青睐，在司法实践中使用比较普遍，大多数国家都将其纳入其刑罚体系中，成为控制犯罪的重要手段。缓刑适用于对社会危害较小，犯罪情节较轻的犯罪人员。适用缓刑，应当是保障犯罪人的改造与恢复，防止其再次犯罪、保护社会免受危害所必需的，因此，缓刑更适用于未成年人犯罪。未成年人的缓刑案件主要是由治安法院以及少年法庭决定和宣告，其惩罚性低于监禁，更加注重强调对未成年人的治疗和更新，因而对未成年人的矫正有更为广阔的前景。一般而言，未成年人的缓刑可分为非正式和正式两种。非正式的缓刑是指法官要求犯罪少年遵守一定的规则，但法院没有做出正式的决定也没有正式宣告他是犯罪人；正式的缓刑使未成年人被宣告为犯罪者，同时应该服从缓刑的规则接受类似成人缓刑的监管。②

各国广泛运用"假释"方式矫治未成年犯。假释，又被称为假释放，是当前被广泛使用的一种社区矫治方式。是对在机构内服刑改造表现较好的、符合规定条件的罪犯，给予有条件释放的刑罚执行方法。罪犯必须在监狱服刑一段时间，然后在一定监督条件下转到社区，这种矫治方式比较适用于未成年犯。由于假释可以用以帮助罪犯适应社会生活，所以世界很多国家保持较高的假释比例。

---

① 杨彤丹：《美国明尼苏达州社区矫治法评析》，《青少年犯罪问题》2004年第1期。
② 刘乐：《美国对犯罪青少年的社区矫治项目》，《青少年犯罪问题》2003年第4期。

日本对未成年人采取"更生保护"制度。日本建立了不少由志愿者组织参加的更生保护活动,将"问题青少年"和可能重新走上犯罪道路的有前科者,收容于它所经营的保护设施中,帮助其进行出狱新生改造。通过就业辅导、追踪访视、婚姻咨询、成人教育,以及其他方式的社会工作,可以达成返回社区,重获新生的功能。日本的"兄姐会"组织就具有代表性。那些已经改邪归正的青少年,与"问题青少年"结交成为朋友,以自己的亲身经历鼓励他们更生,引导他们走正确的生活道路。同样的组织还有"母亲会""更生保护妇女会"和"少年辅导站"等。日本部分学者还认为,漫漫长夜已成为青少年犯罪的"温床"。所以,提议对未成年人实行"政府宵禁令"制度,遏制未成年人犯罪。即禁止18岁以下的未成年人在晚11点至凌晨4点之间外出活动,任何违反宵禁令的未成年人家长都将被课以罚金。

保加利亚实行孩子犯罪家长亦受罚举措。2004年保加利亚就未成年人犯罪实施了一项新的法令,即未成年人犯罪其父母也要接受相应的罚款。近十年来,保加利亚的青少年犯罪率已经降低了10%,通过这项法令的实施取得了更加明显的效果。

德国成立首家网络诊所帮助青少年戒掉上网瘾。现在,在世界各地,青少年上网成瘾都是一个严重的问题。而德国一项调查显示,德国青少年直接或间接因网络原因走上犯罪道路的,约占青少年罪犯的50%。几乎每隔几天就有一起青少年因网络进行性或暴力犯罪的案件。为帮助青少年远离"网毒"侵害,德国著名慈善组织——维希尔之家在博腾哈根市成立了全球首家帮助青少年戒除上网瘾的诊所。该机构可容纳60人就诊,服务对象为10岁至17岁的青少年。诊所的治疗师由医学、心理学和运动专家组成。诊所的治疗手段多种多样,机构在设计课程时,把家长谈话列为重点,把"疏导方式"作为良方。因为,治疗师们认为家长严禁孩子接触网络只能暂时起作用,关键问题是如何让孩子摆脱电脑"控制"。因此,治疗师不禁止孩子们使用电脑,允许他们用一定时间上网收发电子邮件等,只是把电脑当成一个工具,而不是朋友。

世界上大部分国家实施前科消灭制度。① 前科消灭制度符合人道主义精神，避免行为人因一时过错而永久性丧失某种资格或者社会信誉，永远承受实际的惩罚和心灵的煎熬。同时，为具有前科者提供了一种激励机制，鼓励他们的良好表现与认真悔过，以争取撤销前科，从而避免社会歧视，使其早日回归社会，防止再次犯罪。青少年犯罪前科消灭后，将对当事人产生一系列积极后果：一是法律地位的改变，应视为没有犯过罪的人；二是合法权益的恢复，因犯罪和存在前科而丧失的政治、民事和其他合法权益应该恢复；三是社会生活的保障，在就学、就业、担任公职方面应与其他公民享受同等待遇。当然，消灭前科是要"消灭"犯罪记录，也就是"消灭"档案，不过这种"消灭"是一种虚拟消灭，只是让人查找不到，不一定非要用物理的方式。为确保上述目标的实现，世界上大部分国家实施了青少年犯罪前科消灭制度：(1)《俄罗斯联邦刑法典》第86条规定：因实施犯罪而被判刑的人，自法院的有罪判决生效之日起至前科消灭或撤销之时，被认为有前科。也就是说，前科不是永久存在的，是可以消灭的。(2) 德国的《中央犯罪登记和教育登记簿法》规定，前科在特定的期限经过后均被消除，关于判决的记载事项必须从犯罪登记簿中抹去。为避免未成年人的前科迟迟不能撤销的结果出现，在《少年刑法典》第99条中规定，如果法官认为消除前科记录的条件尚不具备，可延迟裁判，但是，延迟的期间最多不得超过2年。(3) 瑞士法律也要求从犯罪登记簿中注销犯罪记录。(4) 英国法律则限制在前科消灭后再提供有关罪犯先前罪行的资料和证据。(5) 南斯拉夫刑法理论认为，注销判决既不意味着销毁处罚的材料，也不是捏造没有犯罪前科的材料，注销前科的唯一结果是对提供有关前科资料的限制，有关资料只能向法院、检察院和内务机关提供，并且只能在对已经注销前科的人正在提起新的刑事诉讼的情况下方能提供。(6) 意大利的前科先期消灭制度规定：如果在首次受到处罚时被判处的监禁刑不超过2年，或法官考虑到行为人所具有的具体情节，可以在判决中决定，不在应私人要求寄发的司法档案证明书中提及该处罚，但是与选举权有关的司法档案除外。这一制度既可以保证选举的公正，又不在民事和行政法律方面剥夺

---

① 何梅：《国外前科消灭制度及档案处理办法简介》，《北京档案》2004年第6期。

其资格或限制其权利。

有的国家和地区为保护未成年人的长远利益，对其前科采取了先期消灭和直接抹消的方法：（1）《瑞士刑法典》第99条规定：如果有特殊要求，且行为人只实施了轻微的犯罪行为，审判机关在判决中规定不作犯罪记录。也就是说，根本不形成前科档案。（2）《日本少年法》第60条规定，少年时犯罪被处于刑罚但已执行完毕或者经免除其刑者，在适用有关资格的法令时，视为未曾犯罪。（3）中国台湾地区的"少年事件处理法"亦作了相同的规定。台湾有学者甚至认为，"少年被告受刑之宣告，经执行完毕或者赦免的，其因而改过迁善者，称庆之不暇，岂可将其前科记录永久保存以阻其向善之忱，断送其前途。青少年犯罪，由于本性者寡，受外界濡染者众，纵经执行完毕而无成效，亦未必顽劣终身。"（朱胜群，《少年事件处理新法论》）

"中途之家"在西方国家被广泛运用。中途之家对"问题青少年"的矫正有着不容替代的作用。"中途之家"是为少年犯罪者、即将出狱的受刑任期满与假释出狱者、保护管束者、审理前的少年犯设立在社区内的过渡性居住机构。为其提供临时住房，食品和衣物，帮助他们尽快适应社会生活。同时，"中途之家"还提供矫正项目，通过各种社会服务活动，为"问题青少年"在限制自由生活和完全自由生活之间搭起了一座桥梁，为了帮助其解决一些个人的实际问题，均设有培养和提高青少年工作能力和知识水平的设施，允许他们在这里继续接受教育，获得工作经验，取得一定的经济收入，日后能够顺利地回归社会。

另外还有：（1）保护观察制度，又称保护管束。在西方国家已经是一种较为成熟的制度，属于保安处分的一种。它是对危害性较小的犯罪人所采取的一种不拘束其身体自由，命其遵守一定的事项，由观护人予以适当的指导，于必要时给予援助，以期其改善与更生的监督与保护措施，现已广泛为西方各国所采用。[①]（2）家中监禁，是法院判处罪犯一定期限的监禁，但服刑是在其住所进行的社区矫治措施。（3）电子监控，这是随科技的发展产生的新型社区矫治项目，也是目前较热门的监禁替代措施，一般情况下，与缓刑、家中监禁结合使用。（4）周末拘禁

---

① 李朝晖：《保护观察制度与缓刑、假释的考察监督》，《法学评论》2001年第3期。

制,这是一种比较适用于少年犯,让其周六和周日在监狱服刑的制度。(5)毒品治疗与检测令,对16岁以上依赖毒品、有滥用毒品倾向、依赖性或倾向性比较严重的犯罪人适用,但不是强制性的,只有在犯罪人明确表示愿意接受戒毒治疗的情况下,法院才可以判处毒品治疗与检测令。(6)出席中心令,对10岁以上20岁以下的犯罪人适用,当这些未成年人实施了对成年犯罪人而言可以判处监禁刑的犯罪,对未成年犯罪人可以判处出席中心令。(7)行为规划令,适用对象是不满18岁的犯罪人,要求犯罪人在规划令生效日起的3个月内,遵守特定的行为规划,使犯罪人在此期间的行为受到监督,并且服从监督人的指令。(8)劳动释放制与学习释放制,是一种犯人到监狱外学习或到监狱外劳动的制度,犯人白天到监狱外面读书或劳动,提高技能和增长知识,晚上回到监狱。(9)监督释放,是一种最富有创新精神的项目,指对不能个人具保释放的犯人依其意愿采用的有严密组织进行监督、咨询和治疗的一种非监禁措施,而且该措施能使罪犯从中受益。(10)赔偿,是由犯罪人向被害人支付一定金钱以补偿受害人的财产损失、情感和身体的伤害,单独赔偿已经成为社区矫治的重要形式之一。(11)归假制度,是给予正在服刑的犯人一定的假期,让其回家度假的制度,适用最广泛的是瑞典,在美国、英国等其他西方国家也得到广泛适用。

参考文献

[1] 许德琦、吴再德:《团伙犯罪与青少年不良交往》,《青年研究》1985年第8期。

[2] 孔海燕、毕宪顺:《问题青少年教育矫正研究新视域——基于诺丁斯关怀理论探析》,《山东社会科学》2016年第9期。

[3] 徐淑慧、苏春景、刘丽:《当代问题青少年形成的因素解析及预防对策》,《鲁东大学学报》(哲学社会科学版)2015年第6期。

[4] 许标、樊春雷、高文斌:《父母教养方式和应对方式对问题青少年出现问题行为的影响研究》,《中国全科医学》2015年第22期。

[5] 赵敏:《青少年问题行为的研究综述》,《新西部》2010年第9期。

[6] 杨彤丹:《美国明尼苏达州社区矫治法评析》,《青少年犯罪问题》2004年第1期。

［7］刘乐：《美国对犯罪青少年的社区矫治项目》，《青少年犯罪问题》2003年第4期。

［8］何梅：《国外前科消灭制度及档案处理办法简介》，《北京档案》2004年第6期。

［9］李朝晖：《保护观察制度与缓刑、假释的考察监督》，《法学评论》2001年第3期。

第 二 章

问题青少年分类及生成机制

第一节　问题青少年的分类

根据前文中对问题青少年的界定和分析，我们将其分为学习困难青少年、情绪问题青少年、行为不良青少年、成瘾问题青少年、犯罪青少年、留守儿童、服刑人员子女七大类型。

一　学习困难青少年

学习困难又叫学习障碍或学习技能发育障碍。学习困难青少年是指感官和智力正常，但学习成绩低于智力潜能的期望水平、远未达到教学目标要求的青少年。这部分青少年智力属正常范围，但由于各自不同的原因，最终导致"学业不良"或"学力不振"。这种"不振"或"不良"是可逆的或基本可逆的，在一定的补救教育的条件下是可以转化的。根据不同的分类方法，学习困难包括了不同的问题，如根据发生时期分类，在10岁以前的学生，主要处于掌握技能阶段，因此，主要是基本学习技能获得性障碍，而后期出现的学业失败，则主要是学习动机损害和基本技能应用障碍。常见表现有阅读障碍、拼写障碍、计算技能障碍等。伴随着上述问题的是患儿的情绪和行为问题，而家长有时感觉孩子反应挺快，也很聪明，而将孩子的问题归咎于"贪玩、不用功等"，致使延误了诊治。学习障碍重在早期干预，为此，老师和家长一旦发现学生某方面的学习困难，应当尽早考虑和排除可能存在的问题，及时纠正偏差，避免发展到无法医治的地步。目前，主要的治疗是心理治疗（培养学习兴趣、改变学习方法）、教育补习和强化训练（针对性技能训练和特殊教育)、药物治疗(合并其他情绪问题等)。许多学习障碍的青少年随着生理发育和教育进程,问题会得到缓解,因而不易被发现,但不容忽视的是,有时由于学习阶段的问题,会使孩子今后出现一些继发的问题,如厌学、情绪障碍等。对于一些比较严重的孩子,若能够早期发现,早期治疗,治疗的机会就比较大,改善也会比较明显。

二 情绪问题青少年

情绪问题,又称情绪障碍。是指发生在青少年期的以焦虑、恐怖、抑郁、强迫为主要表现的一组疾病。青少年时期是生理和心理同时快速发展的时期,特别是心理层面的发展。这个时期的青少年情绪波动较大,个人的感情表现很强,而且很不稳定,比较容易走向极端,出现一些情绪上的问题。如焦虑、抑郁、自卑等。除了这些不安宁的心情和外表外,还可能伴有心悸、气喘、出汗,甚至腹痛、恶心呕吐及头痛等自主神经功能紊乱症状。若采用不当的处理方式最后患者可能会因焦虑、恐怖等问题折磨得难以忍受而寻死觅活。目前常用的治疗方法,主要是通过支持性心理治疗及行为强化训练的方法,必要时可以辅助一定的药物治疗。在实际生活中,要强调几种方法综合使用。而且需要家长、老师、心理医生的配合,既要控制住症状,又要从认知状态和行为模式上去根本改变这些孩子。情绪障碍如果能够积极地进行治疗,大多症状都可以得到缓解。

三 行为不良青少年

行为不良也称行为问题,是当今教育中普遍存在的问题,而且也多出现在青少年这个群体中。虽然国内外学者都是从各自的研究角度来界定问题行为,并没有形成统一的概念,但每种问题行为的定义基本上都包含了三个基本特征:(1)行为表现方面,在频率和强度上或多或少地都偏离于正常同龄儿童的行为表现;(2)行为效果方面,不利于自己的身心健康发展或给他人带来麻烦或对他人产生不利的影响;(3)行为发展方面,不符合社会规范、道德准则和教育的期望,不为人们所接受。综合以往的研究,我们认为问题行为是指儿童在成长过程中,由心因性和外因性而非内因性(神经生理性)引起的适应不良行为,这些不良行为可能会阻碍儿童的身心健康，影响儿童的智能发展或是给家庭、学校、社会带来麻烦。有关治疗方面，其实有效的治疗首先不是来自医生的用药，而是强调家长的管理训练，即家长在医生的指导下，利用积极强化的方法帮助孩子建立良好的行为习惯。同时，还要注意多和子女沟通，学会互相理解各自行为的意义，特别要强调父母的教育态度一致。此外，由于家长本身的不良行为会对孩子有影响，因此，家长应当注意通过消除自身的不良行为，促进孩子的转变。对于一些如多动、注意缺陷、情绪问题或行为冲动则可以在医生的指导下服用小剂量的药物。行为障碍如果能够及早发现，及早干预，消除影响因素，一般而言，还是能够有较好的疗效。但目前最困难的是，往往家长自身的问题无法得到很好的解决。

四　成瘾问题青少年

成瘾的概念来自药物依赖（或者说药物成瘾）。世界卫生组织（WHO）专家委员会对药物成瘾的定义是：药物依赖性是药物与机体相互作用所造成的一种精神状态，有时也包括身体状态。它表现出一种强迫性连续定期用该药的行为和其他反应，为的是要去感受它的精神效应，或是为了避免由于断药所引起的不舒适。现在成瘾的内涵已经涵盖了物质（药物）成瘾和行为成瘾。行为成瘾主要是网络成瘾。网络成瘾又称网络成瘾综合征（Internet Addictive Disorder，IAD），临床上是指个体反复过度使用网络导致的一种精神行为障碍，表现为对使用网络产生强烈欲望，减少或停止上网时会出现周身不适、烦躁、易激惹、注意力不集中、睡眠障碍等戒断反应，上述戒断反应可通过使用其他类似的电子媒介（如电视、掌上游戏机等）来缓解。严重者会出现日常生活和社会功能受损（如社交、学习或工作能力方面）。成瘾的核心特征是患者明确知道自己的行为有害但却无法自控。

五　犯罪青少年

理论界对青少年犯罪的概念有狭义和广义之分。狭义青少年犯罪的概念，是指从刑事法学观点出发给青少年犯罪概念所下的定义。它一般是指14—25岁年龄段的人所实施的依法应当受刑事处罚的行为。它以我国开始追究刑事责任的年龄14岁为起点。广义青少年犯罪的概念，是从犯罪学的角度出发给青少年犯罪所下的定义。有学者认为，它是指6—25岁年龄段的人实施的犯罪行为、触犯治安管理的违法行为和违反道德规范的不良行为。这种定义，是从犯罪预防的角度，将矫治的行为扩大到违法行为和不良行为（不道德行为或可能引起犯罪的行为），并将这个年龄段的下限予以降低。对这个下限存有不同意见。有学者提出，应当定在10岁比较合适。其理由在于，从实证的角度，青少年犯罪人口中一般从10—12岁开始有劣迹，十三四岁开始走向社会进行违法犯罪，14—17岁进入犯罪的第一个高峰期。这样可以有针对性地进行预防犯罪研究。故而指出，青少年犯罪是指10—25岁的人实施的具有严重社会危害性的行为。

六　留守儿童

留守儿童，是指父母双方或一方外出到外地打工，而自己留在农村生活或不在父母身边的城里的孩子们。他们一般与自己的父亲或母亲中的一人，或与隔辈亲人，甚至父母亲的其他亲戚、朋友一起生活。留守儿童的经济支配能力较强。多数家长外出打工收入较前些年有所增加，其存在"以多给些生活费来补偿情感关怀缺失"的心理。与年龄较小的留守儿童的生活开销均由隔代长辈主导不一样的是，儿童基本上吃住在校，家长寄的生活费即使不是全部，至少也是大部分交给孩子支配。经济支配能力的增强是这些缺乏自我约束和自我管理能力的留守儿童"脱求学之正轨"的直接诱因。另外，隔代长辈既无法支配留守少年的经济，更无法引导下一代的学习和生活，更不用说进行批评教育了。这自然是因为如今孩子少，隔代长辈对其"宽有余，严不足"，孩子"不听话，不好管教"就成为当下农村一种普遍的感慨。基于留守儿童的这种生活背景，其沦为"犯罪后备军"就绝非杞人忧天。心理学研究表明，在儿童时期，孩子个人价值观正处于构建阶段，极易受到外部环境的感染。在当前社会上不良诱因弥漫的环境下，如果对留守儿童可能出现的不良倾向不及时加以矫正，就很容易出问题。

七 服刑人员子女

服刑人员子女是容易被忽视的一类特殊群体。当今社会关心较多的是，如何预防犯罪人员的再犯罪和如何使刑满释放人员顺利回归社会，但是却很少关注服刑人员子女的生活成长情况，他们多数生存现状、心理状态堪忧，也缺少系统化、针对性的行为引导。服刑人员未成年子女的监护、教育问题实在不容忽视。服刑人员未成年子女虽然已经被纳入中央所确定的五类重点管理人群之中，但和不良青少年、社会闲散青少年、留守儿童、流浪青少年不同的是，服刑人员的子女因为长期的观念问题、政府工作的分工问题及救助体系上的不完善，主要针对他们的服务和管理工作在实践中还存在缺失和不到位之处。服刑人员未成年子女因为父母服刑所带来的家庭温暖和照料的缺乏，以及社会经济救助的不到位、监护制度的漏洞等，都会导致这类特定群体陷入生活的困境。同时，社会的歧视、教育的缺失也极易使他们产生心理问题。因此，服刑人员未成年子女相比普通未成年人更易实施违法犯罪行为，有更高的犯罪率，成为社会秩序的不稳定因素。"父母犯罪，孩子无罪"，服刑人员未成年子女不应成为"被遗忘的角落"，否则就会滋生新的社会问题。

第二节 问题青少年生成机制

一 个体因素

（一）遗传因素

遗传素质在精子和卵子结合的一霎那就已经决定了，它是心理发展的生物前提和自然条件。遗传是儿童心理发展的必要物质前提，并奠定了个体心理发展差异的先天基础，规定了发展的高低限度，但它不能限定发展的过程以及所达到的程度。以下几种实证研究可证明遗传对人性格、行为等的影响：

1. 遗传决定论的研究

英国遗传学家高尔顿（F. Galton）坚持以遗传的观点来解释个体差异。他认为遗传在发展中起决定作用，儿童的心理与品性早在生殖细胞的基因中就已经决定了，发展只是这些内在因素的自然展开，环境和教育只起引发作用。高尔顿运用名人家谱调查法，从英国的政治家、法官、军官、文学家、科学家和艺术家等名人中选出977人，调查他们的亲属中有多少人成名。结果发现，名人的亲属中有332人也同样出名。而对照组中是人数相等的普通人，他们的亲属中只有1个名人。在随后进行的对名人的孩子与教皇的养子进行比较调查还发现，教皇养子成名的比率不如名人之子多，高尔顿认为教皇养子的环境条件与名人之子相仿，因而名人之子成名更多的原因在于遗传而不是环境。

2. 家族与血缘关系的研究

通过探查家族中不同亲密关系的亲属之间的基因遗传相似程度（血缘关系的远近）与这些亲属的某些心理特征之间的相似程度，可以推测遗传对心理发展的作用。研究表明，IQ之间的相似性与遗传基因之间的相似性的确存在相关。由研究得知，一般人罹患精神分裂病的比例为千分之三，而精神分裂病患者的血亲患病的机会比一般人高。以目前研究结果来看，患有精神分裂病的病人，其同胞兄弟之罹患率为7%—15%，假如父母有一方患病，其子女罹患率增加至16%，若双亲均患有该病，其子女之罹患率为40%—68%。至于周期性的躁郁病，一般人的罹患率是0.4%左右，异卵双胞胎的罹患率是26.3%，而同卵双胞胎罹患率是95.7%。因此，我们必须考虑遗传因素的影响。

3. 双生子研究

研究发现，人的体征的遗传制约性比行为能力的遗传制约性要大，其中发色、眼色的遗传最为明显；不同的心理行为受遗传的制约程度不同，如言语、空间、数等能力的遗传一般要大于记忆、推理方面的遗传；人格方面也存在遗传效应，如美国和以色列的研究人员发现，个性中的好奇心与第11对染色体上的基因有联系，而在第17对染色体上则存在与焦虑有关的基因。

明尼苏达大学关于分开抚养双生子的研究：在明尼苏达大学关于分开抚养双生子的研究中，研究者对参与研究的双生子进行了解测验和人格测验。此外，还向这些双生子做了长期的访谈，并得到他们对有关童年的经验、恐惧、嗜好、音乐兴趣、社会态度和性兴趣等问题的回答。结果发现了惊人的相似性。

成长背景最不同的双生子要属奥斯卡·斯托尔和杰克·伊弗。他们出生在特里尼达，父亲是犹太人，母亲是德国人。刚出生时，他们就被分开。母亲把奥斯卡带到德国，由信奉天主教和纳炫主义的外婆抚养。杰克由身为犹太人的父亲抚养，他在青年时期大部分时光是在以色列的一个集体农场度过的。居住在两地的这一家人从未联系过，兄弟俩过着截然不同的生活。二十多年未曾见过面的兄弟俩竟然表现出显著的相似性：都穿着蓝色、双排扣、带肩章的衬衫，都留有短鬓戴金丝眼镜，都喜欢吃辣的食物，喝甜酒，喜欢把涂了黄油的土司放在咖啡里，甚至乘电梯时都会打喷嚏，如此等等，使人难以置信。

另一对同卵双生女子，她们在很小的时候（第二次世界大战期间）被分开，在两个社会经济地位迥异的家庭中长大，分开后第一次见面时二人已经是家庭妇女了，令人惊讶的是，二人这次见面时手上都戴着七枚戒指。

（二）生理因素

人发展成长最快的阶段一个是婴儿期，另一个属于青春期。青少年的思维迅速发展，这也是青春期发展的重要发展方面，还有就是性器官成熟，初恋的懵懂就此发生。从某种意义上来说，青少年的大脑为将来适应一些任务而做好准备，正在学习的一些技能也为成人的生活做好准备。通过实践和练习，大脑神经元修剪期会持续，大脑会渐渐废除那些不用的神经元和神经树突，使那些经常用的神经元变得更加强壮，并通过髓鞘轴突增加信息传递的效率。孩子在10—12岁的时候开始进入青春期，青春期孩子的大脑非常具有可塑性，包括一些脑神经元的"用进废退"，这类似于"重新整合自己"。最后大脑重新整合的效果由两方面决定：第一是十几岁的孩子经常使用哪些神经元度过青春期，第二是在青春期的10年中，他们都经历了什么。一方面是青春期的大脑为学习各种体验做好准备，另一方面是他们又无法独立为那些体验做出选择。最新的研究表明，人脑在二十岁左右才结束发育。青少年们比较叛逆，爱冒险，爱干出格的事情，不考虑责任后果等一系列的行为，问题的根源就是：人脑各个部分发育的时间段不一样。跟青少年行为联系最为紧密的两个部位是：大脑的杏仁核和前额皮质。杏仁核属于情感中心的一部分，它喜欢惊险、刺激的体验。而前额皮质主要负责抑制某些不合适的行为。研究发现，杏仁核发育要比前额皮质早很多。杏仁核发育成熟而前额皮质还在发育中的一段时间就是青少年时期。

青春期孩子的大脑存在的第二个特征就是，神经递质的作用促使他们出现这些行为。神经递质是遍布于神经细胞和突触周围的化学物质，它决定哪个神经元继续生长还是被废除。在青春期阶段，神经递质中的两种化学物质：一种是多巴胺和血清素都会减少。多巴胺减少导致孩子的情绪改变并出现情绪控制的问题。血清素的减少导致控制冲动行为能力的降低。另一种是神经递质中的褪黑素在青春期也会增加，褪黑素是负责生物的周期节律和生物钟的，这种神经递质的增加导致青春期的孩子需要更多的睡眠。这也可以解释为什么青少年一到周末或放假就爱睡懒觉。另外，褪黑素的增加也会导致青春期的孩子出现熬夜或兴奋睡不着觉的情况，忙到很晚但还得早早起床去上学，就像我们前面提到的杰西那样。所以我们知道了青少年出现这样的行为是因为"加热"型思考方式，增加了情绪化，降低了情绪控制力，容易疲劳，需要更多的睡眠，所有这些都是青春期的特征。

再者，青少年的大脑中有一个被称为"边缘系统"的脑区，这部分脑区也是人们早期视之为情绪形成的主要脑区。直到成年，人的情绪仍然由边缘系统决定，但是前额叶皮层帮助成人抑制情绪冲动反应。对于十几岁的孩子来说，正如上面提到的那样，额叶和前额叶皮质层正在发生改变，处于形成阶段，还没有发育完全，这也就意味着青少年在做出决定和出现情绪反应时，更多地依赖额叶和前额叶皮质层。结果会怎样呢？他们会经常喜怒无常，情绪多变，做出更多的冲动行为，从来不顾及后果，完全凭直觉行事。

青少年喜欢寻求刺激。伏隔核被认为是大脑的一个"奖赏中枢"。青少年的这部分脑区是高度敏感的，并发送强烈的信号，让他们去追求自己渴望的行为或某种情境。神经递质多巴胺会产生愉悦感，但是因为青少年的多巴胺水平比较低，所以他们需要更多的刺激水平来产生同样的愉悦感，奖励、犒劳自己。于是，他们就会寻求更多的新奇刺激，寻求更强烈的体验及某些与冒险相联系的兴奋行为。

（三）心理因素

1. 认知

当我们的日常生活出现问题，大多数人会不假思索地认为，是那些发生了的事情使我们感到难受。例如，当我们感到愤怒或忧伤时，我们会认为是别人使我们产生这样的感受；当我们感到焦虑、受挫或忧伤时，我们倾向于责怪自己的处境。然而，正如埃利斯指出的那样，并不是人和事让我们喜悦或悲伤——它们只不过是提供了一种刺激。其实，是我们的认知决定了我们在特定情况下的感受。为了阐明这一理论，埃利斯提出了"A-B-C"模型。即情绪不是由某一诱发性事件本身所引起的，而是由经历了这一事件的个体对这一事件的解释和评价所引起的。

中南大学的相关研究者应用青少年生活事件量表（ASLEC）、认知情绪调节问卷（CERQ）、Beck焦虑量表（BAI）对504名大一新生进行测评，运用层次回归分析和结构方程模型来研究变量之间的作用关系。结果表明，积极认知情绪调节和消极认知情绪调节对青少年生活事件与焦虑的调节效应分别是 -0.097、0.125，青少年生活事件对焦虑的总体效应为 0.412，其中直接效应为 0.293，通过消极认知情绪调节的间接效应为 0.119。结论：积极和消极认知情绪调节均可以调节青少年的生活事件与焦虑。

2. 归因

归因理论是说明和分析人们活动因果关系的理论，人们用它来解释、控制和预测相关的环境，以及随这种环境而出现的行为，因而也称"认知理论"，即通过改变人们的自我感觉、自我认识来改变和调整人的行为的理论。归因理论是在美国心理学家海德的社会认知理论和人际关系理论的基础上，经过美国斯坦福大学教授罗斯和澳大利亚心理学家安德鲁斯等的推动而发展壮大起来的。

归因理论研究的基本问题有：①人们心理活动发生的因果关系。包括内部原因与外部原因、直接原因和间接原因的分析。②社会推论问题。根据人们的行为及其结果，来对行为者稳定的心理特征和素质、个性差异做出合理的推论。③行为的期望与预测。根据过去的典型行为及其结果，来推断在某种条件下将会产生什么样的可能行为。

海德重视对人知觉的研究，认为对人知觉的研究实质就是考察一般人处理有关他人和自己的信息的方式。一个观察者对被观察者行动为何如此感兴趣，他像一个"朴素心理学家"那样去寻求对行为的因果解释。在海德看来，行为的原因或者在于环境或者在于个人。如果在于环境，则行动者对其行为不负什么责任；如果在于个人，则行动者就要对其行为结果负责。个人原因包括人格、动机、情绪、态度、能力、努力等。

白崇鹏曾对某初级中学三个年级的 360 名学生进行归因与焦虑相关性的问卷调查，结果显示，消极归因与分离焦虑、社交恐惧、强迫障碍、广场恐怖及焦虑总分在 0.01 水平上呈显著正相关；消极归因能正向预测分离焦虑（β = 0.164，R2 = 0.027）、社交恐惧（β = 0.127，R2 = 0.050）、强迫障碍（β = 0.150，R2 = 0.022）、广场恐怖（β = 0.151，R2 = 0.069）和焦虑总分（β = 0.151，R2 = 0.059）。这一结果表明，消极归因是导致"问题生"遭遇问题时难以自拔和影响其心理健康的重要原因。

3. 自我同一

青少年时期在埃里克森的人格八个阶段中处于自我同一性和角色混乱的冲突。一方面，青少年本能冲动的高涨会带来问题；另一方面，更重要的是青少年面临新的社会要求和社会的冲突而感到困扰和混乱。所以，青少年时期的主要任务是建立一个新的同一感或自己在别人眼中的形象，以及他在社会集体中所占的情感位置。这一阶段的危机是角色混乱。"这种统一性的感觉也是一种不断增强的自信心，一种在过去的经历中形成的内在持续性和同一感（一个人心理上的自我）。如果这种自我感觉与一个人在他人心目中的感觉相称，很明显这将为一个人的生涯增添绚丽的色彩"。(埃里克森，1963)

埃里克森把同一性危机理论用于解释青少年对社会不满和犯罪等社会问题上，他说：如果一个儿童感到他所处的环境剥夺了他在未来发展中获得自我同一性的种种可能性，他就将以令人吃惊的力量抵抗社会环境。在人类社会的丛林中，没有同一性的感觉，就没有自身的存在，所以，他宁做一个坏人，或干脆死人般地活着，也不愿做不伦不类的人，他自由地选择这一切。随着自我同一性形成了"忠诚"的品质。埃里克森把忠诚定义为："不顾价值系统的必然矛盾，而坚持自己确认的同一性的能力。"

2010 年郑秀娟以中学生为研究对象，采取自编的中学生存在焦虑问卷和加藤厚自我同一性地位量表为研究工具，对 590 名中学生进行了调查，探讨了不同人口统计学变量上的差异，并且对存在焦虑与自我同一性之间的关系进行了初步探讨。研究结论：(1) 不同类型同一性地位的中学生存在焦虑有显著差异。同一性扩散地位 (D) 的中学生存在焦虑水平最高，权威接纳地位 (F) 的中学生存在焦虑水平最低。在四个分维度上，在孤独与疏离焦虑这一维度，积极的延缓地位 (M) 得分最高，其他维度同一性扩散地位 (D) 的得分都是最高的；在谴责与内疚焦虑这一维度，同一性形成——权威接纳中间地位 (A-F) 得分最低，其他维度都是权威接纳地位 (F) 的得分最低。(2) 中学生存在焦虑的水平与自我同一性有显著相关关系。其中与现在的投入和将来投入的愿望存在显著的负相关；与过去的危机存在显著的正相关。四个分维度与自我同一性的三个维度分别有不同程度的相关关系。(3) 中学生的自我同一性水平对存在焦虑有预测作用。现在的投入对存在焦虑有显著的负向预测作用，过去的危机对存在焦虑有显著的正向预测作用，将来自我投入的愿望对存在焦虑没有明显的预测作用。

2011年何婉文以550名12—22岁的青少年为研究对象，以"青少年同一危机量表"（AEICS）和"心理健康诊断测试"（MHT）为研究工具，探讨了青少年自我同一性与心理健康的关系。结果表明：(1) 青少年自我同一性存在显著的年级差异。(2) 青少年自我同一性发展水平与心理健康水平显著正相关。(3) 自我同一性发展水平对心理健康有较好的预测作用，自我同一性形成标志着心理健康水平的提高。

4. 心理弹性

心理弹性是个体身上所具备的某种能力或特质，使个体面对危机时可以发展出有效的应对策略。心理弹性也被看作是积极发展结果的概念，即个体尽管处于不利环境仍然表现出很好的社会能力，积极的自我、自信，使事业获得成功等。作为社会化的生物体的人，其心理活动也存在着某种弹性变化，这就是心理弹性。它是以个体的先天素质为发生条件，并伴随个体后天社会实践活动所形成的一种独特的心理特征。因此，可将心理弹性界定为主体对外界变化了的环境的心理及行为上的反应状态。该状态是一种动态形式，有其伸缩空间，它随着环境变化而变化，并在变化中达到对环境的动态调控和适应。一般来说，心理弹性与适应性呈现为一种正相关，即弹性越大，表明个体对外界环境的调控能力越强，适应性水平越高。一个具有较高心理弹性水平的个体，表明其在认知、需求强度、情绪激活、应激方式以及人格特质等方面的综合品质均达到了对外界环境的最佳匹配、调控与适应，且能够以最有效的途径外化出来。因此，从一定意义上讲，个体心理发生、发展的过程，即是其心理弹性不断增强的过程，也就是其社会化和社会适应水平日趋提高与完善的过程。心理弹性应视为个体素质结构中的一个核心变量，同时也是个体人格与认知水平的一种综合体现。

2011年4月，华南师范大学心理应用研究中心和中山市火炬高技术产业开发区教育事务指导中心考察了心理弹性在社会支持与情绪行为问题之间的中介作用和调节作用。采用了儿童青少年社会支持评定量表、心理弹性量表、长处和困难量表中文版及自编一般人口学变量调查表，对中山市两所中学1092名青少年进行调查，收回有效问卷1070份。结果表明：①社会支持和心理弹性对青少年的情绪行为问题均具有保护作用，主观支持与对支持的利用度既直接影响青少年的情绪行为问题，又通过心理弹性对其产生间接影响，中介效应占总效应的比例分别为11.2%和14.3%。②心理弹性对客观支持、主观支持与情绪行为问题的关系具有调节作用。结论：增加社会支持，有利于培养青少年的心理弹性，对青少年情绪行为问题具有保护作用；心理弹性的保护作用在客观社会支持与主观社会支持两个维度上的作用机制不同。

5. 应对方式

应对方式又称应对策略，是个体在应激期间处理应激情境、保持心理平衡的一种手段。通常根据应对方式的内部构成，可以从三个方面来理解应对方式，即素质观点、情境观点及两者融合的综合性观点。

素质观点源于自我精神分析模式，是一种潜意识的认知机制（尽管表达上有行为成分），其主要功能是心理防御（歪曲现实）和情绪调节（减轻紧张）。这一理论假定人们在处理冲突时比较恒定地偏爱某种独特的心理防御机制和情绪调节方式。过去，研究者一般采用精神分析法来了解个人的心理防御机制，当今非精神分析研究者更多地采用访谈、人格测验、素质性应对测验等方式来评估个体的素质性应对策略。例如，在访谈中询问来访者在面对应激情境时常做些什么；在进行素质性应对测验时，常要求受试者回答如何应付困难或应激情境。

情境观点也称情境性应对，此观点最早来自Lzarus等的应激认知评价模式（Folkman，1992）。Lazarus 等认为，应对方式是对特殊的应激情境的一种反应，而不是一种稳定的人格特征，对潜在威胁的认知评价是生活中应激源与个人应对反应的中间环节，医学教育网收集整理随着个人和环境的需要及其认知评价的变化而不断变化。与精神分析的素质性应对不同，对情境性应对的评估采用思维和行动的指标，即要求来访者（或病人）报告其实际采用的应付情境应激的方法。Feifel 和 Strack（1989）曾设计 5 个冲突性情境：难以做出决定、在竞争性环境中失败、挫折、与权威冲突、与同事意见不一致，要求被试回答真实的应对方法。另一些研究者要求被试描述如何真实地处理特殊的应激事件或重要的问题。

综合性观点是近年来一些新的理论，认为上述两种观点在描述应对过程中可以互为补充。素质观点涉及个体通常偏好的应对方式，以此改变应激性情境对个体的影响（Epstein and Meter，1989）；而情境观点强调个体如何应对特殊环境中的应激性事件，反映了个体处于应激时的应对努力状况（FolKman，1992）。鉴于此，Moos 等（1993）将这两种应对概念融为一体，医学教育网收集整理提出了应对的综合概念，强调两种观点的共同点均是个体在与变化多端的应激性因素相互作用中所做出的应对努力。此概念包括 5 个部分：①环境系统，包括环境需求，如健康观念的改变和可利用的社会资源，如社会支持；②个人系统，包括性别、年龄、所处的社会阶层等和人格特征，如自信心等；③生活危机与个人变化，指个人生活的重大变化，如生病、失业等；④个人的认知评价和应对反应，指个人对其变化的察觉、认知评价，然后做出相应的认知和行为努力；⑤健康与康宁，指经过各种努力，克服了危机，适应了环境与自身的变化，使身心健康维持在最佳水平。综合概念中所有通路都是双向的，反映了在每个部分之间都存在互动作用。

Folkman 于 1986 年指出，问题指向的应对策略和心理健康具有正相关。Aldwin 于 1987 年提出，情感指向的应对策略与心理不健康相关。Carver 等使用应对的多维度测验进行研究后发现，直接行动、克制忍耐、乐观性解释与焦虑呈显著负相关，而情绪专注与疏泄、否认、行为解脱和心理解脱则与焦虑呈显著正相关。李艳华等对高校贫困生心理健康水平与应付方式的相关研究发现，贫困生倾向于采用自责、退避等不成熟的应付方式,其心理健康水平低于非贫困学生。张巧明等指出"解决问题"与"求助"作为积极、成熟的应对方式与心理健康呈现显著正相关,即经常使用"解决问题"与"求助"的人,心理健康水平较高;在不成熟的应付方式中,"自责"与各种不健康心理相关最高,往下依次排列为:"幻想""合理化""退避"。

2002年湖南师范大学为了探讨中学生生活事件、应对方式及焦虑之间的关系,对兰州市九所中学共1964名中学生进行了问卷调查。结果发现,中学生对各种生活事件的应对方式与其焦虑程度有关。应对方式是作为生活事件与心理健康的中介变量而存在并发挥作用的。

2006年华南师范大学心理系暨心理应用研究中心、南京工程学院社会科学部和广东外语外贸大学心理健康教育与咨询中心通过对广州地区1431名中学生进行问卷调查,考察青少年主观幸福感、心理健康状况及其与应对方式的关系。结果发现,积极的应对方式有利于青少年主观幸福感和良好心理健康的发展,而消极的应对方式,尤其是消极情绪关注的应对方式不利于青少年的主观幸福感和心理健康。

2006年陕西师范大学在网络成瘾青少年的心理分析及矫正研究中发现,应对方式与病理性互联网使用存在广泛相关;成瘾青少年倾向于采用指向情绪的应对方式;情绪取向应对方式尤其退避能直接预测病理性互联网使用,而问题取向应对方式通过减少伤害性互联网效能感抑制病理性互联网使用。

二 家庭因素

我国古代思想家墨子说:染于苍则苍,染于黄则黄,所入者变,其色亦变。荀子说:蓬生麻中,不扶自直;白沙在涅,与之俱黑。可见环境尤其是家庭环境对人的影响是巨大的。总的来说,家庭因素对青少年犯罪的影响可以归为三类,一是家庭结构,包括家庭完整性、家庭经济;二是家庭关系,包括家庭气氛、家庭成员;三是家庭成员行为,包括教养方式、家长不良行为、家庭暴力等。

有研究表明,与中国家庭常模相比较,犯罪未成年人的家庭环境特征中的亲密度、情感表达、独立性、成功性、知识性、娱乐性和组织性都较低,而矛盾性则较高。

(一) 家庭结构

家庭结构，家庭中成员的构成及其相互作用、相互影响的状态，以及由这种状态形成的相对稳定的联系模式。青少年的家庭结构就是指与青少年有直接亲缘关系的父母之间的关系以及由这种关系而造成的家庭现状。

1. 家庭完整性

完整和谐的家庭结构可以带给青少年安全和爱，能够给青少年提供一个良好的成长环境。相反，残缺的家庭结构使孩子失去了"家"的温暖，失去了健康成长的必要条件，他们实施违法犯罪行为的可能性远远大于正常家庭的孩子。据调查，在我国结构不完整的家庭不到全部家庭的10%，可是其违法犯罪青少年家庭却占到了全部家庭的24%，不完整家庭对青少年的不良影响是明显的。

单亲家庭的家庭结构因家庭成员的缺失，青少年缺乏关爱，容易产生自闭、自卑、自责、焦虑、抑郁、逆反等不正常的心理问题，在这种情况下，如果有外界不正当的引诱，就可能会发生违法的事情。李亦民、晗曦在《残缺家庭对青少年的心理影响》中就指出残缺家庭中的青少年容易产生三种逆反心理：一是自卑和孤僻，二是嫉妒和报复，三是骄横、自私、说谎。逆反心理的最终发展是多疑、犯罪。

再婚家庭的孩子在父母的离异或丧父、丧母时已经受到了不小的伤害，父母的再婚又使他们面临更为复杂的生活环境，这使他们容易产生忧虑、紧张、压抑、烦恼等负面情绪。调查显示，再婚家庭青少年的情绪稳定性很差的为40.5%，再婚家庭中21.6%的青少年有较严重的情绪烦恼，18.9%的青少年精神紧张，有56.8%的青少年有较强的压抑心理，这些数据均高于正常家庭、单亲家庭等其他家庭类型同类指标人数的百分比。

空巢家庭又称为留守家庭、隔代家庭，是指未成年子女因父母出外打工或父母双亡或父母离异被抛弃而不得不与（外）祖父母居住的家庭。随着我国现代化进程的不断加快，农村的剩余劳动力开始大规模地向城市转移，大规模农民工流动行为的背后，越来越多的留守儿童被制造出来。由于他们在成长中缺少了父母情感上的关注和呵护，又因隔代亲、管教不了等原因，导致他们极易产生认识价值上的偏离和个性心理发展的异常，人格发展的不健全，容易形成孤僻自以为是的性格，易受社会不良因素的影响走上犯罪道路。关颖在"全国未成年犯抽样调查"的第一手资料的分析发现，未成年犯不与父母双亲共同生活的占一半以上，因父母离异和父母感情不好比例居前两位。据2010年12月22日的《人民日报》报道：我国留守儿童近5800万人，逾八成隔代或亲友监护，2011年北京市房山法院公布的一项调研数据也证实了这一点：在未成年人犯罪案件中，留守儿童占了六成。

2. 家庭经济

家庭经济收入低，青少年得不到基本的物质上的满足，会更容易在家庭外部寻求物质上的支持和保障，也会增加父母的痛苦和家庭冲突，降低父母给孩子提供社会或情感支持的能力。低收入或者父母都是教育程度比较低的家庭将对暴力行为持更宽容的态度，这将会在无形中纵容和培养孩子的暴力行为，进而增加孩子从事暴力行为的可能。家庭经济状况不佳的青少年更有可能居住在处境不利的社区，在低教学质量的学校就学，接触不良同伴，观察社会和学校暴力，所以他们从事反社会行为的可能性会增大。李玉萍等以太原市小店区为调查样本，查阅了2000年以来该区涉及未成年人违法犯罪的案件记录。在调查中也发现上述未成年违法犯罪人员中，41%的家庭经济状况不良，因财物犯罪的比例占所有犯罪的66%。

（二）家庭关系

娜妮·J. 西格尔在其论著《青少年犯罪》中指出："在一个有病态的家庭中成长的孩子，由于他们目睹了暴力和冲突、情感上不和谐，以及社会冲突等，其犯罪的驱动力比其他青少年要大得多。"

1. 家庭氛围

家庭气氛是指家庭成员在日常生活的相互关系中所形成的稳定的心理和行为环境。良好的家庭气氛，会给孩子一种安全、信任、幸福的感觉，对他们的健康成长自然有积极的推动作用。而冲突不断、存在敌意和强制的家庭气氛，往往会使家庭关系变得紧张。青少年在恐惧和不满的氛围里容易形成内向、孤僻、暴躁的性格，产生心理阴影。由于家庭气氛原因引起青少年犯罪的现实案件也很常见。

2. 家庭成员

家庭成员关系既包括夫妻之间的关系，也包括父母与子女之间的亲子关系。在一个家庭中，如果夫妻感情不睦，经常发生争执，青少年会不时地处于紧张状态，甚至会离家出走。如果父母与子女之间缺乏应有的沟通，会使青少年子女与父母之间的关系逐渐疏远。当青少年在家里得不到安全或情感上的满足和安慰时，就可能逃离家庭，在社会上寻求支持和慰藉，一旦养成不良习惯和观点，就会逐渐靠近犯罪的边缘。

（三）家庭成员行为

1. 教养方式

家庭教养方式，是指父母对子女抚养、教育过程中所表现出来的一种相对稳定的行为倾向。包括父母对子女的教育培养及所采取的态度、方式方法和手段。在家庭环境诸因素中，家庭教养方式是影响青少年发展的最主要的家庭因素。家庭对于青少年行为的塑造主要体现在不同的家庭教养类型方式上。四种主要的教养方式为权威型、专断型、放纵型和忽视型。不同的教养方式无疑会对孩子的社会性发展和个性形成产生重大影响。

赵山明、赵汗青和张喜转以某省少年教养管理所在册的学员 86 名作为观察组，同期随机抽取初中和高中在校学生 86 名作为对照组，分析犯罪青少年家庭教养方式与正常青少年群体父母教养方式的差异，以及犯罪青少年父母教养方式的一致性问题时发现，犯罪青少年的父母教养方式存在 3 个明显不足：即缺少情感温暖、沟通和理解；教养方式严重分歧；极端化。

具体如表 2—1 所示：

表 2—1　　　　　　　　家庭教养方式分类

教养方式	维度类型	对儿童的可能影响
权威	接受、控制	儿童期：心情愉悦，幸福感；高自尊和高自我控制
		青少年期：高自尊，高社会和道德成熟性；高学术和学业成就

续表

教养方式	维度类型	对儿童的可能影响
专断	拒绝、控制	儿童期：焦虑，退缩，不幸福感；遇到挫折易产生敌对感
		青少年期：与权威型相比，自我调整和适应较差；但与放纵型和忽视型相比，常有更好的在校表现
放纵	接受、允许	儿童期：冲动，不服从，叛逆；苛求且依赖成人；缺乏毅力
		青少年期：自我控制差，在校表现不良与权威型或专断型相比，更易产生不良行为
忽视	拒绝、允许	儿童期：在依赖、认知、游戏、情绪和社会技巧方面存在缺陷；存在攻击性行为
		青少年期：自我控制差；学校表现不良

权威型教养方式：这是一种理性且民主的教养方式。权威型的父母认为自己在孩子心目中应该有权威。但这种权威来自父母对孩子的理解与尊重，来自他们与孩子的经常交流及对孩子的帮助。父母以积极肯定的态度对待儿童，及时热情地对儿童的需要、行为做出反应，尊重并鼓励儿童表达自己的意见和观点。同时他们对儿童有较高的要求，对儿童不同的行为表现奖惩分明。这种高控制且在情感上偏于接纳和温暖的教养方式，对儿童的心理发展有许多积极影响。这种教养方式下的儿童独立性较强，善于自我控制地解决问题，自尊感和自信心较强，喜欢与人交往，对人友好。

专断型教养方式：专断型父母则要求孩子绝对地服从自己，希望子女按照他们为其设计的发展蓝图去成长，希望对孩子的所有行为都加以保护监督。这一类也属于高控制型教养方式，但在情感方面与权威型父母有显著的差异。这类父母常以冷漠、忽视的态度对待儿童，他们很少考虑儿童自身的要求与意愿。对儿童违反规则的行为表示愤怒，甚至采取严厉的惩罚措施。这种教养方式下的学前期儿童常常表现出焦虑、退缩和不快乐。他们在与同伴交往中遇到挫折时，易产生敌对反应。在青少年时期，在专断型教养方式下成长的儿童与权威型相比，自我调节能力和适应性都比较差。但有时他们在校的学习表现比放纵型和忽视型下的学生好，而且在校期间的反社会行为也较少。

放纵型教养方式：这类父母和权威型父母一样对儿童抱以积极肯定的情感，但缺乏控制。父母放任儿童自己做决定，即使他们还不具有这种能力，例如，任由儿童自己安排饮食起居，纵容儿童贪玩、看电视。父母很少向孩子提出要求，既如不要求他们做家务事也不要求他们学习良好的行为举止；对儿童违反规则的行为采取忽视或接受的态度，很少发怒或训斥儿童。这样教养方式下的儿童大多很不成熟，他们随意发挥自己，往往具有较强的冲动性和攻击性，而且缺乏责任感，合作性差，很少为别人考虑，自信心不足。

忽视型教养方式：这类父母对孩子既缺乏爱的情感和积极反应，又缺少行为方面的要求和控制，因此亲子间的互动很少。他们对儿童缺乏最基本的关注，对儿童的行为缺乏反馈，且容易流露厌烦、不愿搭理的态度。如果儿童提出诸如物质等方面易于满足的要求，父母可能会对此做出应答；然而对于那些耗费时间和精力的长期目标，如培养儿童良好的学习习惯、恰当的社会性行为等，这些父母很少去完成。这种教养方式下的儿童与放纵型教养方式下的儿童一样，具有较强攻击性，很少替别人考虑，对人缺乏热情与关心，这类孩子在青少年时期更有可能出现不良行为问题。

父母教养方式严重不一致对青少年犯罪也有影响。造成父母教养方式不一致的原因，一方面与父母参与子女日常生活的程度不同有关，另一方面与父母的性别角色和抚养子女的不同看法有关。父母教养方式的适当差异可以产生一种互补作用，有利于子女心理健康，如果差异过于显著，会使子女缺乏是非判断能力，产生神经质行为。

综上所述，教养方式是指父母将社会价值观念、行为方式、态度体系及社会道德规范传递给青少年的方式。

2. 家长不良行为

暗示和模仿是家庭教育的重要机制。家长的不文明行为，不良嗜好，违法犯罪行为，无疑是子女违法犯罪的诱导因素。父爱是一种宽厚的权威性的爱，能给家庭带来安全感，可以帮助子女形成对守法与违法的敏感性。如果父亲言语粗野，并有赌博、酗酒、性生活放纵等恶习，不仅会给子女以消极的影响，容易引起青少年的情绪、情感障碍，也会使子女直接受到感染，从而产生各种行为不良的问题，甚至走上违法犯罪的道路。母亲贤惠、善良、正直的品行会给子女形成良好的人格打下基础。反之，母亲奸诈、粗暴、轻浮的习性又会把子女推向火海，许多走上违法犯罪道路的少女大多都受过其母亲放荡生活的影响。深圳对犯罪人员家庭状况的调查发现，父母有抢劫、盗窃、吸毒、贩毒、嫖娼、婚外情、赌博等违法犯罪记录或不良嗜好的，占被调查家庭的19%。其中未成年人家庭的"问题父母"达22%，高于成年组家庭的"问题父母"。

3. 家庭暴力

家庭暴力是指在家庭内部出现的侵犯家庭成员人身、精神方面的暴力行为。家庭暴力发生于有血缘、婚姻、收养关系生活在一起的家庭成员间，如丈夫对妻子、父母对子女、成年子女对父母等，妇女和儿童是家庭暴力的主要受害者，有些中老年人、男性和残疾人也会成为家庭暴力的受害者。家庭暴力会造成死亡、重伤、轻伤、身体疼痛或精神痛苦，对青少年影响极大。

何银松在《论家庭暴力对青少年犯罪的影响与社会对策》中，认为由于家庭暴力的隐蔽性使社会难以干预，相关法律法规的可操作性不强等原因，家庭暴力仍是引发青少年犯罪的重要因素。将家庭暴力分为夫妻暴力和父母对子女的暴力两方面，并详细分析了其对青少年的影响。他指出夫妻暴力，①容易导致青少年形成犯罪人格；②会迫使青少年离家出走，使其成为社会黑恶势力利用的对象；③可能导致家庭残缺和家庭教育功能减弱；而父母对子女暴力的负面效应是，会造成青少年的情感障碍和产生示范与传递效应。

欧阳艳文在《家庭暴力与青少年犯罪的因果关系研究——从犯罪心理学的角度分析》一文中，从犯罪心理学的角度解释家庭暴力是导致青少年形成犯罪心理的重要原因之一，就整体而言，家庭暴力提高了青少年犯罪的概率。她认为：①家庭暴力是青少年不良心理意识产生的催化剂：造成青少年严重的心理创伤、造成青少年家庭教育缺陷、不良示范。②家庭暴力是影响青少年良好个性形成的腐蚀剂：造成认知偏离、情感障碍和人格障碍。

三 学校因素

学校是青少年教育的主阵地，可现行的教育体制不利于青少年健康成长。一是应试教育，应试教育更多地注重书本知识，而缺乏对学生实践能力的锻炼，导致学生动手能力差。学生们虽然能考出高分，却很难有创新的想法，学生们的创新能力没有得到开发。学生从进幼儿园那一天开始，进中心小学、重点初中、重点高中、名牌大学，为了应付考试付出了大量精力，实际收获的却不多。二是现行教育考评体系，使学校对青少年的教育偏向学业成绩，而对思想道德的教育严重滞后，学习成绩的差异成为评价"好学生"和"差生"的唯一标准，致使"差生"破罐子破摔，厌学、辍学，一旦受到不良诱惑则加速走向极端；加之部分教育者对"差生"缺乏耐心的关怀与帮助，人为地导致这些"差生"过早流入社会，失去接受良好教育的机会与条件，极易滑向歧途。三是评价学校是升学率，评价老师还是升学率，这是导致教师重智育、轻德育，严重影响青少年健康成长的重要原因。

四 社会因素

社会不良倾向严重侵蚀着青少年的肌体。主要包括政治上的仕途至上、权势至上；经济上拜金主义、享乐主义等生活方式；文化上低级庸俗的产品极易腐蚀孩子们的灵魂；社会教育机构尚未形成，使青少年的思想道德教育出现了空当，这些都是影响青少年健康成长的重要因素。社会教育对青少年的成长影响越来越突出，学生从学校走向社会后约束力减小，社会上的一些消极因素，极易影响一些青少年走向歧途。社会一些领域道德失范、诚信缺失，假冒伪劣及黄赌毒等社会丑恶现象无时不在侵蚀着广大青少年的肌体；网吧、游戏机室等青少年活动的场所，是导致学生沉迷于网络，甚至成为传染疾病的直接病源；部分报刊、电视和音像等宣传媒体渲染暴力、色情等不良信息，导致一些青少年模仿港澳台的黑社会组织拉帮结伙甚至实施抢劫、盗窃、敲诈勒索、寻衅滋事等犯罪行为，严重影响着广大青少年的健康成长。

参考文献

[1] 刘建萍：《青少年问题行为相关研究综述》，《人文论坛》2010年第34期。

[2] 邓翡斐：《服刑人员未成年子女犯罪问题研究》，硕士学位论文，华

东政法大学，2014年。

[3] 刘小娟、陈冲、杨思、朱熊兆：《认知情绪调节在青少年生活事件和焦虑、绝望之间的调节作用》，《中国健康心理学杂志》2010年第8期。

[4] 白崇鹏：《初中生焦虑与归因方式的关系》，硕士学位论文，山东师范大学，2011年。

[5] 郑秀娟：《中学生存在焦虑与自我同一性的关系研究》，硕士学位论文，河南大学，2010年。

[6] 何婉文：《青少年自我同一性与心理健康的关系研究》，《中小学心理健康教育》2011年第16期。

[7] 孙仕秀、关影红、覃滟云、张露、范方：《青少年社会支持与情绪行为问题的关系：心理弹性的中介与调节作用》，《中国临床心理学杂志》2013年第1期。

[8] Lazanus R. S. & Foltaun S. "Stress, Appraisal and Copinf", *New York*: *Springer*, 1984, (5): 18–27.

[9] Billings A. G. and Moos R. H. "The Role of Coping Resources", *Jounal of Behavior Medicine*, 1981 (4): 139–158.

[10] Folkman S. et al. "Appraisal, Coping, Health Status and Psychological Symptom", *Journal of Personality and Social*, 1987 (4): 223–225.

[11] 李艳华、何少颖、赵陵波、段华平：《高校贫困生心理健康水平及其与应付方式的相关研究》，《中国健康心理学杂志》2007年第6期。

[12] 张巧明、郑晓燕、王惠萍：《中学生应付方式的调查研究》，《中国健康心理学杂志》2006年第3期。

[13] 冯永辉、周爱保：《中学生生活事件、应对方式及焦虑的关系研究》，《心理发展与教育》2002年第1期。

[14] 岳颂华、张卫、黄红清、李董平：《青少年主观幸福感、心理健康及其与应对方式的关系》，《心理发展与教育》2006年第3期。

[15] 张运红：《网络成瘾青少年的心理分析及矫正研究》，硕士学位论文，陕西师范大学，2006年。

[16] 杨曦、张旭等：《家庭因素对青少年犯罪的影响》，《神经疾病与精

神卫生》2007 年第 2 期。
［17］肖剑鸣：《犯罪学研究论衡》，中国检察出版社 1996 年版。
［18］李亦民、晗曦：《残缺家庭对青少年的心理影响》，《人人健康》1994 年第 6 期。
［19］李玉萍、赵鸿天、王晓军：《未成年人犯罪与家庭环境关系的调查与分析》，《山西青年职业学院学报》2004 年第 4 期。
［20］赵山明、赵汗青、张喜转：《犯罪青少年家庭教养方式的特征》，《中国组织工程研究与临床康复》2007 年第 17 期。
［21］苗素莲：《加强家庭法制教育、培养守法习惯》，《青少年犯罪研究》2000 年第 6 期。
［22］周芦萍、余长秀：《城市家庭问题与青少年违法犯罪》，《青少年导刊》2002 年第 1 期。
［23］何银松：《论家庭暴力对青少年犯罪的影响与社会对策》，《上海公安高等专科学校学报》2007 年第 5 期。
［24］欧阳艳文：《家庭暴力与青少年犯罪的因果关系研究——从犯罪心理学的角度分析》，《广东青年职业学院学报》2006 年第 2 期。

第三章

学习困难青少年及干预

第一节 学习困难概述

一 国内外学习困难研究的发展历程

学习困难的研究最早在西方开始,经过许多学者的努力取得了丰硕的研究成果。我国这方面的研究起步较晚,国外的丰硕成果对我国学习困难的研究有很大的借鉴意义和指导作用。

(一)国外学习困难研究的发展历程

总结国外研究者的研究历程,可以发现在学习困难的研究历程中,大致经历了以下几个时期:

1. 奠基期(1800—1930)

西方对学习困难的研究最早可以追溯到19世纪初,这一时期以医生和生理学家为主的研究者开始对脑功能及脑功能失常的脑部伤害病患者进行研究,即主要集中在生理方面。例如,布洛卡(P. Broca)发现,大脑左半球的特定区域受到伤害,患者将失去说话能力;威尼克(C. Wernick)发现,大脑颞叶的特定部分受到伤害,患者将失去听觉理解能力;J. Hinshelwoo发现,大脑的角回区的特定区域受到伤害,将导致患者成为无法理解文字意义的"字盲"等。

2. 转移期(1930—1960)

经过对学习困难研究的奠基期,人们了解到认知能力缺陷和不足的原因,开始对学习困难有了更多的研究。从20世纪30年代开始,研究者们的研究重点从对生理学方面的关注转为对学习困难儿童及教学临床实践方面的研究。对这种实践进行尝试的第一个研究者是美国的一位精神病医生奥顿（S. Orton），他提出一套训练与教育的方法。这个时期具有代表性的研究是由美国医生施特劳斯（A. Strauss）、心理学家和特殊教育学者韦纳（H. Werner）和凯夫特（N. Kephart）等所做的有关知觉及知觉—运动功能的研究，他们的研究被认为是学习困难研究的先驱工作。学习困难被确立为一个具体的研究领域，为学习困难领域理论和研究奠定了基础。

3. 统整期（1960—1980）

奠基期和转移期虽然开始了学习困难方面的研究，并取得了一些较大的研究成果，但始终没有使用"学习困难"这一专业术语。而统整期填补了这一空白，心理学家柯克于1963年开始提倡使用"学习困难"一词，并且在同一年儿童学习困难协会（Association for Child with Learning Disabilities，ACLD；1989年更名为美国学习困难协会，LDA）成立。这一时期可以说是学习困难研究在教育系统快速发展的阶段，无论教学理论、教育法令和专业组织等都在这一时期蓬勃发展与整合。Lerner（1993）认为，经此阶段的发展，学习困难成为教育系统的独立学科，而且其整合了各专业在学校教育中所完成的各种教育计划建设和师资培育等。

4. 当代期（1980—现在）

进入20世纪80年代后，随着其他研究领域的不断扩大和深入，学习困难的研究不再局限于教学过程，而开始把注意力放在学习困难学生的心理特点和他们社会背景等方面的探索上。进入20世纪80年代后，随着其他研究领域的不断扩大和深入，学习困难的研究不再局限于教学过程，而开始把注意力放在学习困难学生的心理特点和他们社会背景等方面的探索。许多教育家和心理学家开始用社会学的观点与方法来探讨学习困难学生的成就责任归因、自我概念特征，以及学习困难学生行为模式同其社会特征之间的联系。

（二）国内学习困难研究的发展历程

我国开始进行学习困难方面的研究始于20世纪80年代初，到今天为止已经走过二十多年。在这二十多年研究历程中，学习困难学生的研究可分为三个阶段：

1. 发展期（1977—1985）

1977年，我国学校教育从遭到十年"文化大革命"严重破坏进入全面恢复整顿时期。一方面，随着中断了十年之久的高考制度得以恢复，全国广大中小学校不得不为迅速提高自己学校的升学率而努力。于是，从学习成绩的"单差生"到学习成绩和道德、品德的"双差生"，一时成了当时中小学教育的突出问题。另一方面，由于我国和苏联的特殊关系，在"文化大革命"之前曾大量介绍了苏联教育界有关学习困难儿童教育研究成果的情况，尤其是苏联著名教育家苏霍姆林斯基关于"学习困难儿童"的理论和干预教育方法在这一时期产生较大影响。在这一时期，国内研究者对学习困难方面的研究进入了一个快速发展期。

2. 奠定期（1986—1993）

1986年7月1日，在中国教育史上是一个有重要纪念意义的日子，这一天我国正式宣布开始在全国范围实施《中华人民共和国义务教育法》。这一法规的实施从根本上结束了我国沿袭几千年的"适者生存"传统学校教育模式，并从根本上奠定了我国学习困难儿童的教育及研究基础，使对学习困难的研究得到了进一步发展。在这一时期，我国教育部门设立专门的学习困难研究课题，及时介绍国外有关理论，并多次召开专题研讨会，研究者们也在相关杂志上连续发表了一系列的研究论文以及出版相关方面的书籍，研究重点开始从为提高升学率服务转变为系统探讨我国学习困难儿童的现状与特点。

3. 质变期（1993年至今）

这一阶段是以1993年2月13日党中央、国务院正式颁布的《中国教育改革和发展纲要》为开端。在这样一种社会大背景下，学习困难儿童的研究开始进入了一个新的阶段。研究的重点从先前过多探讨学习困难儿童的特点及原因，转变为如何通过干预训练和教育方法来切实改变学习困难学生的学习状况，以期更全面地提高我国义务教育的质量，同时开始探索怎样让老师和教育专家更好地指导帮助学习困难儿童成功地适应社会。

经过长期针对学习困难的探讨，当前对于学习困难的研究也愈加全面深入。首先，学习困难的形成是一个十分复杂的过程，而学习困难学生的转化是一个综合性的问题，需要建立在医学、心理学、教育学等学科的理论基础之上，而不应该单纯由某一学科来承担；其次，学习困难也不是一个阶段性的问题，它有发展的连续性。因此，当前的研究重心也逐渐趋向于学习困难儿童的"预防"与"改善"上，不再局限于"矫正"与"补偿"。并且当前对于学习困难的研究也在结合具体的学科进行更加细致和有针对性的研究，具有可操作性和重要的现实意义。

二　学习困难的定义

学习困难是教育领域一个常见的问题。但是，它具体指什么、定义是什么，在很长时间内都只是一个模糊的概念。直到20世纪60年代，美国特殊教育专家 S. Kirk 博士才第一次明确提出"学习障碍"（我国习惯称为学习困难）（Learning Disability, LD）的定义。此后学习困难问题在全世界范围内逐渐受到关注，引起了更多学者的重视。这一概念逐渐成为医学、生理学、心理学、教育学甚至是语言学等诸多领域的研究热点。在国内对"Learning Disability"的译法也不尽相同，如"学习障碍""学业不良""学习失能""学习困难"等。因为学习困难更具发展性和教育性，故在本章中主要采用"学习困难"这一译法。需要注意的是，可能个别地方名称有所不同，但都只是一个问题的不同说法而已。学习困难的术语虽然被明确提出，但还是个相对年轻的概念，并且至今也未形成一致的、普遍接受的定义。在其定义不断演变的过程中，迄今为止有五次大的变化。

◆知识视窗

研究历史上首次对学习困难的界定

1963年，美国著名特殊教育家柯克应邀参加全美知觉障碍儿童基金会家长会议，在发表演讲时，提议使用"Learning Disability"这一较为教育性的名词来代替当时医学文献上常见的一些术语，如知觉障碍、脑损伤等。柯克在演讲中提到："就我的了解，这一会议与盲聋等感官障碍或智力落后儿童无关，也与环境因素引起的情绪困扰或行为问题儿童无关。这个会议所研讨的主要是那些能看能听又无显著智力缺陷，但在心理与行为上表现出相当的偏差，以致无法在家庭中有良好适应，在学校中依靠通常的教学方法未能有效学习的儿童。""Learning Disabilities"一词提出后很快得到家长和研究者的认可。现在十分著名的学习困难协会（Learning Disabilities Association, LDA）也是在这一历史性会议上诞生的。

（一）学习困难定义的首次提出

1963年4月6日，在由知觉障碍儿童基金会发起的会议上，心理学家柯克提议用 Learning Disabilities 来描述学习困难，他将学习困难界定为："学习困难是指在听、说、读、写、算数或其他学科中的一种或多种障碍、失调或发展迟缓的现象。它是一种心理上的障碍，可能由大脑皮层功能失调或情绪、行为困扰所引起，而不是由智力落后、感觉剥夺或文化、教学等因素造成的。"随后，柯克的学生 Barbara Bateman 于1965年提出了自己的定义："学习困难儿童是指那些在智力潜能和实际学业水平之间表现出显著差异的儿童。他们可伴随（或不伴随）中枢神经系统的功能失调，但不是由智力落后、教育或文化剥夺、严重的情绪困扰或感觉丧失所引起的。"Bateman 的定义至少在两点不同于 Krik 的定义：第一，将情绪因素引发的学习问题排除在学习困难的范围之外；第二，提出了智力潜能和实际学业水平之间不一致的观点。这是一个很有影响的观点，被以后许多学者所引用，同时也引发了众多的争议。

（二）学习困难定义的第二次演变

学习困难定义第二次的演变源于美国学习困难儿童咨询委员会。该委员会也是由柯克负责组织，第一个年度报告在1968年1月30日发表，委员会在报告中提出了十条非常重要的建议。建议之一就是学习困难应该受到联邦政府的高度重视。同时，该委员会在报告中提出了自己关于学习困难的定义："有特殊学习困难的儿童表现出一种或几种基本的心理过程的障碍，如理解、口头语言和书面语言等障碍。具体表现在听力、思维、讲话、阅读、书写、拼读和算术计算等能力方面的不完善。他们包括阅读障碍、脑损伤、轻微脑功能失调、诵读困难、发育性失语症等。但它们不包括由于智力落后、情绪干扰或环境不利而引起的学习困难。"

由于美国残障儿童顾问委员会的主席是柯克，因而不难想象这一定义与柯克于1962年的定义非常一致。当然这一定义也有某些发展：第一，该定义专门指出了特殊学习困难的主体是儿童；第二，学习困难的表现中增加了"思考"；第三，未将情绪困扰列入学习困难的原因之中。然而，这一定义由于使用了诸如"可能表现在""一种或多种"等不确定的语言，从而使这一概念产生了某些混乱。

(三) 学习困难定义的第三次演变

学习困难的定义虽然经过前两次的修改有了很大的变化,很多人也认可了这种定义的改变,但是随着1975年《美国障碍儿童教育法》的颁布,学习困难的定义迎来了第三次修改。《美国障碍儿童教育法》的颁布,在很大程度上迫使人们找到一个更准确的关于学习困难的定义,并且能够更具体、更方便地诊断出学习困难儿童。此定义如下:"学习困难是指在理解和使用口头语言和书面语言有一种或几种基本心理过程的障碍,这种障碍可能表现为听、说、阅读、思维、书写、拼写和数学计算能力等方面的不完善。这种障碍包括知觉缺陷、脑损伤、轻微脑功能失调、阅读困难、发育性失语症。但它不包括只是由于视听和运动缺陷、智力落后和能力障碍而引起的学习困难,同时也不包括主要由于经济、文化等环境方面处于不利地位而产生的学习困难。"

这一定义是美国大多数州界定学习困难及确定鉴别方法的依据。而且,它后来又被收入1990年颁布的残障人员教育法(PL101-476法案)和1997年颁布的残障人员教育法修正案(IDEA,PL105-17法案)之中。这一定义反映了美国政府官方的观点,影响较大,也较为著名。

(四) 学习困难定义的第四次修改

随着《美国障碍儿童教育法》的颁布,研究者对学习困难的定义进行了第三次修改,但是美国的各个州对学习困难的定义仍然有自己不同的意见和看法,考虑到问题涉及的范围影响甚广,在这种大背景下就迫使研究者开始再次对学习困难的定义进行修改,将其定义为:"学习困难是一个一般的术语,它指在听、说、读、写能力或推理和数学运算能力的获得和利用方面有明显困难的不同障碍的综合体。这个障碍可能是由于个体内在的中枢神经系统功能失调引起的。尽管学习困难可能伴随着其他缺陷(如感觉器官损伤、智力落后、社交和情绪障碍)或环境影响(如文化差异、缺乏教育或教育不当,以及各种精神因素),但学习困难不是这些缺陷和环境影响造成的直接结果。"该定义是1981年,美国学习困难联合会代表六个群众组织,其中包括学习困难的教育群体,在集中和参考多方意见的基础上提出的,比之前的定义更为准确。

(五) 学习困难定义的第五次修改

最近一次学习困难定义的修改是在1989年,这也是由美国学习困难联合会对 1981 年的定义进行修改后再次公布的。定义内容是："学习困难是指由不同原因导致的失常，它包括不同缺陷类别的群体。这种障碍在获得与应用听、说、读、写、推理或数学能力上有明显的困难。一般推测是由于个体内在中枢神经系统的功能异常所引起：在人的一生中，任何时候都有可能发生。学习障碍或许存在行为控制、社会知觉及社会互动的问题，但这些并非是构成缺陷的主要原因。虽然学习障碍有可能与其他的障碍状况（感觉损伤、智能不足、严重情绪困扰）同时存在，或受一些外在因素影响（例如文化差异、文化刺激不足或不当教学），但它却并非由上述状况或影响所直接促成。"

美国全国学习困难委员会的定义要点是：

（1）学习困难是一个由各种各样障碍构成的异质群体。

（2）学习困难主要表现为听、说、读、写、推理或数学能力的获得或使用上存在显著困难。

（3）这种学习困难源于个人的内在因素，而不是由于外部环境或教育不当所引起的。

（4）学习困难被假定是中枢神经系统功能失调所致。这是学习困难的生物学基础。

（5）学习困难可以与其他障碍同时存在，如学习困难与感觉障碍共存。

由学习困难的数次定义演变来看，它们的相同点在于一致认为学习困难指听、说、读、写、推理或数学能力方面表现出明显的困难，认可脑功能和神经系统受损等影响因素，并且都否定了智力和其他一些外在因素对学习困难的直接影响。由此看来，学习困难概念的核心要素在于听、说、读、写等几种基本心理机能存在缺陷，以及神经系统和脑功能的损伤。不同点在于每次修改之后内容会更丰富，涵盖的范围更广并且定义更精确。经过粗略研究，本书将学习困难定义为："个体存在一种或几种基本心理过程的障碍，主要表现在听、说、读、写、推理和拼写或运算能力上有明显缺陷，可能与脑功能或神经系统损伤有关。但是与生理缺陷，智力低下，其他外界影响等因素无关。"

三 学习困难产生的原因

学习困难的成因比较复杂，经过诸多学者多年的研究和探究，我们大概可以将其概括为四个大的方面：生理因素、认知能力外界环境因素和其他因素。其中包括了内部和外部因素，个体与家庭，社会因素等。下面我们就从这四个方面来介绍一下学习困难的主要成因。

（一）生理因素

多数学者在学习障碍的定义中都提到了生理方面的原因，其中大部分集中在中枢神经系统功能失调方面。在这里我们还将探讨一下基因遗传因素、中枢神经系统的病变大脑皮质的功能失调、以及生化和营养因素影响。

1. 基因遗传因素

学习障碍具有家族遗传倾向。瑞查得森（Richardson，1987）研究发现，在学习障碍儿童的一级亲属中，学习障碍的发病率高达45%以上。双生子或家族谱系的研究显示同卵双生子的发病率比异卵双生子高。

潘尼尔顿等（Pennington et al.，1982）的研究表明，学习障碍具有明显的家族性，父系传给子代的比例是40%，母系为35%，且同卵双生子同时发生学习障碍的可能性极高，研究认为遗传因素的作用在于改变语言表达能力的正常发展。

史利尔（Sliver，1971）研究发现，在556个具有神经生理异常的学习障碍儿童中都有家庭遗传的因素，这种家族遗传被认为是由于一个或一组基因的异常而造成的。

美国威莱曼等（Willerman，1973）对125个阅读障碍儿童的家人与正常儿童的家人进行了比较研究，结果发现，阅读障碍儿童的家人在认知测验中，有许多测验项目的成绩，如空间推理、符号处理等都不及正常儿童的家人，由此推论阅读障碍来自家庭遗传的可能性极大。

早期的研究以及随后的一些研究没有进行标准的测验，后来的研究克服了这一缺点，如沃尔夫等把特殊学校的阅读障碍儿童确定为阅读障碍家庭，用标准测验考察了两组这样的阅读障碍家庭和一组控制组家庭。结果发现，阅读障碍在家族中的聚集，表现为在阅读障碍家庭中，父母之一具有阅读障碍的家庭成员出现阅读障碍的可能性高于父母都没有阅读障碍的家庭成员。如果父母都具有阅读障碍，则家庭成员具有阅读障碍的可能性更大，一旦具有阅读障碍就会比较严重。除此之外，性染色体的异常也被发现和学习障碍有关。

2. 中枢神经系统的病变

梅尔斯等（Myers et al., 1990）认为，真正的学习障碍应为中枢神经系统功能失调或结构异常所致。中枢神经系统包括脑和脊髓两部分，其作用就像一个信息处理系统，如计算机的中央处理器，主要负责处理外界输入的神经冲动和表现出来的反应以及各种神经之间的联系工作。脊髓是比较低级的神经中枢，负责接收来自大脑的指令进行反应或者进行条件反射；而大脑是人的高级神经中枢，包括小脑、间脑、脑干、边缘系统、大脑皮层几部分。我们可以看到在各种学习障碍定义中，都明确指出了感、知觉以及听、说、读、写等心理机能的障碍。而位于大脑皮层的布洛卡区、威尔尼克区、角回受损等会造成不同种类的语言障碍（或者称之为失语症）。例如运动失语症、听觉失语症等，这些障碍对听、说、读、写各方面都有很大影响。

在医学上对中枢神经系统异常的检查方式包括脑电波（EEG）、计算机断层扫描（CT）、核磁共振（MRI）与大脑血流量测定（CBF）。通过脑电波仪检查可以发现中枢神经系统异常的现象；计算机断层扫描（CT）或核磁共振（MRI）虽然无法检测出中枢神经系统异常，但可以发现中枢神经系统解剖上的异常。用 CT 和 MRI 对学习障碍的检测主要是水平扫描和对左右大脑半球形态大小的测定。正常人的特征是大脑半球前部左侧小于右侧，后部左侧大于右侧。MRI 检测发现，有些学习障碍儿童左右脑前部形态无差别，或右侧比左侧小，而后部与正常人无异。此外还发现学习障碍儿童存在第三脑室扩大，左右脑室不对称，左右额叶对称性异常，脑白质区高吸收（表示脑白质髓鞘化完成延迟）等现象（Myers and Hammill, 1990）。另外，发现阅读障碍者右侧间脑灰质和左脑后侧语言中枢以及双侧尾状核体积缩小。有研究者利用 MRI、EEG 等手段进行研究发现，阅读障碍的病因主要是大脑半球结构及功能分化方面出现异常，从而导致语言能力的下降。大脑血流量测定可以检查大脑皮质细胞的活动力，研究发现阅读障碍成人的部分区域的脑皮质细胞活动量显著比一般成人低。

3. 大脑皮质的功能失调

大脑皮质是神经细胞和胶质细胞最集中的地方，它们是构成所有信息接收、加工、处理的生理基础。而大脑皮质的功能失调是解释学习障碍原因时最常引用的，也将可能是对特殊教育最有意义的说法，因为它可以协助我们发现学习障碍学生的障碍及优势，以发展适当的教学策略及材料。目前以大脑皮质的功能失调说明学习障碍的原因主要有三种：大脑脑叶病变、大脑功能偏额化和前庭功能失调。

奥顿曾提出阅读障碍的原因是因为大脑左半球的失势所致，因而造成知觉形象颠倒的现象。受奥顿观点的影响，很多人认为左利手者（又称右侧大脑较优势，俗称左撇子）和阅读障碍有关。

20世纪70年代的研究发现，家族性和非家族性的左利手者状况不同，家族性左利手者右半球病变和左半球病变，二者造成语言障碍的机会不多，而非家族性的左利手者右半球病变却比左半球病变造成的语言障碍的机会大很多。希斯卡克等的研究表明，由行为、心理和解剖方面分析大脑偏侧化和学习障碍之间关系无法取得一致、可信的结论。

4. 生化和营养因素

（1）生化因素。有些学者认为体内生化系统的不平衡可能是造成学习障碍的原因之一，这种未知的生化系统不平衡对大脑的影响就像苯丙酮尿酸症，因为体内缺乏某种酶，导致无法转化体内的氨基酸而累积成毒素，以致伤害脑部的发展。

生化因素的影响往往通过药物对学习与行为的控制与调节作用得到证实。因为通过用药可以改变体内的生化环境，以起到控制与调节行为或学习的作用，如多动症的药物治疗可以改变注意缺陷，从而提高学习能力。

（2）营养方面。营养不良会造成婴幼儿的发展迟缓，尤其是影响脑部的发育。幼儿贫血可引起认知发育不良，贫血儿童在写作、阅读、数学、空间记忆等方面与非贫血儿童相比存在显著差异。综合营养不良对儿童发展的研究，可以发现营养不良不一定会造成学习障碍，但是在早期发展阶段，严重的营养不良则会影响中枢神经系统的发展，因此营养不良和学习障碍有间接关系。

（二）认知能力

认知能力是指人脑加工、储存和提取信息的能力，即人们对事物的构成、性能与他物的关系、发展的动力、发展方向以及基本规律的把握能力。它是人们成功地完成活动最重要的心理条件。知觉、记忆、注意、思维和想象的能力都被认为是认知能力。

（1）知觉是直接作用于感觉器官的事物的整体在大脑中的反映，是人对感觉信息的组织和解释的过程。知觉存在缺陷会直接导致人无法形成完整有意义的知识经验。

（2）记忆是人脑对经验过事物的识记、保持、再现或再认，它是进行思维、想象等高级心理活动的基础；记忆缺陷会导致当前学习的内容不能进行正常的存储加工，过去的知识经验提取也有困难。

（3）注意是心理活动对一定对象的指向和集中。是伴随着感知觉、记忆、思维、想象等心理过程的一种共同的心理特征。注意缺陷会导致人无法专注于某一事物，不能合理分配注意资源。

（4）思维最初是人脑借助于语言对客观事物的概括和间接的反应过程。思维以感知为基础又超越感知的界限。它探索与发现事物的内部本质联系和规律性，是认识过程的高级阶段。思维就是人们观察、分析、解决问题的模式化、程式化的"心理结构"，思维缺陷会严重影响人们解决问题的能力。

（5）想象，亦称想象力，是形成意象、知觉和概念的能力。想象有助于为经验提供意义，为知识提供理解，是人们为世界创造意义的一种基本能力。想象在学习过程中发挥关键作用。

研究发现，学习困难学生存在认知能力缺陷的现象，如注意缺陷、记忆或语言能力缺陷等。注意缺陷可能会导致学生注意力不集中，容易注意分散，注意的保持时间短暂等都在极大程度上影响学习效果。有的学生还有基本学习技能（听、说、读、写、拼、计算等）失调，如早期语言发展迟滞可能造成说与读困难等。这些认知能力缺陷在不同方面都会造成学习困难。

(三) 外界环境因素

1. 家庭因素

(1) 家庭结构。家庭结构不完整会给孩子造成很大的心理伤害,通常会引起孩子的叛逆和厌学。加上不健康的家庭结构一般也会出现对孩子的关注度不够,疏于管理的情况,这会在一定程度上极大地削弱孩子的学习积极性,长期下去将导致孩子学习跟不上进度,逃避上学等状况。病态的家庭结构往往导致不和谐的家庭气氛,而家庭气氛的好坏直接影响着家庭成员之间的心理关系以及孩子学习的环境。良好的家庭气氛不但给孩子以心理支持,也给孩子学习创造了良好的物理环境,这就给孩子在学业上的成功创造了必要条件,相反紧张的家庭气氛使孩子丧失安全感,长时间处于无助和焦虑中,势必会使他的精力分散过多,从而影响他的学习成绩和导致学业上的失败。郑希付等对某些学业不良儿童的家庭因素进行探讨,发现父母关系差、家庭不健全都会影响孩子的行为,导致学习上的不适应。还有研究表明,家庭环境与儿童的社会性、自我控制和学业成就相关。Michael 和 Broson 等的研究也指出家庭的氛围对孩子的情绪、认知、行为及人际交往密切相关。

(2) 亲子关系。父母对子女的期望过高或过低也会对子女的学习造成消极影响,期望过多会使孩子产生焦虑,从而会对孩子的学习产生较大压力而影响学习,也可能使孩子产生反抗心理,产生逃学、不完成作业等不良行为。期望过低会造成学生对自己缺乏信心,自尊心低下,造成自暴自弃,导致学业上失败。朱洌烈等的研究表明学业不良儿童父母对其发展的期望明显要低,对孩子的态度更倾向于拒绝和否认。俞国良的研究发现,学业不良儿童更多地生活在父母关系紧张的家庭中,而对待孩子的教育问题上,教育分歧大,父母对孩子的情感投入相对较少。

(3) 教养方式。学习困难学生的父母更多地使用专制及放任的教养方式。有研究认为,父母家教不当是学习困难的重要因素之一,过于严厉,经常训斥和打骂或者放任和宠爱都会导致心理问题的发生发展,继而发生注意力不集中,学习兴趣减退、难以正常有效地听课做作业。俞国良等的研究发现,父母期望、父母关系等与学业不良儿童的认知水平存在显著的相关,父母关系和父母学业指导策略对学习动机有显著影响,父母关系、父母简单化策略对认知水平有轻微影响。Dyson 等的研究发现，父母教育方式对儿童的认知发展和人格发展都有比较重要的影响。正确的教育方式使儿童认知能力和个性得到正常发展，错误的教育方式影响儿童的认知能力和个性的正常发展，导致学生学习能力偏低，造成学业失败。朱冽烈、易晓明的研究指出，除父亲过分干涉和母亲惩罚与严厉外，学习困难儿童与非学习困难儿童在父母教养方式其他因素上均存在显著差异。

2. 学校教育因素

（1）同伴关系。学习障碍学生在班级中基本上都是属于被同学嘲笑的对象。随着年级的增高，他们越来越处于被冷落和孤立的境地，与同学的关系不佳所占的比例明显比无学习障碍的学生高，这些都会挫伤学生的自尊心与求知欲，导致学习障碍的发生。杜向阳的研究发现，学习困难儿童与非学习困难儿童在受欢迎组与被拒绝组的分布上差异显著；在性别上，两类儿童的差异显著；在年级上，两类儿童的差异不显著。这也与朱冽烈、许政援、孔瑞芬的研究结果是一致的。刘在花、许燕的研究显示，学习困难儿童与非学习困难儿童在孤独感总分及其他维度上差异显著；在对学习困难儿童孤独感影响因素的方差分析中发现，年龄是影响学习困难儿童孤独感的显著变量；性别及性别与年龄的交互作用对学习困难儿童孤独感的影响不显著；在对学习困难儿童友谊质量、定向及孤独感影响的多元回归分析后发现，友谊质量和定向对孤独感有显著的负向预测作用。

（2）师生关系。教师对学生不敏感、对某些学生抱有不合理的期望、教师缺乏处理课堂中有特殊需要学生问题的能力、所提供的技能教学对学生无价值等都会造成学生学业失败。教师不当的教育管理方式，部分教师自身修养不够，工作态度不认真，对学生缺乏耐心和爱心，态度粗暴、评价简单等严重伤害了学习困难儿童的自尊心与自信心，致使他们对老师与学习，特别是对反感的老师所任课程产生强烈的抵触情绪。周振朝、闫及恒研究中提出教师在教学中应当帮助他们通过榜样学习、归因重塑和行为训练等方法，形成正确的自我评价，逐步提高他们的自尊心和自信心。

(3) 教学。不合理的教学任务，课堂规则不符合学生的身心发展规律，教学环境不恰当，课堂教学内容狭窄，无动机的学习材料和方法等也是造成学习困难的非常重要因素。对于学习困难的成因研究中很少将教学变量列进去，但是对学习困难的对策研究中教学因素比较常见。例如王春梅、辛宏伟提出为有效地帮助学习困难学生克服学习中的困难，扭转学习被动的局面，应该对学习困难学生的不同特点进行分析，采取多种教育对策。

3. 社会环境因素

(1) 社会交往。社会交往因素对学生的影响是间接的，主要通过同学、父母等周围的一些重要人物，例如同伴、邻居等进行传递。在学生时期交往圈相对比较单纯简单，但是有些学生抵制诱惑能力不强，自控力较差，加上家长管教不严，导致与社会闲散人员接触过多，从而影响到学习效果。

(2) 网络。现在网络信息良莠不齐，网络环境复杂，学生心智不成熟，人生观、价值观并未成熟，容易受到不良舆论影响，甚至产生厌学情绪。学生长期暴露在这样的环境下，学习兴趣降低，动机减弱。这或许就成为了导致学习困难的一个潜在因素，目前未有这方面的相关研究，相关问题还有待探讨。

(3) 社会文化影响。在社会文化的大环境下，许多家长一味地追求读书论，一刻不停地逼迫孩子一定要努力学习，对孩子的心理造成巨大压力。尤其是这种冲突的低龄现象越发严重，家长不顾及孩子身心发展规律，对孩子要求太过严苛。由于这样一些客观因素导致孩子学习跟不上，出现厌学情绪等，长期积累下来或许就演变成了学习困难。而对于那些能力较低的孩子，如果家长和老师一味地逼着他们学习，而不是用科学的方法进行特殊训练，长时间不见成效，孩子就会产生很大压力，从而出现学习困难的表现。

(四) 其他因素

1. 早期经验剥夺

早期发展经验的剥夺是指婴幼儿时期被不当地限制行动。第一，没有良好互动的家庭氛围。儿童与父母的关系不当，如长期的分离或与大人的互动机会过少，也可能造成学习问题。第二，家长对孩子溺爱。这种无条件的爱会剥夺孩子进行各种锻炼、实践的机会。最常见的就是父母对子女保护过度、包办代替一切。第三，家庭环境限制。限制儿童自由参加各种户外活动，剥夺了儿童应有的感官探索和动作发展，如视觉、听觉和触觉等的刺激或钻、爬、跑、跳。第四，婴幼儿长期患病也可能剥夺儿童发展应有的学习经验。

2. 文化差异

对于那些接受不同文化影响的儿童来说，价值观、语言的差异会增加儿童学习的困难和挫折。加拿大和意大利等使用双语的国家，发现他们的学生在学校学习非母语的课程以及接受不同于自己文化的道德价值时，导致其学习的困难增加，其困难比一般母语学习的同伴多。

3. 教育机会的缺乏

儿童因家庭迁移的次数过多，长期病弱或父母保护过度忽视教育的重要性，可能造成儿童的学习机会比一般同伴低；另外，教师教学的不当或儿童曾受教师严重的体罚也会造成儿童排斥学习，这些长期的学习机会的剥夺也可能造成儿童的学习困难。美国很多研究学习障碍的学者发现目前接受特殊教育的学习障碍学生可能未必有知觉上的困难，可能只是不当教学所致。

四 国内外对学习困难类型的分类

（一）国外对学习困难类型的分类

发展性学习困难和学习性学习困难。发展性学习困难是指一个学生在本应该具有的、完成自己规定学业目标所必备的基本学习能力方面产生困难，这些基本学习能力是指注意力、记忆力、感知觉、思维和口语表达等技能；学习性学习困难则是指一个学生在那些能通过后天学习而获得的能力方面出现了困难，这些能力主要包括算术、书写、阅读、拼音和写作等方面的能力。

1984年Mckinney在研究过程中运用聚类分析法，把学习困难分为四个类型：第一类型（占33%），指学习者在言语技能方面表现一般，但在序列和空间能力方面有所缺乏，或学习者在言语概念能力方面较强，而在独立性方面较差和注意力不集中；第二类型（占10%），指学习者在算术和图形排列等方面及其他的一般能力较好，但在学习成绩方面较差，而且在由老师们评价的行为量表中排名较低，还表现在其他的一些方面，比如在人际交往中比较自私，攻击性较强，而且学习过程中注意力也很不集中；第三类型（占47%），指学习者在概念能力方面高于同龄人的平均水平，但学习成绩中等，且表现为注意力不集中，性格较外向；第四类型（占10%），指学习者不仅学习成绩和言语能力中等，而且表现为序列和空间能力缺乏。

◆知识视窗

聚类分析法

聚类分析将个体或对象分类，使同一类中的对象之间的相似性比其他类的对象的相似性更强。目的在于使类间对象的同质性最大化和类与类间对象的异质性最大化。

聚类分析法是理想的多变量统计技术，主要有分层聚类法和迭代聚类法。聚类分析也称群分析、点群分析，是研究分类的一种多元统计方法。聚类的方法有直接聚类法、最短距离聚类法、最远距离聚类法。这一方法的基本思想：我们所研究的样品（网点）或指标（变量）之间存在程度不同的相似性（亲疏关系——以样品间距离衡量）。于是根据一批样品的多个观测指标，具体找出一些能够度量样品或指标之间相似程度的统计量，以这些统计量为划分类型的依据。把一些相似程度较大的样品（或指标）聚合为一类，把另外一些彼此之间相似程度较大的样品（或指标）又聚合为另一类，直到把所有的样品（或指标）聚合完毕，这就是分类的基本思想。在聚类分析中，通常我们将根据分类对象的不同分为 Q 型聚类分析和 R 型聚类分析两大类。可以根据变量的分类结果以及它们之间的关系，可以选择主要变量进行回归分析或 Q 型聚类分析。

（二）国内对学习困难类型的分类

我国研究者刘少文运用聚类分析法对学习困难学生的智力特点进行了研究，认为学习困难存在三个类型：第一类型为注意困难和记忆缺陷；第二类型为常识缺乏；第三类型为智力困难。

首都儿科研究所孙静等在研究中将学习困难分成五大类：第一类为听语能力异常；第二类是阅读能力异常；第三类为书写能力异常；第四

类为运算上的能力异常；第五类为非语言学习能力异常。中央教育科学研究所陈云英等则将学习困难归纳为三个主要类型：第一类型是对语言的接受和表达方面的学习困难；第二类型是阅读与书写方面的学习困难；第三类型是数学方面的学习困难。

我国研究者张舒哲重点介绍了四种有代表性的学习困难基本类型：第一类型根据学习困难的原因，分为生理缺陷型和心理缺陷型；第二类型根据学习困难形成过程中发生作用的影响因素多少，分为单一型和综合型；第三类型根据学习困难的可矫正性，分为暂时型和持续型；第四类型根据学生的神经类型特点，又可分为兴奋型和安静型。上海教科院吴增强从能力和动力两个难度，运用Q聚类分析将学习困难学生划分为四个主要类型，即暂时性困难学生、动力型困难学生、能力困难型学生和整体性困难学生，并描述了各类学生的主要特征。张雨青等（1995）则运用因素分析技术将学习障碍儿童的基本能力特征概括为七大类：视知觉能力；语言能力；社交能力；理解能力；行为问题；运动能力；感知动作能力。

第二节　特征

一　认知心理特点

认知过程是个体在中枢神经系统的支配下，对信息进行输入、储存、加工、提取的过程，其具体形式表现为感知觉、注意、记忆、思维、想象。而学习困难的学生不能有效地对外界信息进行认知，因此，难以与外部环境构成动态的平衡关系。

（一）感觉统合特点

1. 视知觉

史密斯的研究发现，学习障碍学生无法很快地确认字形或在大脑中形成视觉形象协助他们确认事物，所以，他们需要较长的时间以及没有其他刺激干扰状况下才能确认视觉刺激。

学习障碍学生最常见的视觉方面的问题特征是视觉记忆困难和空间定向困难。视觉记忆困难是指学习障碍学生在单词拼写中常出现错误，不能区分形近的字。如果学生需要花太多时间辨认字词，则对前面所存在记忆中的字和信息会因时间太久而容易失去,使阅读内容无法连贯成有意义的信息。

空间定向困难是指学习障碍学生不能分辨上下、左右、高低、里外、进出和分聚等,在做算术运算时,经常产生各种错误。

2. 听知觉

学习障碍学生最常见的听觉方面的问题特征是听觉辨认能力差和听觉记忆能力差。听觉辨认能力差是指学习障碍学生在声音的分辨方面有困难,不能区分近似的声母或韵母,不能分清音近的字。

听觉记忆能力差是指学习障碍学生对于长于五六个词的句子不能重复,对声音的记忆存在障碍。史密斯认为,学习障碍学生的听觉记忆量也会比一般学生差,因为他们无法像一般学生那样,将声音做适当的组合或以声音的组合为记忆单位等有效的方式记忆声音,学习障碍学生因为上述原因必须将发音一个一个记忆,从而导致其听觉记忆的限制;此外,学习障碍儿童对声音的知觉速度也比一般儿童慢。

学习困难学生往往会表现出感觉统合失常,不能有效地调动自己的各种感觉器官对刺激做出适宜反应,尤其是面对新的刺激或刺激过多、强度过大时,会表现出反应不良,如焦虑、笨拙、忙乱。在日常生活中,学习困难学生的肌肉张力明显不足,懒散、虚弱,活动时动作呆板、协调性差。在学习中,用词贫乏、说话含糊、词不达意;阅读时经常跳字跳行;写字时出现漏字、漏行、漏段的现象。

(二) 注意特点

注意是指心理活动对一定对象的指向和集中。注意总是集中于当前正在编辑的信息,是从事智力活动必不可少的一种积极的心理状态。麦瑟认为大多数的学习障碍儿童在注意过程中的诸方面存在缺陷是显而易见的。

学习困难的学生由于注意的通道容量较小,在单位时间内的储存、转移和加工信息的数量有限,因此,与优秀学生相比,其注意在范围、稳定、转移、分配等品质上较差。基奥和马戈利斯把学习困难学生的注意障碍分为三类:①引起注意,即注意选择的障碍,学习困难学生在挑选本应引起他们注意的重要信息方面存在困难和障碍,不能去注意应该注意的信息;②做决定,即学习困难的学生往往凭一时冲动做出决定,想到什么就做什么,注意力极易分散;③保持注意力,学习困难的学生很少能坚持把一件事情做到有始有终。

学习障碍学生,尤其是具有注意缺陷或多动障碍的学生,经电波检查结果发现他们在觉醒状态下的脑电波频率和振幅都较正常人低;其他心理方面的研究也发现学习障碍学生容易分心,他们很难将注意力集中在相关的刺激上,且难以持续他们的注意力,由此他们随时需要较多的注意。

(三) 记忆特点

对学生学习来说,记忆是一个整合过程,许多学习障碍儿童学业上的问题就是由记忆缺陷造成的。哈勒汉等通过视觉的短时记忆任务研究了学习障碍儿童的记忆过程,认为:(1)年龄最小的学习障碍儿童比起正常的同龄儿童在视觉的短时记忆任务方面有更多的困难;(2)学习障碍儿童记忆问题应归咎于使用认知策略的局限性(如组织、复述策略);(3)当交给学习障碍儿童学习策略时,他们的成绩和正常儿童没有显著差异。

一般来说,学习障碍儿童的感觉登记是完整的,没有受到损伤,其记忆成绩差是由于信息的提取困难。学习障碍学生在工作记忆上有先天不足,如忘记正在拼写的单词、数学公式等。学习障碍儿童在短时记忆上的问题主要发生在控制过程(如复述)以及材料的性质上。

(四) 思维特点

思维是指解决问题和概括问题的能力。广义地说,思维能力就是所谓的"智力"水平。而"学习障碍"定义规定这类个体的智力是正常的,因此,最初的研究工作很少探讨思维缺陷不足为奇。近年来,学习障碍个体的思维缺陷越来越受到广泛的重视。杰罗姆等发现,学习障碍儿童比其他同龄儿童更易于凭冲动行事,遇到具体问题时不是在方法上做一番选择,而是匆匆作答。普列格他那列举了学习障碍学生解决问题和推理能力失调的特征,包括抽象能力的受损,解决问题行为冲动,按次序排列信息有困难,不能从成功和错误中总结经验和教训。

(五) 学习加工特点

学习困难学生的学习加工水平较差,他们往往采用表浅加工,注意描述性知识，忽略程序性知识和情景性知识。学习内容中陈述的多为描述性知识，程序性知识和情景性知识则是内隐的，必须通过深加工提取出来。表浅加工导致学习困难学生聚焦于描述性知识，而不能提取隐含在学习内容中的程序性知识和情景性知识，因此，学习困难学生难以从给定信息中引发出新信息。

（六）元认知特点

构建主义心理学派代表人物弗拉维尔指出，元认知是个体对自身认知过程的调节和监控，元认知是影响学习效能的重要心理因素。学习困难学生与非学习困难学生相比，在元认知的两个成分即认知的知识和调节上有较大差异。在元认知知识方面，学习困难学生关于其问题解决技能的知识精确性较差，表现为他们不能准确预期其能否正确认知学习内容，在元认知调节方面，学习困难学生不能积极、准确地监控其问题解决活动。

二 学业表现特点

根据美国联邦政府对学习障碍的鉴定标准，学习障碍儿童在一项或多项成就的表现无法和他（或她）的能力与年龄相符合，由此标准可知学业表现有困难是学习障碍的主要特征之一。学习障碍学生可能在阅读、书写或数学等任何一方面有学习困难，这些学习困难也可能出现在两个或多个方面。

1. 阅读特点

阅读的困难是多数学习障碍学生都会出现的问题，阅读问题包括认字、阅读速度、对字音的记忆、对字词组合的类化能力、词界限的划分、默读以及从一段文字获得所表达信息等。

莫赛（Mercer，1987）曾列出学习障碍学生常见的阅读困难，分别有阅读习惯、朗读、理解和表达方式四个方面的问题。见表3—1。

表 3—1　　　　　学习障碍学生的阅读问题表现形式

类别	问题特征	行为范例描述
阅读习惯	动作紧张	皱眉、慌张、咬唇
	不安定	拒绝阅读，以哭泣或其他问题逃避
	迷失位置	不知阅读的起点
	侧头位置	侧头阅读或头部抽搐
	阅读距离过近	与所阅读书本距离过近
朗读	省略	省略句中某一字
	插字	阅读时任意在句中插字
	替换	任意将句中的字以其他字替换
	倒置	将字中的字母顺序前后颠倒
	错误	念错字
	位置颠倒	将句中的字顺序前后颠倒
	停顿	对某一生字停顿超过五分钟还无法发声
	缓慢	阅读速度慢
理解	回忆基本事实	无法回答文章中有关基本事实的问题
	困难	如文中的宠物名字是什么
	序列回忆困难	无法说出故事情节的前后关系
	主题回忆困难	无法说出所阅读文章的主题
表达方式	逐字阅读	阅读不流畅、一字一句阅读
	阅读声音不当	声音尖锐
	断词、断句不当	在不当的地方停顿

2. 书写特点

书写方面的困难是指在写字和书面表达方面出现困难。写字方面包括空间知觉、视动协调和肌肉控制能力，书写的表达包括词汇、语句和文章的书写。有些学习障碍学生可能出现一种或多种的书写困难。此外，和一般学生比较，学习障碍学生写字速度慢、书写时只用有限的词汇和很短的句子或经常出现技术性的错误，如大小写、标点符号或拼写等错误；学习障碍学生也无法检查出自己书写上的错误。

3. 数学特点

亚克曼等（Ackerman，1986）发现，早期被发现有阅读困难的学习障碍学生到后来也会出现数学学习的问题，因为数学学习也和阅读相同需要注意、记忆等认知能力。另外，语文记忆能力和理解能力在后来的数学学习中也占相当重要的地位。

数学的困难包括有空间安排、数学符号辨识、运算、公式的记忆和运用以及问题解决等方面的问题。

读、写或算虽然是学习障碍在学业表现上主要的困难，但这并不表示学习障碍学生在其他科目学习就没有困难。当学习障碍学生年级越高，他们的读、写或算的困难也慢慢扩及其他学科，如社会、自然或职业教育等学科。

三　社会性发展特点

个体的社会性发展随年龄的增长则不断提高，但在不同年龄阶段的特点则有所不同。学习困难学生的社会性发展的总体趋势与正常儿童相似，但又表现出一定的障碍。俞国良教授将社会性视为一种结构，认为社会性分为社会交往、社会认知（尤指自我概念）和社会行为（尤指行为问题），学习困难的学生在这三方面都有一定障碍。首先在社会交往上，王美芳、陈会冒等通过实证研究表明，学习困难学生的社会行为水平显著低于学习优秀和学习中等学生，学习困难学生的同伴接纳水平最低而同伴拒斥水平最高。而且吴增强、俞国良等的研究发现，大多数学习困难学生的亲子关系有一定阻碍，许多学习困难学生的家长对自己的孩子抱有不切实际的过高或过低的期望，再加上教育态度、教养方式不当，造成孩子厌学、畏学等消极情绪和行为，进一步导致了学生学习困难。其次在自我概念上，学习困难学生往往表现出偏狭倾向，与正常学生相比，他们易误会社会性暗示，对信息做出不准确的解释，依据关系并不很大的个别方面来形成某方面的自我概念，而且自我效能感明显低于优秀学生。最后，在社会行为上，学习困难学生易出现社会适应不良，情绪自控力差，与非学习困难学生相比，更容易出现行为问题。俞国良曾研究发现，小学四、五、六年级的学习困难学生主要行为问题是违纪行为；初一、初二的主要行为问题是攻击性行为。随着年龄增长，行为问题呈上升趋势。

四 心理健康特点

学习困难学生的心理健康水平总体上比非学习困难的学生要低，更易产生心理健康障碍，学习困难学生的心理健康障碍主要表现为以下方面：

（1）学习困难学生有较严重的情绪困扰，容易产生抑郁、焦虑、恐惧、紧张等情绪问题，这主要表现在他们对客观情况常常做出严重的估计，因此，经常感到无名恐惧，有时会由于预感不祥而担心。

（2）学习困难学生表现出明显的强迫症状，与非学习困难学生相比更突出地表现出明知没有必要，但又无法摆脱的思想、冲动及行为。

（3）学习困难学生对人际关系更为敏感，这突出地反映在他们与人交往时往往表现出不自在和自卑感。

（4）学习困难学生在思想、情感和行为上比非学习困难学生更具有敌对性。

第三节 诊断与干预

一 学习困难的诊断标准

学习困难儿童诊断的条件及其内容见表3—2。

表3—2　　　　学习困难儿童诊断的条件及其内容

定义	内容
排他标准 考虑因果关系；检查感觉系统、中枢神经系统；原因分析；生理条件或环境因素	（1）智力测验 （2）感觉敏锐程度测验 （3）背景资料建立（个案记忆、转介表、家长访谈） （4）其他
差距标准 考虑其语文与非语文能力；缺陷或迟缓；成熟或学习；学习能力缺陷与成就之间的关系；学习障碍对其社会成熟的影响	（1）各项学科成就测验 （2）各项基本学习能力测验 （3）非语文能力测验

续表

定义	内容
特殊教育 标准考虑其功能的强弱；障碍的性质与程度	（1）注意力测验 （2）知觉作用测验 （3）记忆力测验 （4）符号化测验 （5）概念化测验
病例标准 考虑其中枢神经系统等生理病理因素；信息超载或信息短缺	（1）医学与神经学检查 （2）脑波检查（EEG） （3）计算机断层技术扫描（CT） （4）核磁共振扫描（MRI）

以上是对学习困难儿童诊断的条件，但是由于国内外对于学习困难的定义缺乏一致的认可，并且不同的研究者在研究学习困难时所研究的对象不一样，所以在学习困难的诊断标准和测量方面就有自己不同的侧重，在查阅大量文献的基础上，学习困难的诊断标准基本上可以分为以下两种：

（一）量表诊断标准

量表诊断标准就是指以从国外引进并修订的各种量表的测试结果作为诊断学习困难的标准，我国目前在研究学习困难过程中使用较多的量表主要有：

（1）国际疾病分类诊断第 10 版中的学习困难诊断量表。

（2）美国缺陷儿童教育咨询委员会制定的学习困难诊断量表。

（3）韦氏儿童量表中国修订版。

（4）学习能力障碍儿童筛选量表。

（5）学习适应性测试：就是将学生的非智力因素标准化后再与同龄同年级的学生比较，以比较他们之间的差异。

目前国内使用的学习困难诊断量表主要是从国外引进修订过来的，虽然不完全适用于中国被试，但量表确实提高了研究的客观性、严格性和科学性。然而，由于运用方法的难度，使量表诊断标准在科学研究中使用率偏低。为了弥补从国外引进修订的量表不完全适合于中国被试这一缺陷，国内研究者开始探索制定适用于我国学习困难被试的诊断标准和量表。2000年，由华东师范大学邵志芳、陈国鹏和单阳制定的"学习困难检查表"在上海范围内施测了1067名被试，对所获数据进行初步分析并得到：(1) 各变量原始数据的均数和标准差。(2) 各变量原始数据有显著年龄差异和性别差异。(3) 信效度检验结果基本符合心理测量学要求。(4) 制定了上海地区常模。邵志芳等学者制定的"学习困难检查表"可谓是国内制定学习困难诊断量表的一次成功尝试。

(二) 学业成绩标准

学业成绩标准就是根据学生平时的学习成绩及其在班级中的排名情况，同时参考任课教师的评价，来判断学生是否有学习困难。这种方法简单可操作，是我国目前在研究学习困难时采用最多的诊断标准，尤其以教育界的研究者采用居多。当然这种诊断标准也有其自身很大的缺陷，会受到各校教学水平、教学要求以及每次考试的信度和效度不高的制约。并且这种界定标准的依据不够标准化、科学化，对同一研究被试的鉴别可能会有不一样的结论，因此应慎重使用学业成绩分类标准，以保证研究结果的科学性，同时避免对那些不是真正学习困难的学生造成心理创伤。

二 干预措施研究的发展历程与趋势

(一) 干预措施研究的发展历程

进入20世纪80年代以来，随着学习困难研究领域的扩大与深入，有关学习困难的研究不再局限于教学过程，学习困难学生的心理特点和社会背景等方面的探索越来越受到研究者的关注。现今学者开始以社会学的角度来探讨学习困难学生的自我意识发展，成就归因方式、行为模式与其社会特征之间的关系。并且对这一阶段学习困难学生的治疗越来越有效，治疗手段也越来越先进。

学习困难的处理关键在于早预防、早干预。Hendricson提出了对学习困难的诊断框架：①认知异常，包括理解能力差、认知差，干扰了学习动机和自我改正能力；②不良的学习习惯；③不恰当的受教育经历，包括目的不明确，缺少指导和反馈；④非学业因素，如社会关系、失业的影响；⑤过分自我保护，影响学生—教师的交流；⑥医学因素影响了动机、注意力、能力和情感平衡。一旦发现儿童学习困难,就应该及时就诊,告诉家长改进教育条件和方法,尽可能早地进行心理干预,主要是以接纳、理解、支持和鼓励为主,增强学习困难儿童的自我意识,提高其自信心和学习动机,采取针对性的干预措施来改善学习困难问题。

1986年郭迪开展的学习困难研究,标志着我国对学习困难研究的开始。根据当时有关调查学习困难检出率为17.4%,由此可见,国内学习困难的情况是很严重的。但目前国内对学习困难缺乏统一的诊断标准,目前的研究主要是学习困难的特征及其相关因素等方面。而对学习困难干预的研究少之又少。

直到最近十年来,对学习困难干预的研究才越来越受到重视。

(二) 干预措施研究的发展趋势

学习困难产生的原因复杂多样,想要找到一种适合各种学习困难学生的干预措施是不可能的。首先,学习困难的形成是一个十分复杂的过程,学习困难学生的转化是一个综合性的问题,需要建立在医学、心理学、教育学等学科的理论基础之上,而不应该单纯由某一学科来承担;其次,学习困难也不是一个阶段性的问题,它有发展的连续性。因此,我们的研究目标不应该局限在"矫正"与"补偿"上,而应该放眼于"预防"与"改善"上。针对每一个学习困难学生,我们必须详细了解其学习困难情况和其他一些相关情况,分析导致其学习困难的直接和间接原因,分析这些原因是如何导致学习困难的,有针对性地、综合性地提出有效的干预措施。已经有的一些干预矫正方案也是有其特定的适用范围,我们不能任意夸大某种方法的重要性和作用。因此,笔者认为,在目前关于学习困难学生的干预研究中,必须对已有的干预方案的使用范围加以科学的界定与规范,形成干预体系,然后在科学的体系下,进一步丰富和完善学习困难的干预研究。在探索学习困难干预措施的应用价值的同时,不断地提高研究的理论水平和推广价值。

三 干预措施的分类

关于学习困难学生的干预系统,众多研究者提出了自己的干预体系与方法,一般有两个导向:第一,进行心理、教育干预;第二,进行医学、心理教育干预相结合的综合干预模式。恰当的教育措施及其应用的环境是教学干预模式所倚重的方面。具体干预模式如下。

(一) 教育学干预研究

1. 多重感觉教学模式。弗纳尔德 (G. Fernald) 首先提出此方法，也称为"视觉—听觉—动觉—触觉法"。在这些学习困难学生的训练中运用综合感觉系统的刺激来纠正他们的各种问题。其理论支撑是假设在学习过程中给予各个感觉器官的刺激，那么就能促进其理解学习训练内容。

2. 教师角色扮演训练法。为了让学习困难学生达到解决学习困难和找到合适的学习方法的目的，该研究设想通过让学习困难学生自己来当老师，来教其他学习困难的学生或者低年级学生的方法，让他们获得直接的、第一手的、高效的学习经验。

3. 学习环境控制教育模式。为了达到改善 ADD 和 ADEID 儿童学习困难的目的，克鲁克香克 (W. Cruchshank) 在全面总结前人关于 ADD 和 ADHD 儿童干预理论基础上，提出了通过安排高密度的课程，尽最大努力减少或避免与学习没有关系的刺激；另外，加强教学材料在提高刺激、占用注意力、提高学习效率方面的作用。

4. 直接指导教育模式。此模式重在对学习困难学生在学习概念、原理、知识时进行逻辑分析，这种模式通过分析学习困难学生在学习中获得学习概念、原理、理论等的推理模式，产生直接有效的学习模式。相关研究表明，这种直接指导教学模式能有效提高学习困难学生的学习能力。

(二) 心理学干预研究

心理学干预研究主要有行为干预研究和认知干预研究。

1. 行为干预

行为干预的基本原理是巴普洛夫的可操作性条件反射，即对学习困难儿童的能促进学习的行为加以强化，通过这种正强化，改变、改善学习困难儿童的学习困难问题。具体的正强化措施有赞美、支持和物质奖赏，同时对其困难行为加以相反的措施，即不予强化或加以负强化。具体的负强化措施有惩罚、呵斥、批评等。

2. 认知干预

唐纳德·迈切恩鲍姆 (Donald Meichenbaun) 首先提出，他认为认知方面的偏离是认知干预措施模式所要改变的内容。具体来说有许多方法，但较为常见的方法有如下两种：①自我指导训练法。在这种措施中，学习困难学生在观察演示者解决困难时所采用的方法、策略时，能够获得直接经验，让其明白该怎么进行自我指导和抵达最后成功的彼岸。②自我监督训练法。林国珍等研究了认知行为干预对青少年学习困难的影响。存在学习困难的青少年中，表现出更多的认知偏差，比如自卑、过度敏感等，进而影响到其行为，进一步导致学习困难。而认知行为干预可明显地改善青少年的学习困难问题。章小雷、刘敏娜等的研究发现短程结构游戏是一种有效地改善学习困难儿童生活质量的干预方法。

（三）综合干预研究

由于学习困难的影响因素是多方面的，这就要求对干预的研究不能仅仅局限在某一方面，而要综合性地、整体性地去干预。林桂秀等做了儿童学习困难的综合干预疗效研究，其中以认知能力训练来提高可开发智力水平为出发点，通过训练提高学习困难学生的基本学习能力，同时配合视听方面的综合刺激，使视、听、动等技能有机统合。行为干预包括针对性归因训练和行为强化，家庭干预和学校干预。

国内学者林国珍所做的研究中，他综合了个人、集体、家庭和医学方面的干预措施，力求找到一种能统合多方面因素的干预措施，来解决学习困难学生的问题。许道琳等人进行的综合干预研究中，具体干预措施的目标是改善学习困难学生的心理健康问题，减小压力，增强自信心和上进心；通过联合教师和家长，在统合两种措施对学习困难学生的影响上，发挥更为重要的作用。陈美娣等选择浦东新区两所小学 3—5 年级全部学习困难学生，分别归为干预组和对照组。采用教育干预、家庭干预、学校干预、心理治疗和药物治疗等综合干预措施二年，使用有关量表在干预前后测定两组学生各项指标。结果干预组学习成绩明显提高。心理问题发生率明显下降，IQ 有所上升，家庭情况无显著变化。结论为综合干预是改善小学生学习困难的有效措施。成都医学院第一附属医院李红梅、郑燕等通过建立干预小组，采用一般干预训练和个体干预训练，对学习困难儿童实施 1 年的综合教育干预训练。通过联合瑞文（CRT）检测学习困难儿童干预前后的智商（IQ）和学习成绩，评价干预训练的效果。结果干预前 LD 组的智商为 91.66，而干预后的智商为 99.87（$P < 0.01$），提高了 8.21（9.0%）；干预前 LD 组儿童全部都有学习困难，其

中重度学习困难的比例达到36.7%，而干预后无学习困难的比例提高到42.8%（P<0.01），重度学习困难的比例下降到18.3%（P<0.01）。对学习困难儿童通过综合干预治疗，可以消除和减轻儿童获得学习方式的受损，提高他们的学习成绩。林桂秀、陈珊等对1998—2001年来福建医科大学附属协和医院儿科的31名6—12岁学习困难儿童，通过应用认知训练、行为干预、感觉综合训练相结合的综合干预训练方式对他们进行为期一年的干预研究，在干预前后用瑞文标准推理测验对被试进行施测。综合干预一年后，儿童的瑞文标准推理测验，拜瑞视—动统合能力测验成绩明显提高，视觉注意力数字划削测验错误率明显降低，听觉注意广度和记忆也显著提高。（Conners）量表评定的多动指数明显下降，CBCL评定心理行为九项因子分在不同疗程明显下降，学习成绩提高改善率达87%。可以说明认知训练、行为干预和感觉统合综合干预儿童学习困难疗效好而且持久，综合干预措施针对学习困难儿童认知、心理、情绪等方面的特征，共同产生了效果。

从20世纪90年代开始，多媒体计算机技术得到了迅猛发展，在这样一个历史大背景下，国外开始出现运用多媒体辅助的技术来对学习困难儿童进行干预研究。多媒体辅助技术主要包括文语转换技术、拼写检查程序、缩写词扩展软件、屏幕阅读软件和个人数据管理器等。

根据Kaluger和Kloson等的研究发现，将近九成的学习困难儿童存在阅读困难。以文语转换技术为例，通过及时的语音反馈可以使学习困难学生听到正确的单词发音，这样的话可以及时纠正他们在阅读中存在的问题，提高他们对阅读的兴趣和信心，进而对自身产生较高的预期，促使他们进一步发展。Olson和Wise的研究报告也指出，在有词汇识别能力障碍的学习困难学生中，他们是代偿性的，在计算机上通过使用文娱转换软件来学习时，他们的解码和词汇识别能力以及阅读理解水平均有了很大程度提升。

第四节　案例与干预

涵涵（化名），女，七岁，烟台市某小学一年级学生。父母均为事业单位职工，父亲为人严肃、在家中寡言少语；母亲为重点中学教师，对其学习、生活要求严格。涵涵与父母和祖父母共同生活，家庭结构完整，养育者与涵涵关系很密切，给儿童的生活空间适中。涵涵的问题主要表现为学习困难：上课无法集中注意力听讲，容易分心和走神；生活中懒惰、行动慢，做事没有效率；在家庭作业的完成过程中，需要父母反复督促，但仍不能按时完成；数学口算题正确率很低，以致在一年级上学期某次重要测试中交了白卷。

根据涵涵的学习困难情况，我们根据感觉统合训练和箱庭疗法对其进行了为期半年的干预。感觉统合训练的理论与方法是美国南加州大学儿童心理学家艾尔丝博士于1972年提出的，艾尔丝博士认为，个体完成各种活动需要将人体器官感受到的各种感觉信息综合起来，经过大脑的整合作用，完成对身体的内外知觉，并做出适当的反应。来访者第一次来寻求帮助时，我们尝试与其交流并进行观察，与涵涵的父母沟通，填写"感觉统合基础资料表"记录涵涵的基本情况。然后，我们使用《儿童感觉统合能力发展评定量表》《conners 行为问卷（父母版）》对涵涵进行评估诊断，综合以上工具的结果，诊断其为严重的本体感失调的感觉统合失调儿童。根据涵涵本体感严重失调，前庭功能轻度失调，学习能力发展轻度失调的判断结果，为其量身设计了个性化的为期半年的感觉统合训练方案，主要对其进行"吊马摆荡""吊筒旋荡""俯卧自然滑""无底座平衡木行走""头顶物走平衡木""滑板推球""独角凳传球""凹凸板走圈"等项目的训练，训练为每周日进行，共22次。同时，辅之以沙盘治疗。经过半年的干预，涵涵在各个方面都取得一定的进步，尽管其学习成绩仍处于中下等水平，但在感觉统合失调状况的改善和感觉统合能力提升的前提下，辅之以父母耐心的辅导，教师的课下辅导，良好学习习惯的逐步养成，其学习困难表现逐渐好转，在一年级下学期期末考试取得了及格分数。

参考文献

魏雪峰：《问题解决与认知模拟：以数学问题为例》，中国社会科学出版社2017年版。

第 四 章

情绪问题青少年

第一节 概述

青少年情绪问题是指发生于青少年时期的焦虑、恐惧、回避等情绪异常的现象，是个体发展历程中的常见问题之一。表现为在没有智力障碍和精神失常的情况下，青少年的情绪表现与其所处的社会情景及社会评价相违背，在情绪上和行为上显著地异于常态，且妨碍个人对正常社会生活的适应。他们的这些表现，不仅影响其社会适应和人际交往，而且妨碍自身学习活动的进行以及智力功能的发挥，甚至产生危害他人、危害集体、危害社会的行为倾向。

一 概念界定

（一）关于情绪的定义

关于"情绪"的确切含义，心理学家和哲学家已经辩论了一百多年，目前已有20种以上的定义。例如，功能主义把情绪定义为：情绪是个体与环境意义事件之间关系的心理现象（Campos，1983）。阿诺德的定义为："情绪是对趋向知觉为有益的、离开知觉为有害的东西的一种体验倾向。这种体验倾向为一种相应的接近或退避的生理变化模式所伴随"（Arnold，1960）。拉扎勒斯提出与阿诺德类似的定义："情绪是来自正在进行着的环境中好的或不好的信息的生理心理反应的组织，它依赖于短时的或持续的评价"（Lazarus，1984）。从上述的定义来看，尽管它们各不相同，但都承认情绪是由以下三种成分组成：（1）情绪涉及身体的变化，这些变化是情绪的表达形式。（2）情绪涉及有意识的体验。（3）情绪包含了认知的成分，涉及对外界事物的评价。

综合已有的定义，我们可以看出情绪是指伴随着认知和意识过程产生的对外界事物态度的体验，是人脑对客观外界事物与主体需求之间关系的反应，是以个体需要为中介的一种心理活动。

情绪被描述为针对内部或外部的重要事件所产生的突发反应，一个主体对同一种事件总是有同样的反应。情绪持续时间很短，产生的情绪包含语言、生理、行为和神经机制互相协调的一组反应。人类的情绪也来自生物性能，特别是在演化中被强化。因为情绪可以为一些远古人类常常面临的问题提供简单的解决方法，如产生恐惧并决定逃离。

（二）青少年情绪障碍的定义

专家学者们对情绪障碍的研究是从20世纪中叶开始的，在这以前，人们只是简单地把这类障碍归结为神经症。但由于各种情绪障碍理论所使用的概念和术语对于区分情绪障碍和其他障碍的作用微乎其微，加之情绪障碍往往和其他障碍一同存在（尤其是智力落后和学习困难），因此对情绪障碍的界定也是各有纷争，至今莫衷一是。很多专家学者都对其进行了讨论并提出了自己的观点，对其定义也进行了一系列的修改演变。

由于研究者界定不同，情绪障碍也称情绪困扰、情绪性问题行为等。左其沛在1996年最早提出情绪性问题行为概念，认为情绪性问题行为是由于挫折而产生的情绪冲突或情绪障碍，由于气质神经类型强弱和性格内外倾的不同，分别产生攻击型和压抑型等情绪性问题行为。

1998年我国台湾地区新制定的《身心障碍暨资优异鉴定原则鉴定基准》将青少年情绪障碍定义为：长期情绪反应异常，严重影响生活适应者，其障碍并非因智能、感官或健康等因素直接造成之结果（转引自顾定倩，2001）。

美国《所有残疾儿童教育法》实施细则对青少年情绪问题的特征进行了描述：既不是由智力、感官残疾，也不是由健康条件引起的学习低能；不能与同龄人、伙伴、家长、教师建立或维持令人满意的人际关系；在正常的情况下，也会出现过度的情绪困扰和令别人难以接受的行为方式；长期伴有不愉快的心境和抑郁、沮丧、压抑感；有无意识的抵触行为和不合群的孤僻感。

我国常见的定义为：青少年情绪障碍是指在没有智力障碍和精神失

常的情况下，与其所处的社会情景及社会评价相违背，在情绪上显著地异于常态，且妨碍个人对正常社会生活的适应，他们的这些表现，不仅影响其社会适应和人际交往，而且妨碍自身学习活动的进行以及智力功能的发挥，甚至产生危害他人、危害集体、危害社会的行为倾向（朴永馨，1995）。

通过对上述定义进行对比，我们可以发现，目前常见的几种有关情绪障碍的界定尽管有所差别，但是也存在一定的共性。首先，在症状表现上，都以抑郁、焦虑、孤独感、交往不良等不健康情绪以及攻击性、违纪等不良行为为主，并且这种症状表现都有持久性；其次，在致病因素上，这种异常的情绪或行为反应并非是由智力缺陷或其他健康问题造成的；最后，在对青少年的影响上，这些异常的情绪反应已经干扰了青少年正常的生活，并对其社会功能的发挥造成了一定的障碍。

在已有的关于青少年情绪问题的几种界定的基础上，我们可以将其界定为"凡出生至二十一岁的青少年，有'长时间''严重'的情绪困扰表征，如焦虑、抑郁、强迫、恐惧，且影响小孩或青少年学习态度及成长过程，但不能以智力或生理方面的因素来解释、不能建立或保持良好之人际关系、正常情境下有不适当行为或感觉想法、容易普遍性低潮或不高兴等情形，称为青少年情绪障碍"。

二　情绪问题产生的原因

严重情绪问题青少年所表现出的行为具有明显的无逻辑性和自我破坏性，很多研究人员都想借助一定的理论来观察和研究这类儿童，并合理地解释这类复杂的现象，以便进行有效干预。情绪问题很少是受单一因素的影响，大多是由多种原因造成的。目前，人们主要是从生物学、心理学和社会学的角度考虑导致青少年情绪问题的生理因素、个体因素和环境因素。

（一）生理因素

情绪问题都不同程度地受到个体的生理因素影响。这些生理因素一般包括：遗传、脑损伤、生物化学失衡和生理残疾等方面。它们会不同程度地影响个体的情绪，影响个体的性格特征。单纯用一种生理因素来解释复杂的情绪问题是远远不够的，关于生理因素对情绪问题的影响主要有以下三种学说。

1. 染色体学说

染色体学说最早是由美国医学博士韦纳提出的，他从染色体异常的角度来解释各种严重的情绪问题的产生原因。他认为，拥有 XXY 型的"超男性"染色体的患者缺乏男子汉气概，经常感到不安，对其性功能低下和无生育能力甚为焦虑，形成巨大的心理压力，因此出现严重的情绪问题。但是，他的这种染色体学说并没有拿出结论性的研究成果，而且也无法解释女性情绪问题产生的原因。

随着近几十年基因研究的深入，有更多的研究证据表明，一些情绪问题的形成与基因有一定的关系。例如，戈特斯曼和韦纳等的研究表明，抑郁症与基因的联系相当紧密。英国一项最新研究首次确认了一个与严重抑郁症有关的基因区域。

2. 内分泌学说

内分泌学说即是用内分泌失调来解释个体情绪问题产生的原因的生物学说，着重探讨内分泌状况与个体行为之间的关系，它最早由罗马的法医提出。为了解内分泌系统与情绪的关系，布雷迪于 1970 年做了一项令人感兴趣的研究。他的研究集中在被禁闭于一个复杂的限制装置里的猴子身上。这些猴子能够得到食物、水和脚部电击。它们可以接近一个手操杠杆，视觉和听觉的刺激被呈现给它们。然后，收集它们的血和尿的标本，证明了自主性—内分泌活动与情绪行为之间的关系。近年的研究显示抑郁症患者的血浆皮质醇浓度分泌增加，失去了正常人夜间自发性分泌抑制的节律，整天处于肾上腺皮质功能亢进状态。杨宏宇等（2006）的研究也表明在负性情绪图片刺激下个体 HPA 轴激活，唾液皮质醇水平增加。

在现代学校教育过程中，青少年的许多情绪问题都与大脑的下丘脑领域释放出的特殊化学信号诱发脑垂体神经组织释放出来的激素有密切关系。

3. 大脑功能异常学说

伴随脑科学研究的进展，从大脑功能方面来解释情绪问题的观点比较普遍。关于脑功能的一些研究表明，某些有情绪问题的青少年的脑电波和正常青少年相比，有异常现象。目前，有关情绪问题与脑功能异常的研究结论大致可以概括为以下几点:严重的情绪问题可能伴有脑功能失调;大多数的情绪问题不是由脑功能失调引起的;并不是所有的脑功能失调都会产生情绪问题。此外,生物因素和环境因素也会产生相互作用。

(二)个体因素

每个人都有自己独特的个性特征,不同的个性特征对情绪的影响也是不同的,下面将从认知、气质、归因三个方面来分析个性特征对青少年情绪问题的影响。

1. 认知

认知是指认识活动的过程,即个体对感觉信号的接受、检测、转换、简约、合成编码、储存、提取、重建、概念形成、判断和问题解决的信息加工处理过程。

许多有情绪问题的人都有一种或多种心理认知的错误,而这种错误在严重时就会让人产生扭曲的不健康心理,当人的情绪处于焦虑或抑郁状态时,人的思维往往缺乏逻辑性,出现消极情绪或行为异常。造成这种心理上的认知错误,大体有八种现象:

(1)走极端:这种现象表现为极端化,非此即彼,不是白就是黑。这种人一遇挫折便有彻底失败的感觉,进而觉得自身已不具有任何价值,失去自信。

(2)变色镜:有的人遇事总想消极的一面,就像戴了一副变色镜看问题,滤掉了所有的光明,整个世界看起来都暗淡无光。

(3)公式化:认为事情只要发生一次,就会不断重现。生活中只要一遇到困难与不幸,就认为困难、不幸会重复出现。

(4)疑心病:有些人无事生非,终日担心自己将大病临头,遇事往往自我断论,主观猜疑,杞人忧天。

(5)谬推断:有的人把一般性过失、欠缺、挫折和困难看得过于严重,似乎做了不可逆转的错事。生活中总是过分夸大自己的不足和过低估计自身的长处。

(6)失锐气:这是一种人为的情绪失调,把别人的真心赞美当作阿谀奉承,对正常的人际关系想入非非,毫无根据地自怨自艾或愤世嫉俗,导致本来松弛的情绪变得紧张。

(7) 自卑心：有的人总是主动承担别人的责任，并且妄下结论，认为一切坏的结果都是自己的过失和无能所致。此种变形的自卑、内疚心理，来源于人格的变形和过分的责任感及义务感。

(8) 消极化：有的人把自己的不良感觉当成事实的证据，如"我有负罪感，那么我一定是干了什么坏事"，"我觉得力不从心，那么我一定是'低能儿'"。尤其在情绪低沉时，这种感觉推理特别活跃。

2. 气质

气质是一个人心理活动的动力特征，是个体在情绪、运动、注意反应以及自我调节等方面的先天差异。通常依据古罗马医生盖伦的学说把人的气质分为四种典型类型：

(1) 胆汁质

胆汁质的人反应速度快，具有较快的反应性与较高的主动性。这类人情绪产生得迅速而且强烈，有极明显的外部表现；性格开朗、热情，坦率，但脾气暴躁，好争论；情感易于冲动但不持久；精力旺盛，经常以极大的热情从事工作，但有时缺乏耐心。此类人属于急躁型，情绪较为粗狂。

(2) 多血质

多血质的人具有很高的反应性。这类人情绪产生得很快，变化得也快，但较为温和；易于产生情感，但体验不深；语言具有表达力和感染力，姿态活泼，表情生动，有明显的外倾性特点；机智灵敏，思维灵活，但常表现出对问题不求甚解；注意力与兴趣易于转移，不稳定。多血质的人属于活泼型，情绪比较丰富。

(3) 黏液质

黏液质的人反应性低。情感进行得迟缓、稳定、缺乏灵活性；这类人情绪不易发生，也不易外露，很少产生激情，遇到不愉快的事也不动声色；注意力稳定、持久，但难以转移；思维灵活性较差，但比较细致，喜欢沉思；情绪表现出内倾性，可塑性差。此类人属于安静型，情绪较为贫乏。

(4) 抑郁质

抑郁质的人有较高的感受性。这类人情感进行得相当缓慢，柔弱；情绪容易产生，而且体验相当深刻，隐晦而不外露，易多愁善感；往往富于想象，聪明且观察力敏锐，善于观察他人观察不到的细微事物，敏感性高，思维深刻；常表现出胆小怕事、优柔寡断，受到挫折后常心神不安，但对力所能及的工作表现出坚忍的精神；不善交往，较为孤僻，具有明显的内倾性。这类人属于消极型，容易多愁善感。

3. 归因

归因是对事件或行为的原因进行主观评价，它是一种认知评估活动。通常从三个方面来分析归因对情绪问题的影响。

（1）道德归因

1996年，Yuill和Perner J.等提出儿童道德情绪归因应该遵循"结果定向—意图定向—道德定向"的发展规律。他们认为，年幼儿童（3岁）在情绪归因中持客观性观点，情绪由行为结果的客观价值决定，而对年龄稍长的儿童（5—7岁）来说，情绪是由个人意图与行为结果之间的关系决定的，最后，年长的儿童（10岁）在情绪归因时考虑的是道德因素。Lourenco 1997年的研究认为在情绪归因上，4—8岁儿童都以结果定向为主。随着年龄的增长，情绪归因的可变性增多，除结果定向和道德定向外，还有移情定向、外部惩罚定向等。

综观已有的研究结果，情绪归因的转折年龄虽然受到情境、动机与结果的匹配关系等因素的影响，因而时间不一，但大体可以确定在6—8岁这个阶段。也就是说，3—6岁的儿童在情绪归因时倾向于结果定向，而8岁以上儿童在情绪归因时则倾向于道德、移情等定向。

（2）错误归因

错误归因研究始于沙赫特（S. Schachter），他认为人们对情绪的知觉取决于两个方面，其一是人们体验到的生理唤醒水平，其二是认知评价。一旦生理被唤醒之后，人们总是要寻找其产生的原因，这些原因是多种多样的，有内在的也有外在的，如果从个人内部找不到，便从外界环境中寻找情绪产生的原因。

（3）一般归因

Leslie Brody和Alice Carter等于1982年、1984年对自我和他人的情绪归因进行了比较研究。研究的结果表明，儿童倾向于把诸如悲哀、害怕等消极情绪归因于他人，而把一些高兴的、积极的情绪体验归因于自我，对于一些比较极端的情绪，他们也倾向归因于他人。在这项研究中存在性别与年龄的差异,男孩与女孩相比,更多地把"生气"归因于他们自己,而女孩则更多地把"悲哀和害怕"的情绪归因于她们自己。无论男孩还是女孩,这种归因倾向随着年龄的增长而有所减弱。

我国学者董训兰对326例青少年情绪归因与父母教养方式进行了调查和分析,结果发现青少年的情绪归因分为悲观归因方式和乐观归因方式两种,青少年的情绪归因与早期父母教养方式关系密切。悲观的归因方式与父母过度保护无明显关系。

(三) 环境因素

社会学派强调社会环境对情绪问题青少年发展的影响,它主张从青少年生活与学习的环境,即家庭、学校和社会三方面来探讨形成情绪问题的原因,尤其是关注那些对儿童健康成长不利的环境因素。

1. 家庭环境

家庭经济状况、家庭教养方式、家庭关系等方面与青少年情绪问题的形成都有密切的关系。

(1) 家庭经济状况差,社会地位较低。美国的一项关于青少年情绪问题的跟踪研究显示:38%的有情绪问题的青少年来自于年收入低于12000美元的家庭,32%的有情绪问题的青少年来自于12000—24990美元的家庭。青少年身处家庭经济困境的状况下,身心发展可能会受到资源不足的影响,而不利于适应生活。

(2) 家庭教养方式不当。父母是子女的第一任老师,对子女的影响是深刻的也是深远的。父母的言行举止、待人接物的态度等各方面的表现在子女的成长过程中发挥着十分重要的作用。父母采用爱、温暖的、积极的教养方式,对子女的心理健康有促进作用;采用消极的教养方式不利于子女心理健康的发展,例如,过于严苛和严厉会增加儿童的焦虑。

(3) 不健康的家庭关系。不健康的父母关系是造成青少年心理不健康的因素之一,据研究发现,不健康的父母关系会造成孩子不良的人格特征,甚至心理疾病。父母在家庭里冲突越频繁,青少年的主观幸福感就越差,体验到更多的消极情感和对生活的满意度下降。吴念阳等在对亲子关系与青少年心理健康的研究中发现,80%以上的青少年家庭至少存在一种不良的亲子关系,不良类型的亲子关系容易使青少年产生焦虑、抑郁、敌对等不良情绪。

2. 学校环境

学校环境中导致学生情绪问题的主要因素包括学校氛围、师生关系和朋辈关系等。

（1）学校氛围

学校文化作为一种环境教育力量，其目标就在于创设一种氛围，构建学生健康人格，全面提高学生素质。它作为一种隐性课程，通过学校健康向上的精神因素以及优美的物质环境，施加给学生积极的影响从而实现教育的目的，具有情境性、渗透性、持久性、暗示性、愉悦性等特点，对学生的健康成长有着巨大的影响。学校的氛围与青少年的学习、成长息息相关，营造整洁幽静的学校环境，可以使青少年心情舒畅；宽松、融洽的学校氛围，可使青少年心情愉悦，调节和控制情绪的能力得到增强，人格得以健康发展，能以积极的心态去面对学习、生活中的困难和挫折。

（2）师生关系

教师与学生的矛盾是学校教育教学过程中的基本矛盾，在一定条件下是正常的、不可避免的。在传统的教育视野中，教师作为学校教育的实施主体，更是学生成长发展的直接负责人，师生关系就必然围绕知识的传授和接受而形成，而师生关系绝不能只局限于知识的传递上。师生关系中教师的支持鼓励、关心喜欢和宽容接纳对青少年的外显自尊和元自尊有明显的积极影响，从而帮助学生产生积极的情绪。而苛刻严厉的教育方式对青少年情绪的产生和调节有严重的消极影响。

（3）朋辈关系

学校环境中的朋辈关系是最常见的人际关系，是青少年踏入校园后需要重点处理的人际关系。美国教育家杜威提出了"学校即社会"的观点，并指出学校应"成为一个小型的社会，一个雏形的社会"。在这样一个小型的社会中，青少年除学习知识之外，也在学习如何与人相处，学生之间的互相影响对青少年的成长很重要。北京师范大学心理学院副教授林丹华说："如果在成长过程中，不被同伴接纳，甚至被同伴嘲笑，这会造成心理上深层次的伤害，比扇一记耳光带来的负面作用更大。"青少年之间和睦相处，才能创建团结、和谐、融洽、民主、友好、合作的人际关系环境，才能帮助青少年产生积极情绪，正确对待不良情绪。

3. 社会环境

(1) 社会文化环境

青少年所处的社会文化环境也会影响其情绪调节的发展。邓欣媚等2011年的一项追踪研究选取569名10—16岁的青少年，使用青少年日常情绪调节问卷、日常情绪问卷和特质元情绪量表分别测查了被试情绪调节策略的使用情况、青少年日常情绪体验和青少年的情绪能力，并在十个月后，选取其中的469名11—16岁的被试进行第二阶段的测查。分析后发现，青少年对情绪减弱调节策略的使用与其正性情绪的体验和情绪能力的增强存在显著正相关。研究者认为，对正性和负性情绪的减弱调节更符合中国文化的调节目的，因为中国文化十分看重人际关系的和谐，而情绪的过度表达却容易对人际关系造成损伤。青少年在成长过程中不可避免地受到这种文化的影响，使情绪调节的发展呈现出更强的社会功能性和文化适应性。

(2) 网络环境

尽管网络带来了许多便利，但是过度使用网络往往会导致青少年出现情绪问题。在心理方面，会出现注意力不能集中和持久，记忆力减退，对其他活动缺乏兴趣，为人冷漠，缺乏时间感，情绪低落、不能控制自己的情绪等问题。

三 情绪问题的分类

由于对情绪问题青少年的概念还不统一，目前学术界对情绪问题青少年的分类尚无统一的规定。有些研究者根据情绪的控制方式来进行分类，有的根据情绪的性质和后果来进行分类。

(一) 根据障碍程度分类

从情绪困扰的严重程度，可以将情绪问题青少年划分为轻度、中度和重度三类。轻度情绪问题青少年一般没有明显的外倾行为，但情绪多不稳定，爱多愁善感、爱乱发脾气等。但是这些不良情绪一般会在家长、老师的提醒、教育和帮助下得到改善。中度情绪问题青少年常伴有较严重的不良情绪，但他们的不良情绪经过特别的教育和矫治都能得到较好的改正。重度情绪问题青少年的情绪状况非常差，关于他们的情绪问题的矫治往往需要较长的时间和特定的条件。

（二）根据自我控制能力分类

根据青少年对自身情绪的控制能力和表达方式来划分，可以将情绪问题青少年分为超控制型与低控制型两类。超控制型的情绪问题青少年是指他们对自己的情绪过分地加以控制和限制，因而表现出害羞、焦虑、孤独、胆怯等特征。这类情绪问题青少年中，女孩占的比例较大，他们往往很不合群。低控制型的情绪问题青少年是指他们对自己的情绪缺乏控制，因此他们多将自己的不良情绪发泄到别人的身上。这类情绪问题青少年中，男孩占的比例比较大。

（三）根据症状表现分类

情绪问题青少年也有不同的症状表现，主要可以分为以下几类：

1. 焦虑

焦虑分为急性焦虑和慢性焦虑两种。其中慢性焦虑在青少年群体中发病率较高。具有慢性焦虑的青少年呈现持续性的紧张状态，无法静心学习和思维，交往中紧张，易激惹。遇事过度紧张往坏处想，而且会为实际上不存在的威胁感到不安。同时各种躯体症状如心悸、口干、发抖、睡眠障碍及梦惊等躯体并发症也有发生。

2. 抑郁

这种情绪问题主要特征是持久的情绪低落，并伴有焦虑、沮丧、压抑、苦闷、躯体不适及睡眠障碍。具有抑郁性情绪问题的青少年对学校及生活中新鲜事物基本不感兴趣，平时总是无精打采，在学习过程中不能思考，常常抱怨大脑一片空白，而在各种活动中兴奋不起来，并且缺乏人际交往意愿。经常回忆过去发生的不好的事情并感到内疚，而在对将来的事情进行展望时总是较消极。

3. 强迫

强迫主要表现为强迫观念、强迫冲动或强迫动作，比如看到尖锐的东西总是想起刮在某个平面上刺耳的声音；看到胖胖的小孩内心总有种想虐待他的冲动；总是不停地检查门锁，因为总是怕自己没有锁门等。具有某些不可改变的习惯不是强迫，真正的强迫是指自己能意识到自己的表现不合理、不必要，但不能控制和摆脱，深为焦虑和不安。

4. 恐惧

恐惧又称恐怖，青少年最常见的恐惧症为社交恐惧。其主要特点是在人际交往中感到害羞、局促、尴尬，从而变得行为迟钝。在公共场合总是觉得别人在注意自己，从而不敢讲话，甚至不敢从事正常活动。

第二节　焦虑症

焦虑是人类一种复杂的综合情绪。当个体预感到不利情绪或危险将要发生时，可产生一种期待的和短时间的紧张不安，这种焦虑通常并不构成疾病，属于正常的心理状态。焦虑并不是坏事，它往往能够促使人们调动力量，去应付即将发生的情况，可为一种积极应激的本能。只有当焦虑的程度及持续时间超过一定的范围时才构成焦虑症状，这会引起相反的作用——妨碍人应付、应对处理即将面临的危机，甚至妨碍正常生活。很多患者因为缺乏对焦虑症的基本认识，就会忽视焦虑症的存在，放任其发展不治疗，结果是病情加重，并发展成其他精神疾病，最终难以治疗，后悔莫及。下面我们就从焦虑症的特征、干预方法及案例分析等方面来对焦虑症做具体介绍。

一　特征

（一）生理方面

从主观的角度来看，不同的情绪似乎都包含着特定的身体变化，如我们愤怒或害怕时，呼吸变得快而浅，或者出汗；高兴时身体会处于一种良性的亢奋状态之中，心跳呼吸节奏加快，血液含氧量增加，面色红润，眼睛明亮，心情愉快，精神振奋；不高兴时，人的身体也会做出相应的反应，肌肉紧张，呼吸短促，血压升高，头昏脑涨，心情激动，容易冲动。不同症状的情绪问题青少年也存在不同的生理特征。

深度焦虑的人有头疼、头晕、耳鸣、心跳心慌、胸闷气短、窒息感、出汗、口干、吞咽哽噎感、食欲不振、腹胀、腹部隐痛、恶心呕吐、尿频尿急、肌肉疼痛紧张、无力疲乏、震颤、睡眠障碍、月经紊乱等症状。这些多系自主神经系统功能紊乱表现，其症状表现如下。

呼吸困难较突出：主观感觉吸气不足、胸闷、呼吸不畅，可出现叹息样呼吸或窒息感。心血管症状：心前区痛，呈刺痛或隐痛、钝痛等，持续可长达几小时，局部可有压痛感、心慌、心悸，纯属他们主观感觉而无客观异常。神经系统的症状：可有耳鸣、视力模糊、头晕及"晕眩"感等。自主神经功能紊乱的其他表现：尿频、尿急、月经紊乱；其他症状还伴有手、足心多汗，急性发作时可出现大汗淋漓、头颈、面部、四肢肌肉紧张、严重时可出现抽搐等。睡眠障碍：典型入睡困难，卧于床上思虑重重，辗转反侧而无法成眠，也可表现为睡眠浅、多梦、易惊醒。胃部疾病：经常有胃部不适的感觉，常恶心、腹痛、腹泻。

（二）心理认知方面

人类拥有数百种情绪，它们或泾渭分明，如爱恨对立；或相互渗透，如悲愤，悲痛中有愤恨；或大同小异的情绪彼此混杂，十分微妙，往往只可意会难以言传，且这些情绪常常是短暂的，可以积累，也可以经疏导而加速消散。但对于情绪问题青少年，他们的情绪往往比较单调，即长期处于某一种或某几种情绪之中，难以随外界的刺激的改变而改变。对外界的认知比较封闭，无法保持正常的心态，客观地认识外界事物；自控能力差，无法很好地疏导自己的情绪，控制自己的行为；自尊心极强，对外界的评价极其敏感。

焦虑症的心理症状，主要是心理上的一些体验以及感受。觉得自己没有能力去面对威胁，感到危险会马上发生，内心处于一种警觉的状态，或怀疑自己应对行为有效性。有关方面专家介绍患者表述的症状通常是与处境不相符合的痛苦情绪体验，如担忧、紧张、着急、烦躁、害怕、不安、恐惧、不祥预感等情绪反应。心理方面的焦虑症状又称精神性焦虑。

人体做出反应的主要目的是对潜在的危险发出信号，这种反应产生后个体马上调动认知系统开始寻找潜在的危险。有焦虑情绪的青少年不能将精力集中于日常生活，因为他们的注意都用在对危险的无休止寻找中。当他们不能找到外在的危险时，他们会将这种搜寻转向自己："要是没有任何外在的东西让我感觉焦虑，那我一定有问题。"或者他们会扭曲事实："虽然我还没有找到这些可怕的东西，但这些东西肯定存在。"有的人会同时出现上述两种情况。认知系统的激活会引起不安、紧张和惊恐。

（三）躯体表现

焦虑反应表现在外在行为方面，主要是外显情绪和躯体运动症状为主的表现。例如，表情紧张、双眉紧锁、面部痉挛、笨手笨脚、姿势僵硬、坐立不安、来回走动、小动作多（抓耳挠腮、搓手、弹指、踢腿）、不自主震颤或发抖、奔跑呼叫、哭泣等；说话唐突、语无伦次、言语结巴；注意力不集中、思绪不清，或警觉性增高、情绪易激动、坐立不安，不停地在原地走来走去，难以安静地坐着或躺下，好像只有走动才能减轻其烦恼。有时搓手顿足、表情紧张、眉头紧锁，有时可见眼睑、面部、手指震颤或全身战栗等，极度焦虑患者还出现回避行为。患者常表现警觉性过高，对周围的变化过分敏感，易受惊吓，注意力难以集中。由于持续的烦躁，常表现易激惹，动辄发脾气，严重的患者由于难以忍受精神上的痛苦而采取自杀行为。

二　诊断与评估

医生关于焦虑症的诊断基本有三个步骤：首先，要区别焦虑是正常范围的心理反应还是病理性情绪。其次，要判明焦虑是否为躯体疾病或神经精神疾病伴发的一种症状。最后，考虑是否为焦虑症，属于哪一类型。

临床上诊断焦虑症的依据，主要有"国际标准""中国标准"和"美国标准"三个系统。诊断的要点为：反复出现无明确原因、对象或内容的恐惧、紧张不安等情感体验，并伴有运动性不安和自主神经功能亢进等躯体症状。自知力完整，要求治疗。病程持续1个月以上。病前性格特征，精神因素及家族中有类似发作者等均有助于诊断。病状已影响病人的工作、学习和生活。排除癔症、抑郁症、精神分裂症、心理疾病及其他躯体疾病和精神疾病伴发的焦虑状态。

第三节　抑郁症

抑郁可以被解释为心情郁闷成结，导致沉闷不愉快的情绪，且这种情绪已经持续一段时间，并给个人带来困扰。而抑郁症是指"因为具有抑郁的感觉，悲哀、绝望、不安、焦躁、苦闷感等，导致身体状况欠佳，精神活动受到抑郁，多次出现企图自杀的行为，并造成社会适应度降低的一种精神疾病"。

一 特征

(一) 生理方面

青少年期抑郁的生理表现与焦虑有很多相似。在性别上女孩多于男孩。每次发作可持续数日或数周，轻者可自行缓解，在间歇期无明显异常。

抑郁症在神经内分泌方面的变化是肾上腺皮质激素分泌较高，临床上对其采用地塞米松抑制试验约有近半数的呈阳性反应；有学者研究发现他们睡眠时间生长激素分泌增加，当给予胰岛素引起低血糖后出现生长激素分泌减少现象，会有失眠和食欲减退、躯体不适感。

抑郁症患者在睡眠方面存在很大问题，有70%—80%的抑郁症患者伴有睡眠障碍，患者通常入睡无困难，但几小时后即醒，故称为清晨失眠症、中途觉醒及末期失眠症，醒后又处于抑郁心情之中。伴有焦虑症者表现为入睡困难和噩梦多，还有少数的抑郁症患者睡眠过多，称为"多睡性抑郁"。

在食欲方面，多数病人都有食欲不振，胃纳差症状，美味佳肴不再具有诱惑力，病人不思茶饭或食之无味，常伴有体重减轻，重者则终日不思茶饭，但也有少数患者有食欲增强的现象。

抑郁症患者普遍有躯体不适的表现，会有无明显原因的持续疲劳感。轻者感觉自己身体疲倦，力不从心，生活和工作丧失积极性和主动性；重者甚至连吃、喝、个人卫生都不能顾及。

(二) 心理认知方面

抑郁症的认知情况往往随时间的不同而有所变化，一天中有昼重夜轻的现象。如果不加调节干预，情况会逐渐加重，对前途失去信心，对任何事都不感兴趣，有严重的孤独感，总感觉没人能真正地理解自己，整日沉浸在抑郁的痛苦体验之中难以自拔，将自己封闭起来，与外界隔离开来。抑郁症的心理方面主要有以下几点表现：

抑郁心境是抑郁症患者最主要的特征，轻者心情不佳、苦恼、忧伤，终日唉声叹气；重者情绪低沉、悲观、绝望，有自杀倾向。快感缺失是抑郁症的另一主要心理特征，即对日常生活的兴趣丧失，对各种娱乐或令人高兴的事体验不到乐趣。轻者尽量回避社交活动；重者闭门独居、疏远亲友、杜绝社交。患者易自我评价过低，病人往往过分贬低自己的能力，以批判、消极和否定的态度看待自己的现在、过去和将来，这也不行，那也不对，把自己说得一无是处，前途一片黑暗。强烈的自责、内疚、无用感、无价值感、无助感，严重时可出现自罪、疑病观念。

（三）外在表现

在仪表方面，这种病人的仪表颇具特色，他们往往衣着随便，不知梳理，给人一派颓废潦倒的印象。面容愁苦，甚至两眸凝含泪珠，如若稍作启诱，便泪如雨下。动作减少，甚至端坐半晌而姿势不变，有的人从外表上看不出明显的悲哀抑郁，有的甚至完全难以觉察，有的强颜欢笑，但从其眉间还会不时地流露出一些愁情哀意，明眼人不难看出患者内心的悲痛。

在精神运动性方面，这种病人的行动显得迟缓（激越型者除外），往往很少有自发动作，严重者甚至端坐一隅，纹丝不动，思维过程也很缓慢，以致影响语言速度。若与之交谈常数问一答，答前有长时间沉默，使多数人心焦难忍。

二 诊断与评估

（一）抑郁症的标准

以心情低落为主要特征且持续至少 2 周，在此期间至少有下述症状中的 4 项：

(1) 对日常活动丧失兴趣或无愉快感。

(2) 精神明显减退，无原因的持续的疲乏感。

(3) 精神运动性迟滞或激越。

(4) 自我评价过低，或自责，或有内疚感，甚至出现罪恶妄想。

(5) 联想、思维困难，或自觉思考能力显著下降。

(6) 反复出现死亡的念头，或有自杀行为。

(7) 失眠，或早醒，或睡眠过多。

(8) 食欲下降，或体重明显减轻。

（二）严重程度标准

要判断抑郁症患者的严重程度，上述症状至少导致以下情况之一：

(1) 社会功能受损。

（2）给本人造成痛苦或不良后果。

（三）排除标准

有的病情症状相同，但并不是抑郁症导致的，所以在诊断时要将它们排除：

（1）应排除由脑器质性疾病、躯体疾病和精神活性物质所导致的抑郁。

（2）抑郁症患者可出现幻觉、妄想等症状，但应注意与精神分裂症相鉴别。

第四节 强迫症

其实每个人都有强迫情绪，不管正常与否。强迫的症状稍强一些但没有长期的反复的焦虑与多疑，属于强迫心理范畴，但如果严重的，带有反复和长期的焦虑症状的，就成了强迫症。强迫症是一种以自我强迫为特征的精神疾病，是神经官能症（现称神经症）的一种类型。据国外报道，在一般人口中占0.05%—1%。据我国调查，在神经症专科门诊中约占12%。在普通人群里，有20%—60%的人曾经有过强迫症状。男性与女性无明显差别。强迫症病人突出的表现是有强迫症状，这种强迫性症状的表现形式是多种多样的。强迫症会对患者的日常生活以及身心健康造成一定的影响，因此及时了解强迫症表现症状十分关键。

一 特征

（一）生理方面

强迫本身没有生理症状，但是可以引起生理症状。强迫情绪可以引起脑血管的痉挛，引起阵发性神经性头痛，以致引起脑供血的不足。其实是相对性的脑供血不足。也就是说强迫症患者，由于焦虑和强迫的思维，往往引起大脑的超负荷运转，从而造成本来不缺血的大脑相对性地缺血，同样会引起头痛和精神的疲惫以及长时间的头晕。这种脑供血的不足和椎基底动脉以及椎管狭窄引起的脑供血不足是不一样的。后者通过多普勒可以清晰地检查出来，而前者由于是相对性的，所以一般检查不出来。这也就是为什么他们总感觉头晕却总也查不出来为什么的原因。

（二）心理认知方面

强迫情绪青少年的心理认知模式包括：

1. 过高的不适当的责任感。对责任的错误理解，这一模式是强迫症的特有的表现为对事件的过高的责任感、唯恐失职与过高的使命感、内疚与罪恶感。

2. 对威胁的评估。对危险及伤害性后果估计过高及对个人应对能力的估计过低。

3. 完美主义者。完美主义的思维方式——控制和减少伤害的一种方式，也是症状产生和维持的主要因素，此认知模式增加对危险的过高评价。

（三）外在表现

1. 强迫意念

强迫意念，是指患者对自己潜意识中的某种欲望、冲动或一种自知不该和没必要出现的想法失去了控制能力，虽企图摆脱，但已无法停止和除去这种不由自主的重复思索。

强迫回忆、联想：对自己经历过或做过的某些事以及自己或别人说过的话，不自觉地反复记忆，并进行联想。常见的有脑海中反复不断地出现某一件往事、某一句话或某一段歌曲，这样的症状就是强迫回忆。

强迫怀疑：对于自己刚做过的事产生怀疑，如刚锁好的门，就怀疑没锁上；刚把信扔进邮筒，总怀疑自己没贴邮票；刚做完的作业，就怀疑漏做了或做错了；刚洗干净的手，却总感觉很脏。强迫怀疑患者常表现出疑虑不安，并做出一些强迫行为，如反复检查、反复洗手等。强迫对立观念：简单而言，就是越想控制的念头，越不停地出现。这种念头或想法往往是不好的，违背道德观念的，是患者的潜在欲望的反映，因此，患者深感羞愧、紧张，害怕被别人看出来，并努力控制，但越想控制，诱惑力就越大，出现的频率反而越高，不断地加重患者的罪恶感和自卑感。

强迫性穷思竭虑：这种症状类似于钻"牛角尖"，患者会在一些毫无意义的问题上冥思苦想，纠缠其中不能脱身。一名女学生在进行心理咨询时说："由于学习不好，我的压力很大，所以总强迫自己把所有知识点都想通，想不通也要拼命想。可近一段时间，我有时会想一些怪问题，如1+1=2为什么不等于3呢？越是想就越想不通，于是就进入了一个恶性循环。我很紧张，开始坚决抵抗这种想法，可是却越陷越深，连正常的学习都不能进行了。"这是典型的强迫性穷思竭虑的症状，患者的思维就像被强迫拉上了一辆没有终点的永不停歇的列车，最终身心俱疲。

强迫意向：患者反复体验到想要做某种违背自己意愿的动作或行为的强烈内心冲动。尽管病人明知这是荒谬的想法，自己也不会如此做，但却无法摆脱这种内心冲动。如站在桥上或坐火车时，有跳下去的冲动；或有骂粗话、喊反动口号的冲动等。

2. 强迫行为

强迫行为是指按某种规则或刻板程序做出重复的动作或活动，主要包括强迫洗涤、强迫检查、强迫式动作等。具体表现如下：

强迫洗涤：突出的表现是强迫洗手，患者不停地洗手，有时一天洗二十多遍。尤其当患者的手或身体接触陌生人或陌生人用过后的东西时，便不能控制地去一遍一遍地洗手、洗涤全身。

强迫检查：强迫检查与强迫洗涤相似，患者不能控制地反复检查自己刚做过的事情，有些强迫症患者会重复检查数次乃至数百次，以证实房门是否已被锁上，作业是否正确，炉子是否已熄灭。这些强迫动作大部分都是由强迫怀疑引起的。

强迫式动作：强迫式动作是指患者在做某一行为时必须按照一套固定的先后次序，并重复做这一系列动作。如果出错或中间被打断，又要重新开始，直到患者满意为止。

强迫意念和强迫行为这两种形式常常同时出现，有时也会单独出现。这些强迫症状在患者情绪高涨、集中注意力做某事或受到威胁时可减轻；而在心情压抑、受到挫折、疲劳时则更严重。

二 诊断与评估

（一）症状标准

1. 符合神经症的诊断标准，并以强迫症状为主，至少有下列一项：

（1）以强迫思想为主，包括强迫观念、回忆或表象，强迫性对立观念、穷思竭虑、害怕丧失自控能力等；

（2）以强迫行为（动作）为主，包括反复洗涤、核对、检查或询问等；

（3）上述的混合形式。

2. 病人称强迫症状起源于自己内心，不是被别人或外界影响强加的。

3. 强迫症状反复出现，病人认为没有意义，并感到不快，甚至痛苦，因此试图抵抗，但不能奏效。

（二）排除标准

1. 排除其他精神障碍的继发性强迫症状，如精神分裂症、抑郁症，或恐惧症等；

2. 排除脑器质性疾病特别是基底节病变的继发性强迫症状。

第五节　恐惧症

我们都有恐惧心理，但是如果对一些没必要恐惧的东西而出现恐惧心理就属于不正常的范围，也就是患上了恐惧症。恐惧症也称"恐怖症""恐惧性神经症"，以恐怖症状为主要临床表现的神经症。是一种过分和不合理地惧怕外界客体或处境为主要特点的神经症。恐惧情绪通常急性发作，以面对一物体或所处环境爆发一次焦虑作前驱，明知道这种过分的不必要害怕，可还是克制不住，产生回避行为。

一　特征

（一）生理方面

专家表示恐惧症有心理和生理上的两种表现形式，人们常常只知道恐惧症的心理特征，恐惧症的生理表现有以下几个方面：

第一，以突然的、快速发生的严重焦虑为特征，表现为惊慌、恐惧、紧张不安、濒死感、窒息感、失去自我控制感、不真实感或大祸临头感。害怕即将发生的急诊情况。第二，植物（自主）神经症状：心悸、呼吸困难、胸痛、胸闷、胸部不适、胸前压迫感、喉部阻塞感、脸涨红、出汗、颤抖或晃动、发冷发热感、头昏或眩晕、失去平衡感、手脚发麻或肢体异常感和恶心等。第三，常伴有易激惹、注意力集中困难和对声音、光过敏。发作时意识清晰，事后能回忆。第四，每次发作一般不超过2小时，发作间歇期除害怕外无明显症状。

（二）心理认知方面

恐惧表征为与焦虑相关的心理认知结构。这些认知结构由与害怕相关的很多信息构成，这些信息包括：让人恐惧的刺激；对于这些刺激的语言、心理和行为的反应；对这些刺激和反应所赋予的含义。

当个体看到、听到、知觉到一些信息时，焦虑认知结构就会启动，而认知结构的启动促进了对威胁信息的优先加工。

有恐惧情绪者过多地将注意力放在侦查一些威胁性信息上。而注意力集中于这些威胁性信息的后果之一就是会夸大这些信息的重要性。

由于心理定式存在，导致对负性信息的过度关注与错误判断，干扰他们加工正常信息的过程与方式，特别是那些与其原有的信念相反的信息，会把社交场合对方的社交言行与姿势表情加以曲解，导致对对方的负性认知；作用于他们自身，则产生焦虑与恐惧等情绪。

对社交场合负性信息的过多关注，会干扰患者对正在进行的工作的认知加工，包括注意、编码加工和提取与当前任务相关的记忆信息等，从而降低患者正常工作成效。如觉得自己言论不当，干扰了自己的正常思路而难以继续往下回答问题等。

（三）外在表现

不同类型的恐惧症有不同的表现形式：

1. 场所恐惧症。不仅害怕开放的空间，而且担心在人群聚集的地方难以很快离去，或无法求援而感到焦虑。场所恐怖性情境的关键特征之一是没有即刻可用的出口，因此患者常回避这些情境，或需要家人、亲友陪同。

2. 幽闭恐惧症。患者总是担心在此场所中，会昏倒、发作某种病症、失去控制，而又无法逃离现场。

3. 社交恐惧症。不仅害怕与陌生人说话，连已经认识的人也一样。总是想方设法地找借口，拒绝参加此类聚会。平时极少与人闲聊和攀谈，甚至不愿主动与人通电话。性格偏内向，自幼胆怯，过分注重自身在别人心目中的形象，常常感到自卑。

4. 特定恐惧症。特定恐惧症指患者对某一特定的物体、动物有一种不合理的恐惧。常起始于童年，比如，恐惧某一小动物，在儿童中很普遍，只是这种恐惧通常随着年龄的增长而消失。为何少数人一直持续到成人呢？目前尚无法解释。

5. 考试恐惧症。表现为考生考试前产生害怕心理，出现一系列不良反应。考试过程中表现为头晕出汗、紧张焦虑、记忆模糊、反应迟钝、思维紊乱、精神不集中等。除心理反应外，严重的还可能引起生理上的胃痛、头痛、腹痛等。

6. 人群恐惧症是一种对任何社交或公开场合感到强烈恐惧或忧虑的精神疾病。患者可能对特殊人群感到恐惧，也可能是对一般人群都感到恐惧，而且常表现出极度的焦虑，甚至伴随口干、出汗、心跳剧烈等躯体症状。

二 诊断与评估

（一）诊断

恐惧症的诊断标准如下：

1. 符合神经症的诊断标准。

2. 以恐惧症状为主要临床表现，符合以下各项：①对某些客体或处境有强烈恐惧，恐惧的程度与实际危险不相称；②发作时有焦虑和自主神经症状；③有反复或持续的回避行为；④知道恐惧过分或不必要，但无法控制。

3. 对恐惧情境和事物的回避必须是或曾经是突出的症状。

4. 排除焦虑症、疑病症和精神分裂症。

（二）鉴别诊断

1. 正常人的恐惧。正常人对某些事物或场合也会有恐惧心理，如毒蛇、猛兽、黑暗而静寂的环境等。关键看这种恐惧的合理性、发生的频率、恐惧的程度、是否伴有自主神经症状、是否明显影响社会功能、是否有回避行为等来综合考虑。

2. 与其他类型神经症的鉴别。恐惧症和焦虑症都以焦虑为核心症状，但恐惧症的焦虑由特定的对象或处境引起，呈境遇性和发作性，而焦虑症的焦虑常没有明确的对象，常持续存在。强迫症的强迫性恐惧源于自己内心的某些思想或观念，怕的是失去自我控制，并非对外界事物恐惧。疑病症患者由于对自身状况的过分关注而可能表现出对疾病的恐惧，但这类患者有以下特点可与恐惧症鉴别：认为他们的怀疑和担忧是合理的；

所恐惧的只是自身的身体状况而非外界客体或情境；恐惧情绪通常较轻。

3. 颞叶癫痫可表现为阵发性恐惧，但其恐惧并无具体对象，发作时的意识障碍、脑电图改变及神经系统体征可做鉴别。

第六节 案例与干预

一 恐惧症案例

小星，男，七岁，烟台市某小学一年级学生，性格温顺、外向乐观，父母在职职工，家庭和睦，自小与父母、姥姥、姥爷在市区居住。两年前父亲载家人去农村老家探亲时被路上的野狗冲出咬伤，后被狗的主人及周围村民上前解救，及时打狂犬疫苗，在妥善安置后两三天恢复。意外发生时，母亲与小星是在不远处的院子内，听到了声响立马转头看到这一幕，虽然其母亲很快捂住了小星的眼睛，但小星还是看到了一些片段及听到了嘶吼的声音。这一切不自觉地在小星心里产生了影响。一个星期后，父母带他去友人家中做客，小星一进门看见主人家饲养的泰迪就被吓得扭头便跑，任凭母亲把他抱在怀里仍哭闹不止，尝试挣脱离开。在此之前小星从来不会因为别人家里有狗而当众哭闹并想逃开；相反，小星之前经常会去同学家和小狗玩，但现在，小星再也没有主动要求去过同学家玩狗。两个月后，家人发现小星不管对路上的野狗，还是对家庭中饲养的宠物狗都表现出反感、惧怕，对狗避而远之。

根据小星恐惧情绪情况，我们采用系统脱敏法对其进行干预。首先，建构恐惧等级。我们引导小星闭上眼睛想象回忆各种能让自己产生恐惧的画面，要具体清晰，并且能置身于其中而产生感情的变化，将引起自己恐惧的事件及情景按程度做一个排序，从最不惧怕事件到最惧怕事件评判做0—100分打分，这样就构成一个恐惧等级表，0分代表不恐惧，100分代表高度恐惧。其次，学习放松技巧。教会小星自我放松，采用呼吸松弛训练、肌肉松弛训练、自我暗示训练交替进行。让小星坐在沙发上，全身放松，手臂自然下垂，深深吸一口气，并在心里默念："吸气、吸气、吸气"，然后长呼一口气，并默念"呼气、呼气、呼气"，这样反复几次，让小星做到完全放松。最后，治疗行动开始。首先，让小星想象最低等级的刺激事件，与父母待在人群中，远处有一只链条拴住的狗，并听到狗的吠叫,当他感觉焦虑或恐惧时,令其停止想象,并尝试全身放松;这一过程结束后,我会问小星的感受,如果小星说还是感觉不舒服,就再重新来一遍;反复次数不限,直到患者不再感到恐惧为止,这是一级脱敏。接着让小星想象更高一级的恐惧,即与父母待在一个屋子里,近距离对狗投食;这个过程结束后,对小星询问感受及对其做应对。第三级系统脱敏是让小星触摸毛绒玩具狗。第四级系统脱敏是让小星近距离接触狗,并尝试对狗喂食、抚摸。直到最后,小星不再产生恐惧焦虑为止。

经过一个月总共4次的系统脱敏法,小星的情况有了较大改善,即使不在别人的陪同下也可以正常面对狗,可以在父母的陪伴下遛狗、对狗进行喂食,也可以和同学一起与狗玩耍。至此,利用系统脱敏疗法治疗基本消除了小星对狗的恐惧心理。

二 抑郁症案例

小刚(化名),男,11岁,小学五年级,单亲家庭,母亲在他7岁的时候去世。母亲去世之前他性格活泼开朗,积极乐观,热爱学习,善于和小伙伴交往。和父母爷爷奶奶家人关系密切,妈妈去世以前,他的生活都很积极向上,充满阳光。妈妈去世的时候,因为他那时候年龄还小,所以家人觉得瞒着他,说妈妈出去工作了,要很久很久才可以回家。他一开始相信了家人为了他好而编的这个谎言,但是时间久了以后,他的同学都说,你妈妈去世了,不在了,你再也见不到自己的妈妈了。在他还不知道妈妈已经去世前,小刚的情绪已经发生了变化,开始厌食,不愿与人交往,和同学会保持一定的距离,回到家也不愿说话。在他知道妈妈去世之后,小刚变得更加抑郁,成绩一直下降,对各种事情提不起兴趣,一切都觉得很无聊。社交方面也受此影响,在学校里不愿与同学一起玩,和爸爸交流也较少。

通过Beck抑郁量表诊断小刚为轻度抑郁,根据其实际情况,我们采用了游戏疗法对其进行干预。游戏疗法是把心理治疗推向了非语言的王国。该治疗主要适用于4—13岁儿童的攻击行为、焦虑、抑郁、注意力难以集中、违纪行为、社会适应障碍、思维障碍、应激综合征等。游戏疗法以游戏作为交流媒介,形成的一种特殊的心理治疗方法,它是从对儿童进行精神分析的研究中得到启发的。通过游戏分析法，我们能够发现孩子内心深处压抑着的体验和感受，而且我们可能给予儿童的成长发展以根本影响。根据此疗法，我们首先找到小刚的父亲，和他进行沟通，并了解小刚的情况。得知小刚在学校里只和一个固定的同学玩，因为他不知道该怎么和其他同学交流，并且会因为其他同学说他没有妈妈而感到自卑和伤心。所以我们首先带小刚进行游戏活动，尝试打开他的心扉。第一次活动为玩滑梯、做拼图，以此使其体会到与他人共同玩耍的乐趣。经过两次游戏后，他逐渐和我们熟悉，随后我们带着小刚去海边放风筝、捡贝壳。在游戏过程中，我们设定了一些障碍，让小刚想办法克服，使他逐渐获得自信，愿意打开心扉和他人交流想法。

　　经过一段时间以后，小刚变得活泼了，并主动和同学们玩游戏，厌食情况也得到改善。小刚的学习成绩得到明显提升，对周围世界重拾兴趣，对生活重拾信心。

第 五 章

行为不良青少年

第一节　行为不良概述

一　研究历史追溯

对行为的研究最早可以追溯到18世纪末的颅相学，该理论最早是由德国神经解剖学家、神经学先驱加尔提出的，其基本思想是通过颅骨的形状判断人的性格特征。加尔根据自己的观察和直觉，创立了一种将看相术和大脑定位相结合的理论，最初称为颅骨学。加尔检查了颅骨的外部特征，并将这些特征与行为的某些方面联系起来。他认为，颅骨突出表示下面的皮层发育完好，有很好的能力；而颅骨凹陷则表示下面的皮层发育不足，能力较差。加尔的颅相学是历史上首次将大脑功能与人的品性以及行为关联起来的学说。

现代意义上的大脑功能定位说始于1825年，对加尔的研究很感兴趣的波伊劳德，最先提出语言功能定位于大脑额叶。1861年法国医生布洛卡接待了一位右半身偏瘫失语的病人，他只能说"tan"，而智力正常。病人死后经尸检发现，左额叶部位的组织有严重病变。据此他推测语言运动应该定位在第三额回后部，靠近大脑外侧裂处的一个小区。1874年德国学者威尔尼克在著作中描述了一位颞叶脑损伤的失语症病人，病人说话流利却毫无意义，虽有听觉却不理解其语意，损伤的部位是在大脑左半球颞叶颞上回处，这证明了该部位的主要作用是分辨语言，形成语意。研究发现这些部位的病变或损毁，造成了不同类型、不同程度的语言功能异常，在一定程度上可以证明大脑机制存在功能定位。

而对不良行为的研究应当追溯到1928年威克曼在一学术报告中所提

及的儿童问题行为，他认为"行为，从社会意义来看，是社会评价和社会规范的结果；而问题行为则表现为个体行为与社会行为的规范和要求之间发生了冲突"。自那以后，学者们对这一领域进行了许多有价值的实验研究和理论探索。威克曼用问卷法，在"学生的行为和教师的态度"研究中把问题行为分为有扰乱性的（如破坏课堂秩序、不遵守纪律、不道德等）和心理性的（如退缩、抑郁，神经过敏等）两类。之后，许多心理学家的研究与威克曼的提法大致相似，把问题行为分为品行性和性格性两类。美国心理学家奎伊（H. C. Quay，1956）认为，除上述两类外，还存在青年早期表现出来的在情绪上和社交上的不成熟，如活动过度、低级趣味、缺乏信心、注意力不集中等，应作为问题行为的第三类。美国心理学家林格伦（1975）将其定义为："它指任何一种引起麻烦的行为（干扰学生或班级集体发挥有效的作用），或者说这种行为所产生的麻烦（表示学生或集体丧失有效的作用）。"世界卫生组织1988年对行为问题的定义为："一种持久的、反复发生的、反社会的、侵犯性的，或反抗性的行为。"这是从行为问题判断的标准进行的界定，通常这种标准包括社会、学校的一般规范，违反规范或者偏离规范的行为，即说明行为出现了问题或失范。1994年美国精神病学会（American Psychiatric Association）将问题行为定义为在严重程度上、持续时间上都超过其年龄范围、社会道德准则等所允许的异常行为，这些异常行为包括逃学、欺负、早恋、偷窃、吸烟等16项。

20世纪80年代后，我国学者也开始了对不良行为的本土化研究。张梅（1996）认为："儿童问题行为是儿童身心健康发展的重要障碍，它包括儿童在情绪和行为两方面出现的异常，表现为各种违纪行为和神经症行为。"刘守旗（1997）认为："问题行为是指那些阻碍青少年身心健康，影响其智能发展，或是给学校、家庭及社会带来麻烦的行为。"

综上所述，国内外不同的学者对于"不良行为"这一概念并没有达成一致的观点，但为不良行为的成因、后果等的分析提供了思路。比如从内因和外因，家庭，学校和社会，心理学，生物遗传等角度研究不良行为产生的原因；从课堂表现、社会危害和身心发展等角度阐述不良行为的表现和影响；从道德教育、法制建设、社区矫治、心理学、家庭建设和政府干预等角度探讨不良行为的矫正。本书中的内容主要涵盖了青少年不良行为的界定、分类、产生的原因、表现,以及矫正的应对策略等方面。

二 不良行为定义

所谓不良行为,又称问题行为、越轨行为或偏差行为。作为独立的合成概念最早于1928年由美国心理学家威克曼(E. K. Wickman)提出,自20世纪80年代以后,我国学者对行为不良也有着诸多界定:应用比较广泛的概念是"指在严重程度和持续时间上都超过了相应年龄所允许的正常范围的异常行为。"还有学者从不良行为的产生机制进行界定:青少年由于个人行为而表现出无法顺利适应多变的环境,致使他们感到适应困难,继而无论在家庭、学校还是社会等各个方面,可能发生生理上的或精神上的困扰。换言之,因为个人行为与社会所赋予的个体角色不契合,使个体在生理上或心理上产生了困扰,启动了一定的防卫机制,从而产生了对周围环境适应不良的行为,且呈现出一定的"问题"特征。

综合以上观点,本书认为不良行为是指那些在青少年社会化过程中,由于复杂的内外因影响而出现的偏离社会准则并对自己和他人造成不利影响的思想和行为,包括攻击性行为、破坏性行为、逃学、偷窃、早恋、抽烟喝酒等。而具有符合该概念的不良行为的青少年在本书中又称行为不良青少年。

三 不良行为分类

由于研究者对问题行为内涵理解存在分歧,所以对不良行为的分类上也存在差异,并呈现出越分越细的趋势。总体归纳起来,主要有以下几种:

（一）二分法

持二分法观点的研究者多是从不良行为的倾向性角度,将问题行为大致分为外显性问题行为(Externalizing Behaviors)和内隐性问题行为(Internalizing Behaviors)。只是不同的研究者对这两类问题行为的内涵界定不同,因而提法各异。

19世纪20年代,美国心理学家威克曼(E. K. Wickman)把不良行为分为扰乱性的（如不守纪律、不道德等）和心理性的（如退缩、抑郁等）两类。美国心理学家 Rutter（1967）则侧重于外显性不良行为中的违纪行为和内隐性问题行为中的神经症行为，将青少年的不良行为分为 A 行为（Antisocial Behaviour）即违纪行为或反社会行为、N 行为（Neurotic Behaviour）即神经症行为。

加拿大的科克伯格等学者也将儿童的不良问题行为分为两类：一类是外部性问题，如侵犯性行为、多动症、犯罪行为等，这类行为较易发展为成年期的病理心理状态；另一类属于内部性问题，如羞怯、神经症、社会退缩、悲哀等。他们认为，两类问题均出现的儿童将成为一种高危状态，极有可能导致心理问题与疾病出现。

我国李伯黍等（1993）把儿童问题行为分为品行方面和人格方面的问题行为。前者是指那些直接指向环境和他人的不良行为，如攻击性行为、破坏性行为等，这类行为较为外显；后者则是带有"神经质"的行为，即通常所说的退缩行为，如对他人表现出恐惧、莫名的焦虑等，这类行为较为内隐。

孔煌明等根据中小学行为表现的主要倾向，亦把不良行为分为两大类。一类为外向性的，即攻击型的。表现为活动过度、行为粗暴、上课不专心、不遵守课堂纪律、不能与同学友好相处、严重的逃学、欺骗和偷窃。另一类是内向性的，即退缩型的，有两种不同的表现形式：一种是沉默寡言，胆怯退缩，孤僻离群，不易适应新环境；另一种是性格温和，但神经过敏，烦躁不安，过度焦虑，白天稍有不如意，晚上就会做噩梦、讲梦话、失眠等。

（二）四分法

我国左其等根据不良行为产生的内部原因、外部情境、心理状态、个性特点、行为方式及其特点、行为后果、自我评价七项指标，把问题行为分为过失型、攻击型、压抑型和品德不良型四类。过失型是指较轻的品德纪律不良行为，如打人、逃学等。品德不良型指较严重的品德纪律不良行为，如偏离、破坏公物等。过失型和品德不良型属于思想品德方面的不良行为。攻击型和压抑型是指情绪、性格等方面的问题行为，属于心理方面的不良行为。

（三）五分法

日本心理学家古泽赖雄把不良行为分为五种类型：①神经症行为，由心理原因引起的，如咬指甲、抽搐等；②人格问题上的行为，由不良的性格特征引起的，如反抗、粗暴、说谎等；③智力活动上的行为，如学习成绩不良、逃学等；④精神病行为，由精神病引起的行为异常；⑤社会性行为，如不良品性和犯罪行为。

（四）七分法

我国刘守旗等在前人研究的基础上，结合有关的资料进行归纳、分类，将学生的不良行为进一步细分为七个方面：①神经性方面的不良行为，如强迫性行为，心理性不适等。②情感方面的不良行为，如童年恐惧症、学校恐怖症，社会交往障碍等。③人格方面的不良行为，如性格偏执、急躁、攻击、抑郁、退缩等。④智能方面的不良行为，如学习不适应、厌学等。⑤活动过度方面的不良行为，如异常好动、不能自我控制、容易冲动等。⑥社会品德方面的不良行为，如说谎、偷窃、侵犯性行为等。⑦习惯性方面的不良行为，如厌食症、习惯性抽搐等。

由此可见，青少年的不良行为复杂多样。不同的研究者有不同的研究角度，尚无一项研究能够穷尽所有的不良行为。本书中我们更倾向于李伯黍的分法，后文中也会详细介绍包括攻击性行为、破坏性行为等在内的不良行为。

第二节 行为不良青少年成因

对青少年不良行为影响因素的探讨一直是该领域的研究热点，从最初的单因素论到如今的综合因素论，随着不断加深对该问题的认识，研究者们也逐渐认识到，不良行为的成因多样，影响因素之间关系复杂。综合国内外的相关研究成果有以下几种。

一 遗传和生理因素

（一）母孕期各种有害因素

母孕期患有某些严重的躯体疾病，特别是某些微生物感染或服用某些药物、接触某些毒性物质、因难产引起新生儿缺氧或窒息、婴儿期患各种感染性疾病，尤其是病毒性脑炎等可造成脑损伤，而轻微的脑损伤后遗症可能会导致不同程度的行为问题。孕妇的情绪变化亦可通过血液和内分泌成分的改变对胎儿产生积极或消极影响。如果孕妇经常情绪不良，如忧愁、苦闷、焦躁、烦恼、悲伤、恐惧、紧张等，会使胎儿脑血管收缩，减少脑的供血量，从而影响脑的发育，日后会增加孩子患病并产生不良行为的可能性。

（二）内分泌和神经递质

国外研究结果提示神经递质与行为障碍有一定的联系，兴奋性递质与抑制性递质失衡会出现不同的症状，抑制性递质——轻色胺——与某些精神活动、行为关系密切。郑素华等研究结果显示，儿童行为问题的发生与外周血—浓度改变有关，内向性问题行为儿童—浓度显著高于正常组儿童和外向性问题行为儿童。另有研究发现，微量元素与儿童不良行为也有关系。研究结果显示，儿童牙齿铅水平的高低和儿童不良行为的严重程度呈正相关，缺锌会使儿童出现外向行为。崔英等报道，问题行为儿童血铅含量显著高于正常儿童，而血锌含量则显著低于正常儿童，提示低锌高铅对儿童不良行为的发生有重要影响。

（三）激素

不同性别的青少年问题行为也表现出差异，从生理角度出发攻击性和激素有关，尤其是和雄性激素有关。因此在青少年特殊的身体发育和心理成熟阶段更易造成一些问题行为，最近的研究也指出男孩的不良行为总体上多于女孩，但女孩的间接行为攻击多于男孩。

二 家庭环境因素

研究表明家庭环境与青少年问题行为高度相关，如父母教养方式、家庭结构模式、父母监控、父母的受教育水平等都与问题行为的发展有实质性的联系。

（一）父母教养方式

在所有影响青少年发展的家庭因素中，父母教养方式对儿童发展的影响最大，也最直接。父母教养方式是指父母在抚养教育子女的过程中表现出的一种相对稳定的行为方式，是教养观念、教养行为及其对儿童情感表现的一种组合方式。其中，不良教养方式对青少年不良行为产生有着重要影响。大量研究表明,家长对子女的控制程度可在很大程度上预测青少年的不良行为。如果父母对子女的行为有过多的干涉和禁止,又经常表达限制和拒绝的态度,严厉惩罚或有家庭暴力,不尊重孩子的合理需求,青少年很容易产生不良行为比如易冲动、过度压抑、情绪不安,甚至出现神经质、攻击等不良表现。Raid(1981)的研究也表明,经常受到惩罚和责骂的青少年比正常青少年表现出更多的身体、言语攻击。此外,溺爱、放任的教养方式会让青少年的发展空间过于自由,其行为举止也没有合理的规范和要求。若加上父母不及时关注其思想和情绪,这些青少年往往会出现散漫、为所欲为等一系列行为问题。国内的一项关于青少年攻击性的研究证明,母亲教养方式在拒绝维度上的得分与儿童的攻击性之间存在极显著的正相关(张文新等,1997);杨坚、张素馨等对少年犯的父母教养方式特点进行研究,结果显示:少年犯的父母有较多不当的教养方式。

(二) 家庭结构模式

单亲家庭又称缺损家庭,是我们常见的一种家庭结构。这种不完整的家庭结构带来的是巨大的心灵创伤,根据民政部统计,我国的离婚率从1980年的27万对上升到2004年的104.9万对,2004年离婚登记和结婚登记数量之比达到1∶8。离异家庭青少年是父母离异而出现的一个特殊群体。有研究表明:离异对儿童青少年的情绪健康、社会适应、个性发展等方面有消极影响。相关文献对170个离异家庭大学生的研究表明,离异家庭大学生的心理问题表现在:自我控制能力差,自我成熟度低,疑心与妄想倾向严重,冲动紧张倾向突出;人际关系敏感问题突出,抑郁倾向严重,出现明显的焦虑,睡眠及饮食状况不良。大部分学者在有关单亲家庭对其子女影响的问题上持"消极影响论"观点。Lamp(1997)对离异家庭的研究表明,离婚家庭的儿童往往有较高的心理失调现象。单亲家庭男孩会表现出更多的反社会行为和较强的攻击性,而女孩则表现出更多的焦虑和苦恼。Guidubaldi J.等研究证实,一岁之间的儿童受离婚负面影响较为明显,父母离异对儿童的学业、社会性及身心健康均有消极影响,这种影响具有长期效应。父母离婚后头两年,离婚家庭儿童比双亲家庭儿童表现出更多不正常的冲动行为,更多攻击性、不顺从、依赖性、焦虑和沮丧。在社会性关系方面有更多困难,在学校也有更多行为问题，这种影响对男孩比对女孩更为严重和持久。即使离婚多年之后，单亲家庭儿童还是表现出思想与行为调整上的困难。说明离异家庭青少年行为异常发生率较高，采取积极有效的干预是必要的。

（三）父母监控

父母们都有一套控制孩子行动的方法，比如订时间表、电话询问、盘查孩子的朋友等，专家也建议父母要随时了解孩子的行踪。在以往对父母监控手段和父母知情情况进行的研究中发现，当同时测量父母的监控手段和知情程度时，儿童自愿告诉父母自己的行踪与父母知情之间的相关最大，对儿童不良行为的预测力也最强；而父母的监控手段虽然也能预测儿童的不良行为，但其贡献率要小得多，而且，像盘问这样的监控手段，虽然也能帮助父母了解孩子的活动，但父母对孩子的盘问越多，孩子的不良行为也越多。由此可知，父母对孩子的了解程度确实能预测孩子的不良行为，但父母不恰当的监控行为反而会减少对孩子的了解，而增加孩子的不良行为。

父母与其费力采取各种手段去控制孩子的行踪，不如想办法让孩子自己说出来。Crouter曾经指出，父母监控是关系的产物，有效的监控仅有父母的兴趣是不够的，还需要青少年自愿地与父母分享他们的体验和活动，在孩子的主动沟通中，亲子关系是一个重要条件。

（四）父母的受教育水平

父母的受教育水平会直接影响其管教方式的选择。首先，父母会通过接受教育获得一些管教的技能，例如观点采择技能和成功的教养技能或知识等。通常来说，与受教育程度低的父母相比，受教育程度高的父母所拥有的教养知识更多，所掌握的教养策略或教养资源也更为丰富，对人、对事的看法可能更客观、更理智，对他人的地位与权利也更为尊重，所以，在教养孩子的过程中也会更注重孩子的内心感受。另外，父母的受教育程度不仅会影响父母的职业选择，而且还在一定程度上限定其对配偶的选择和家庭的构建。由此看来，父母的受教育水平会通过影响父母的职业选择与其社会关系网络的构成，造成特定的家庭社会背景和家庭氛围，从而对父母管教方式的选择和使用产生较大的影响力（陶沙，林磊）。

三 同伴因素

青少年成人感与幼稚感并存的心理特征使其想要摆脱家庭与父母，在同伴中寻求归属和依托。这时同伴关系是青少年获取信息、交往技巧的重要途径。群体中的正面影响是大家互敬互爱，共同进步。负面影响是不甘示弱，哥们儿义气的冲动造成不理智行为。在群体中肯定会有人"免疫力"较低，这时若有人出现不良行为就很容易感染，甚至交叉感染。方晓义等研究青少年吸烟问题时发现，青少年吸烟的行为受到父母对吸烟的态度、父亲吸烟的行为、同伴吸烟行为等的影响，而同伴的吸烟行为影响巨大。

同伴关系主要是指同龄或心理发展相当的个体之间在交往过程中建立和发展起来的一种人际关系，包括同伴接纳和友谊关系两种。不良同伴关系是对个体间正常交往的异化。从个体被同伴接纳的水平及其友谊状况两方面加以分析发现，不良同伴关系主要体现在同伴交往中的被拒绝和被忽视及友谊的数量少和质量低。

有关个体在同伴交往中的被拒绝，其间接原因是个体身心发展的不平衡性。由于青春期生理、心理发展的不平衡性，个体将会承受许多心理上的冲突和压力，处于各种心理矛盾中，如果这些矛盾不能及时地解决，就有可能出现情绪情感及性格方面的偏差，严重的还会引起精神方面的疾病。这些消极的个性品质所直接导致的便是同伴关系的障碍——被拒于同伴交往之外，被同伴拒绝又可能导致消极情感的产生。为摆脱消极的情感体验，他们有可能调整改变自己以适应同伴，从而改善同伴关系，提高其社交地位；也可能逃避或敌视同伴，使关系进一步恶化，陷入恶性循环，在同伴交往中被进一步孤立。

为考察青少年交往不良同伴对自身问题行为的影响以及性别和年龄的调节作用，中国科学院心理研究所心理健康重点实验室的王素华等采用自评问卷对1302对双生子的不良同伴交往和自身问题行为水平进行测量，结果发现：①青少年自身的不良行为与性别、年龄及不良同伴交往均显著相关。②在交往不良同伴对自身不良行为影响方面存在性别差异：男性青少年交往不良同伴更易出现不良行为。③年龄对交往不良同伴与自身不良行为之间的关系起到调节作用：年龄小的青少年交往不良同伴更易产生不良行为。

四 社会因素

社会环境的主流从整体上说是好的，应当肯定，但也存在不利于青少年学生健康成长的一些消极因素。

市场经济对中学生的人生价值取向具有一些消极方面的影响。在价值观上，诱发价值取向功利化。由于市场经济遵循的是价值规律，其驱动力是逐利思想，商品进入市场进行交换就是为了盈利，所获利润的高低成为评价市场行为成功与否的主要标志，因此很容易导致拜金主义的产生。扩大到同学关系中，就会诱发缺乏理想，只讲实惠不思进取奉献，甚至有的学生为贪图享受铤而走险。在道德观念上，导致集体主义精神减弱，社会责任感淡漠。在生活方面，引发贪图享乐、追求高消费。

一些不良的社会风气、生活环境、文化氛围等外界条件腐蚀、毒害着青少年学生的健康成长。虽然法制逐步健全，政策逐步配套，社会治安综合治理威力逐步加强，外界条件有所好转，但资本主义反动势力的影响，资产阶级自由化思潮的泛滥，资产阶级腐朽文化的冲击，都严重地腐蚀着青少年。社会上对学生毒害最大的：一是散布色情、盗窃、抢劫、凶杀恐怖的录像、书刊时有出现，带有色情、赌博色彩的舞厅、卡拉OK厅、电子游戏厅、台球室等屡禁不止。二是坏人教唆，不少青少年在坏人教唆下形成恶习并走上了违法犯罪道路。

和平建设环境使当代中学生没有经过艰苦生活的磨难，心理十分脆弱，承受挫折的能力和自控能力、抗诱惑能力差，甚至心理错位和行为反常。

五 个人因素

（一）人格特质

中学生正处于暴风骤雨的青春期，作为不良行为发生的主体，形成中的人格特质和个性特征必然会对其行为产生巨大影响。已有研究结果发现，具有神经质和精神质人格特质的中学生容易产生不良行为。气质的不同维度也对中学生的问题行为具有预测作用，趋避性、情绪本质、规律性、坚持度等都能预测退缩行为；趋避性可预测焦虑行为；反应强度、活动水平、注意分散度、规律性、趋避性可预测攻击行为；活动水平、规律性可预测违纪行为。此外，有不良行为的中学生在聪慧性、稳定性、有恒性、世故性、忧虑性、试验性、独立性、自律性等个性特质的得分低于无不良行为的学生；而在乐群性、恃强性、兴奋性、敢为性、敏感性、怀疑性、幻想性、紧张性等个性特征的得分则高于一般学生。

美国著名教育心理学家林格伦认为："学生在学校生活中遭受的失败和挫折是引起和加重问题行为的重要因素，不良行为的出现往往是作为逃避挫折引起的紧张和焦虑的心理防卫机制。"经常遭受学业失败的学生，由于其成就需要长期得不到满足，经常体验到由挫折引起的紧张愤怒、焦虑等情绪，这些消极情绪状态进而引发了一些消极行为反应。如李梅的研究发现学业成绩不良者的不良行为比其他学生更多、更严重。徐明琪等对初一年级学生的不良行为调查也发现成绩越差，行为问题发生率越高；同时与学习成绩差密切相关的行为按发生比率的大小依次为逃学、经常迟到、说谎、发脾气、破坏财物。

（二）社会认知

行为不良青少年在社会信息加工方面也存在问题，在社会情境中错误理解社会性线索，做出不适当反应的可能性比一般青少年要大得多，消极的或攻击性反应比一般青少年多，和老师的交往中做出的非善意的意图判断比较多。行为不良青少年的社会知觉技能上也有不足之处，这也可能造成他们的社会性方面的困难。并且在解释社会信息上表现出技能低下，在理解他人观点上也比一般青少年存在更多的困难，这种角色获得技能的缺陷会在其行为中表现出来。在实际运用这些社会知识上，也会出现问题。再加上对身体语言和表情的社会意义缺乏敏感性，而且在判别口头言语的意思上存在困难。行为不良青少年的这些社会信息加工方面的缺陷，影响了他们正常的人际交往，从而成为心理行为问题产生的一个重要影响因素。

（三）自我控制

自我控制（self-control）是自我意识的重要成分之一，是个体对自己情绪和情感、行为的控制和调节能力，是个体从幼稚、依赖走向成熟、独立的标志（屈智勇、邹泓，2006）。近年来，自我控制与个体暴力犯罪之间的关系受到了研究者的广泛关注。Gottfredson、Hirschi（1990）提出了自我控制理论,指出自我控制是影响犯罪行为的关键变量,"低自我控制"是导致所有犯罪的根本原因,其他因素都是通过自我控制间接作用于青少年犯罪;与高自我控制个体相比,低自我控制的个体更容易出现犯罪行为和偏差行为。该理论认为,低自我控制的人具有冲动性、情绪性、冒险、简单化倾向、目光短浅和不善于使用语言等特点,他们更容易被短期利益迷惑,产生犯罪行为或越轨行为;无论是故意破坏公物、财产犯罪还是暴力犯罪,都与低自我控制和犯罪机会密切相关,低自我控制可以对所有的犯罪行为进行解释,但是低自我控制不是天生的,主要是由于儿童在社会化的过程中,父母养育行为不当造成的(Gottfredson and Hirschi,1990;屈智勇、邹泓、张秋凌,2006)。

第三节 不良行为的分类

一 攻击性行为

(一)概述

攻击性行为是青少年中比较常见的不良社会行为,对青少年的身心健康和社会性发展具有明显的不良影响。心理学家对攻击性行为的研究历时较长,但迄今为止对攻击性行为并没有统一的定义。20世纪20年代,"攻击性行为"被看作是"避免痛苦与寻求快乐的行为遭受挫折时的基本反应"。30—70年代人们通过大量研究后,较多的心理学家赞同"以直接伤害他人为目的的任何行为序列"的定义。然而,班杜拉却认为,攻击性行为是一种复杂的事件,对其下定义不仅要考虑到伤害的意图,而且还要考虑到社会的判断,看究竟哪一种伤害行为称得上为"攻击性行为"。后来,L. D. Eron将其定义为"是一种经常性有意地伤害和挑衅他人的行为"。我国的心理工作者认为,攻击性行为就是"伤害他人的身体行为或语言行为","是有意伤害别人且不为社会规范所许可的行为"。

巴伦和里查森(R. A. Baron and D. R. Richardson,1994)对攻击行为的界定得到了较多研究者的认可,他们认为:"攻击是以伤害某个想逃避此种伤害的个体为目的的任何形式的行为。"研究者一致认为,攻击行为是以伤害另一生命的身体或心理为目的的行为。

(二) 分类

不同的研究者，由于考虑的角度不同，提出了不同的分类标准。

(1) 按照攻击方式的不同，可以将攻击划分为言语攻击与行为攻击。言语攻击就是使用语言、表情对他人进行的攻击，例如讽刺、诽谤等。行为攻击是使用身体的一些部位，如手、脚，或者是利用武器对他人的攻击。

(2) 按照攻击的动机不同，可以将攻击划分为报复性攻击与工具性攻击。报复性攻击的目的在于复仇、教训对方、故意伤害他人、给对方造成伤害，其主要手段就是通过武力造成躯体损伤或者采取言语攻击造成心灵的损害。例如，帮派之间的纠纷、打群架等，大都属于报复性攻击。工具性攻击的目的不仅是使对方身心健康受到损害，而是把攻击作为达到其他目的的手段。例如，通过攻击来获得金钱等物质上的报酬。

(3) 按照攻击行为是否违反社会规则分类。按照攻击行为是否违反社会规则，可以将攻击划分为反社会攻击、亲社会攻击与被认可的攻击。

反社会攻击对社会的发展带来了极其不利的影响，使人们的生命财产遭到损失。反社会攻击受到人们的憎恨和谴责，任何国家和法律条文都对其加以限制。亲社会攻击是指为了达到群体的道德标准所能接受的目的，以一种社会认可的方式所采取的攻击行为。许多攻击行为实际上是社会准则所允许的，也是为社会服务的。例如，维持社会治安、抓强盗等扫除社会上一些丑恶现象的行为，都属于亲社会的攻击行为。被认可的攻击介于反社会攻击与亲社会攻击之间的攻击，例如，为了自我防卫而采取适度的攻击，是社会所允许的，也是合理的。

(4) Buss 的三维分类法

Bsus 对攻击进行分类结合了三个维度进行考虑：从攻击手段上看，是采取躯体还是言语的攻击方式；从攻击者对待攻击的态度上看，是主动还是被动攻击；从攻击者是否直接参与攻击来看，是直接参与攻击还是间接参与。从而，Buss 将攻击划分为八种类型，见表5—1。

表5—1　　　　　　　　**Buss 攻击分类表**

攻击类型	例子
躯体—主动—直接	殴打他人
躯体—主动—间接	雇凶杀人
躯体—被动—直接	妨碍他人达到某一目标
躯体—被动—间接	拒绝完成必要的任务
言语—主动—直接	辱骂他人
言语—主动—间接	散布流言
言语—被动—直接	拒绝回答问题
言语—被动—间接	拒绝对他人受到的不公正对待 发表评论

（三）成因

为什么会有攻击性行为，不同的学派在研究中提出了自己的观点：精神分析理论认为攻击性行为起源于人类本能，弗洛伊德认为人有生的本能和死的本能。死的本能表现在对别人的伤害和攻击上。新精神分析理论认为攻击源于挫折，美国耶鲁大学社会心理学家 J. 多拉德等指出"攻击行为往往是挫折的结果"。后来提出"挫折—攻击"原则。社会学习理论认为，攻击是后天学习的结果。侵犯性行为的生物学观点认为，生物性因素亦是攻击行为的影响因素，基因论认为"兴奋、冲动和攻击性强的儿童常是他们父母亲特质的继承。另外雄性激素和睾丸激素也是其影响因素"。

对于青少年的攻击性行为的影响因素，杨丽珠等认为首先是生物因素，神经类型差异带来儿童气质性差异，不同气质类型影响其日后的攻击行为出现，另外激素水平也影响着人的攻击性行为。其次是社会的影响，家庭的教养方式、父母的榜样示范、电视媒体等因素都影响着青少年的攻击性行为。莫书亮等认为个体自身心理发展也会对攻击性产生一定的影响，气质中的情绪性、活动性、社会抑制性等因素特征可以解释儿童的攻击性行为。其中活动性包括的内容有活动的强度、活动的时间和活动速度。

二 破坏性行为

（一）概述

破坏性行为障碍（Disruptive Behavior Disorder，DBD）是《美国精神障碍诊断与统计手册》第4版（DSM-Ⅳ）提出的一组行为障碍的总称，包括对立违抗性障碍（oppositional defiant disorder，ODD）和品行障碍（conduct disorder，CD）和未特定分类的DBD，在儿童青少年中高发，且功能损害严重，深受关注。ODD的特征是持久性的违抗、敌意、对立、挑衅和破坏行为，这些行为明显超出了同龄儿童青少年在相同社会文化背景中行为的正常范围。CD是指在儿童青少年期反复持续出现的攻击性和反社会性行为，这些行为违反了与年龄相适应的社会行为规范和道德准则，影响他们本身的学习和社交功能，损害他人或公共利益。下面主要介绍DBD青少年的心理特征。

（二）DBD儿童青少年的特征

1. 行为特征

研究显示ODD儿童青少年的违抗、敌意、对立、挑衅和破坏等特征行为具有冲动性，冲动是ODD的行为特征，同时他们抑制进行反应的能力低，需要更长时间做出抑制。而CD儿童青少年的攻击行为明显突出，从表现形式上，可以将其分为敌意、语言攻击、身体攻击等；从发生机制看，可分为反应性攻击和主动性攻击。各种形式的攻击行为可能与CD儿童青少年的情绪识别、理解、反应和调控缺陷有关。

需要强调的是，DSM-Ⅳ所给出的DBD的诊断标准中涵盖了范围很广的一系列行为表现，从不服从到很严重的攻击行为、暴力行为，由来自不同背景的对象不难看出，尽管他们的行为表现从整体上看都是一些有问题的外化性行为，但实际上却有很大的个体差异。

2. 认知特征

研究发现DBD儿童青少年对任务相关线索的感知与注意存在偏差，更倾向于注意刺激内容中的攻击性线索。有品行问题的儿童青少年，存在敌意性归因倾向，倾向于选择竞争性目标，更易产生直接的身体攻击反应，非攻击性的决策及计划性反应较少，不能抑制他们的不恰当反应。这种认知的特点可能与以往的经历有关，也存在明显的性别差异，男童尤为典型。

3. 情绪特征

DBD 儿童青少年所表现出的情绪认知和加工缺陷，主要是在情绪识别、唤醒、调控包括愤怒管理等在内的异常，这些方面的异常在发病中起着非常重要的作用，除年龄、性别的影响外，个人经验和潜在动机及其气质特点等都有显著影响，且与不同类型的心理病理特质有关。"emotion dysfunction" 情绪调节异常理论认为 DBD 患儿存在情绪认知偏差和加工缺陷，这些异常由一定的内在生物学基础决定，与表现出的调控异常以及行为问题都密切相关。研究发现 DBD 儿童自动调节负性情绪和加工环境中负性线索的能力受损，其中对负性情绪刺激，尤其是愤怒、恐惧、厌恶的加工异常，患儿不能体验同情和罪恶感，进而出现攻击或反社会行为。明确破坏性行为障碍儿童青少年的情绪认知特点，对临床早发现、早诊断、早干预都有重要的指导意义。

三 逃学

（一）概述

因为厌学而旷课、逃学，是中小学生特别是初中生中常见的、带有普遍性的不良行为，是学生学习心理障碍中最具危害性的问题。对学生的旷课、逃学行为如不予以足够的重视和及时的干预，将会直接影响青少年学生的学业成绩、思想品德等方面的健康发展。在实践中，很多的班主任或科任老师，都是将学生旷课行为简单地归因于思想、纪律问题，从而忽视了在心理方面的疏导、教育与帮助，结果是事倍功半。

西方学术界对于逃学和拒学的研究经历了"合—分—合"三个发展阶段，并在学科视野上不断丰富。第一阶段从 19 世纪中期到 20 世纪中叶，人们关注逃学现象因表现为旷课而囊括了拒学现象，并认为经济贫困是旷课的主要成因，这一阶段的研究以教育学为主。第二阶段从 20 世纪 40 年代初到 90 年代，西方国家经济日益发达，非经济因素对于旷课的影响日益明显，不少学者发现虽然同为旷课行为，但拒学与逃学具有巨大的行为差异，强调个人心理特征的拒学研究开始浮现，之后心理学研究拒学与教育学研究逃学开始分离。第三阶段从 20 世纪 90 年代中期开始持续至今，学术界逐渐认识到拒学和逃学虽然具有行为差异，但都表现为不适应学校且拒绝上学的状态,两种学生对学校都具有厌恶、恐惧等趋同的负面情感体验,因此将两种现象整合为旷课研究。

(二)成因

将逃学与拒学整合而成的旷课研究,其核心依据是两者在个人、家庭、同伴和学校四个方面具有高度趋同的成因。相对于西方研究,国内的研究还极为薄弱。

1. 个人因素

个人成因方面的研究,强调拒学和逃学是个人特征影响的结果,这种个人特征即个体的行为与心理表现,如自我否定、学生更低的智力与技能、愤愤不平、暴躁、学业成就低下、社会交往能力不足以及青春期的独立与反叛等。

2. 家庭因素

家庭成因方面的研究,主张家庭及其外围环境对于学生行为的重要影响。家庭及其外围环境包括家庭结构如单亲家庭、破碎家庭、大规模的家庭与未婚妈妈家庭等、家长的职业特征如职业的经常流动导致孩子不断转学,带来孩子的不适应、家庭地位如阶层地位、种族、少数民族群体、家庭沟通、家长教育能力与家庭的社区环境如贫困社区。

3. 同伴因素

同伴群体可以在需要的时候给予学生支持,并帮助学生强化个人价值,消除恐惧、回避敌对,确立自我认同与自我身份等学校中同伴群体的缺失,会导致学生的胆怯、情绪暴躁与侵略性行为,这会进一步恶化其学校处境。群体社会化理论强调同伴群体与家长一代的代际差异,以及同伴群体对于学生具有不可替代的重要影响。无论是将群体活动置于校外社会中的逃学群体,还是没有获得群体归属而滞留于家庭中的拒学学生,都表明与学校中同伴的缺失有关。

4. 学校因素

学校研究的视野,主要侧重于教育管理,涉及师生互动、标签效应、课程设置和学校行为管理等内容。师生互动主要是指教师对于学生的关注不够,甚至对学生持有负面评价和态度,促使学生排斥学校标签效应,认为学生旷课是因为学生被冠以"坏学生、差学生"等标签所致课程设置研究主张标准化的课程安排无法满足学生学习的多样化需要,导致部分学生拒斥某些课程后转变为旷课行为。学校行为管理主要是指教师在行为管理中对于差生的惩罚性和隔离性措施，导致这些学生日益脱离学校。

四 早恋

(一) 概述

早恋是一个中国本土化的概念 calf love，calf 译为小狗，也可以引申为小狐、小海豹等幼小的动物，顾名思义，就是指小狗仔的恋爱，引申而来，就是指少男少女之间的爱情。在国外，这个词的含义显然不能与中国的早恋画等号。calf love 指的是小孩子的恋爱，这里并没有强调其过早；而早恋，则强调其早、过早，两者实非同义。但在欧美国家，学者们对性、情爱、性爱的研究很多。弗洛伊德曾在《爱情心理学》一书中提到过有关性早熟的说法，海蒂在《性学报告》中阐述了四年级的女孩以及14岁的男孩就发生性关系，但他并未将其看作是早恋，而认为有性行为是一种长大的标志。由此可知，国外并没有过早的恋爱这种概念，当然这与传统观念和社会文化有关。早恋这个词之所以在中国出现，与我国的历史和文化发展有着必然联系。我们知道，在古代并没有早恋这个词，因为古代是一个崇尚人口与生命的年代，怕的就是人民不早点结婚早点生子，故不涉及早恋。在大多数字典里也未涉及早恋这个词。

早恋在心理学上的鉴定标准为：年龄18岁以下或18岁以上但心智相对同龄人极不成熟，沉迷于个人情感无法自拔，严重影响学习、生活甚至身心健康。在中国，青少年"早恋"问题正逐渐趋于低龄化、普遍化，部分青少年缺乏对恋爱的正确认识，在恋爱过程中发生性行为或不能正视失恋而轻生。根据中国人民大学性社会学研究所"全国大学生异性交往情况"资料披露，在本科生中，有30%的女生、37%的男生在中学期间就有过约会；其中9%的女生、13.9%的男生有过性爱抚；4.8%和2%的男女生已经有过性交。这一数据从侧面上进一步反映出当前我国青少年早恋现象的普遍性。

(二) 成因

1. 青少年早恋主观原因

(1) 生理因素

生理成熟及性意识觉醒是青少年早恋的基础原因，从青春期开始，性器官迅速发育成熟并出现第二性征，对异性的好奇心和神秘感不断增强，渴望与异性交往。近年来，随着社会的发展及物质生活水平的提高，出现生理发育提前的现象，性意识也在性萌发的生理动因下觉醒。

(2) 心理因素

身心发展失衡。步入青春期，青少年的心理发展水平相对于生理成熟程度相对滞后，自我控制能力也较差，容易感情冲动而进入早恋。

爱与归属感的心理需要是青少年早恋的深层次心理原因。

青少年往往表现出对友情和亲情的强烈渴望，希望与异性交往，同时渴望有团体归属感。调查表明，那些缺少家庭温暖的青少年往往更容易陷入早恋。

某一阶段的成长任务未完成，导致情感空洞现象，出现行为偏差。

尽管青少年早恋行为大多是在青春期表现出来，但很大程度上却与之前的成长任务是否完成有着密切的联系。婴儿从出生开始就对爱和安全感有着强烈的需要。在婴儿期（1个月至3岁）阶段，孩子的心理成长任务是通过与父母及其重要他人的接触，建立安全感与信任感。幼儿期（3—6岁），则主要是通过游戏促进其认知发展和社会性发展。在此期间，能否建立良好的友谊关系，获得自尊体验，直接影响到依恋和社会支持系统的建立。童年期（6—12岁），社会交往进一步扩大，与同学、小伙伴、教师有关的社会性情感逐渐占重要位置，如何学会人际交往，并在交往中体验理智感、荣誉感、责任感、友谊感是这一阶段的成长任务。研究表明，在前三个阶段成长任务未完成的青少年更容易出现情感空洞现象，而试图通过弥补内心的缺失出现早恋行为。

2. 青少年早恋客观原因

(1) 学校因素

随着青少年的身心发展，出现早恋倾向是很难杜绝的。因此，学校应从预防和应对两方面来处理。然而，受我国传统道德观念制约，大多数学校避讳对青少年进行性教育，生理课程形同虚设，导致青少年获取性知识的来源大多不正规，造成性知识认识的片面性；在处理学生早恋现象时，学校缺乏温暖的关怀和正确的引导，更多的是采用严厉打压政策，严重伤害了学生的自尊心，间接性地增强了学生的逆反心理，造成恶性循环。

(2) 家庭因素

多数家长在孩子12岁前不注重与孩子的情感交流，甚少关注其生理和心理变化。情感的疏离导致一旦出现问题就很容易出现失控的局面。

部分家长避谈性教育，不让孩子接触有关性的任何东西，家长越是掩饰，孩子越是好奇；有些家长在处理孩子早恋问题时如临大敌，粗暴专制，甚至偷看孩子日记、翻查书包、跟踪孩子等，遭到孩子极大反感；部分家庭不和睦，存在各种感情纠纷，孩子面对父母整日的争吵造成长期压抑消极情绪无所宣泄，极易依赖异性朋友，导致早恋。

(3) 社会因素

部分地方和单位不重视文化建设，在学生接触的电视、电影、书刊、歌曲中添加不健康内容，尤其是这些传播媒体中对爱情缠绵悱恻的描述，极易使青少年产生幻想，渴望拥有真爱，娱乐场所众多且没有严格限制未成年进入，其间环境恶劣，影响青少年身心健康。

五　说谎

(一) 概述

最早对说谎概念做出界定的是皮亚杰，在界定时他关注于行为的意图因素。他在1930年的研究表明，6岁以下儿童尚不能考虑意图的性质而是将所有的错误行为都视作说谎，直至10—11岁时儿童才认识到只有有意的欺骗才能被认定为说谎。自20世纪80年代以来，研究者扩展并修正了皮亚杰的研究，对说谎概念进行了多样界定，英国朴次茅斯大学的维吉（Aldert Vrij）曾对有关概念进行过梳理。例如，Mitchell等认为，说谎是有利于沟通者的错误沟通，但这一定义把那些无意识地、错误地误导他人的沟通也归为欺骗。而说谎实质上是一种有意的行为，只是因为失误而没有说实话并不能算作说谎。因此，后来有研究者将说谎定义为一种企图在另一个人身上建立欺骗者认为是错误的信任或理解的行为。

尽管不同的研究者对说谎有不同的界定，但概括起来，这些定义主要强调了以下三个要素：陈述目标的虚假性、传递者认为它是虚假的、传递者具有欺骗接受者的意图。基于此，笔者比较赞同西班牙学者Masip等对说谎概念的界定，即说谎是通过言语或非言语的方式，有目的地隐瞒、伪造或和假造有关事实或情绪的信息，以诱导他人形成或维持一种沟通者本人认为是假的信念，无论成功与否，均可被视作说谎。因为这个界定既包含意图的要素，又包含沟通者信念的要素，可以说是一个综合的、完整的和逻辑上比较严谨的定义。

（二）类型

正如 Bok 所认为的，欺骗就像是暴力一样是一种蓄意的攻击行为，但他同时提出了"白色谎言"或"白谎"（White Lie）的概念，认为有些谎言带有保护色彩，与其他具有威胁性的谎言相比，白色谎言不应该给予责难（转引自刘润刚有关综述）。这就涉及谎言的不同类型的划分问题。根据谎言的动机性质，可以分为恶意谎言、习惯谎言、玩笑谎言、正规谎言。还有一种常见的分类，将谎言区分成直接的谎言、夸大的谎言和技巧的谎言。而 Bok 认为谎言有两类，为了不伤害他人情感所说的假话是白谎，为了逃避惩罚而说的假话是黑谎。依据这一分类，在对儿童说谎行为进行研究时，徐芬等从自己的角度界定了白谎与伤害性谎言两种类型，而朱艳新则根据不同交往动机界定了三种说谎类型，即善意性说谎、利己性说谎与玩笑性说谎。总之，研究者从不同的角度出发对谎言进行了不同的分类。

（三）相关理论

在发展心理学家们不断探讨有关说谎概念的过程中，形成了有关说谎的三大理论观点——命题理论、原型理论与民俗模型。

1. 命题理论

持命题理论观点的研究者们认为"言语涉及的'事实'、说话者的'意图'和'信念'等语义特质在说谎概念的形成与发展及其道德评价中起着关键的作用，它组成了说谎概念与道德评价的认知结构。"

2. 原型理论

原型理论通过三个语义成分定义了说谎的原型特征：（1）言语表述与事实相违背事实成分；（2）说话者知道此言语表述是错的信念成分；（3）说话者有意欺骗听者意图成分。如果是原型真话，则这三种成分都与原型说谎的特征相反。

3. 民俗模型

20世纪80年代末，民俗模型理论向原型理论提出了质疑，强调社会与文化因素在个体定义说谎时所起的重要作用。认为"一种言语表述是否被认定为谎言不仅取决于说谎的原型成分是否出现，还取决于交谈发生的背景。"

（四）相关研究

在《调查研究》的相关论文中，435名中小学生LS平均得分为4.002.36.其中，男生4.27239、女生3.80231，男生得分高于女生（t = 2.095，P<0.05），差异具有显著性。

不同年级、不同性别说谎量表得分比较见表5—2，小学组LS得分高于初中、高中组（P<0.01），不同性别之间，男生均高于女生，仅高中组存在性别差（P<0.01）。

表5—2　　不同年级、不同性别说谎量表得分比较表

年级	男生 n	男生 $\overline{X} \pm S$	女生 n	女生 $\overline{X} \pm S$	合计 n	合计 $\overline{X} \pm S$
小学	78	5.47±2.15	71	5.22±2.37	149	5.36±2.26
初中	48	3.62±2.10*	100	3.46±2.26*	148	3.51±2.20*
高中	60	3.23±2.25△*	78	2.29±1.63*	138	3.06±1.93*
总体	186	4.27±2.39△	249	3.80±2.31	435	4.00±2.36

注：与小学生相比*P<0.01，男女生比较△<0.01。

以得分大于均数加两个标准差者界定为"极端自我表现者"（鉴于各学历组之间存在差异，均以各组总体制定相应标准，即小学组≥10分、初中组38分和高中组37分），不同年级、性别的检出率见表5—3。

表5—3　　不同年级ESDR的检出率比较（%）

年级	男生 n	男生 ESDR	女生 n	女生 ESDR	合计 n	合计 ESDR
小学	78	1 (1.3)	71	0 (0.0)	149	1 (0.7)
初中	48	2 (4.2)	100	6 (6.0)	148	8 (5.4)
高中	60	6 (10.0)	78	1 (1.3)	138	7 (5.1)
总体	186	9 (4.8)	149	7 (2.8)	435	16 (3.7)

435 名中小学生 LS 得分与年龄之间显著负相关（r = -0.357，P < 0.01），在小学、初中和高中组内相关度低（r = 0.094、-0.204 和 0.078，P > 0.05），提示随学生年龄增加，LS 得分降低，支持 LS 是一个心理成熟度的测量指标的观点。①

MMPI 说谎量表是为确定在完成 MMPI 时有意按照社会期望作答的受试而设计的量表，高分提示受试者在过分夸大自己的优点，极力隐瞒和掩饰自己的缺点，此类受试者即是程度不同的"说谎者"：但贴以"说谎"标签过于刺耳和充斥着谴责，故用中性词"极端刻意自我表现者"来描述。在"极端自我表现者"的划界问题上，本研究采用均数加两个标准差作为划界标准，与其他研究一致，本调查结果显示中小学生中 3.7% 为极端自我表现者，所回答的调查内容不具真实性，所答问卷视为无效答卷。因此，开展中小学生心理调查时，应充分考虑小学生的不诚实因素。建议在心理调查工具的选择时，增加说谎量表作为效度量表，以提高科学研究成果的可靠性。

六 偷窃

（一）概述

青少年偷窃行为对青少年自身和社会具有严重危害性，因此，对青少年偷窃行为应加以重视。自我中心主义主要解释年龄较小的儿童的偷窃行为，其认为儿童的社会认知尚不成熟，其持有强烈的自我中心主义，认为世界都是自己的，儿童因此将自己没有经过别人许可而获得别人物品的行为，认为是"拿"，而不是偷。事实上有关研究也表明，在幼儿园到小学低年级阶段，40%—60% 的儿童具有"拿"别人东西的经历。随着年龄增长的社会化积淀，儿童的认知日益丰富，自我中心主义逐渐消退，相应的"拿"行为也逐渐消失。

精神空虚理论认为，一些人具有挑战社会底线的心理动机，去获得、去偷窃物品，原因是其比别人更为强烈的物质欲望驱使所致，而偷窃者异于常人的强烈物质欲望则是精神状态的极不满足即精神空虚。实际生

---

① 黄高贵、曹蓉、倪金昌：《435 名中小学生说谎量表测定意义初探》，《调查研究》2006 年第 28 期。

活中，精神满足的人往往不在意外在的物质处境，而精神空虚者对此非常敏感和在意。由于自我中心主义的认知具有客观自然性，随着年龄而逐渐消失，因此，学界将解释偷窃行为的重心放在精神空虚理论方面。

人的任何活动动机都是与满足人的某种需要有关。所以，分析青少年的偷窃行为必须要联系青少年的需要问题。人的需要问题可分为精神的与物质的两大类，因此我们可以把青少年的偷窃动机归纳为图5—1：

与满足物质需要有关的偷窃动机 { 贪吃享受；
逃夜在外，要吃要用；
赌输还债；
出于虚荣，出风头思想，而去追求衣着，打扮摆设

与满足精神需要有关的偷窃动机 { 在同伴中为了"拔份""显能""友情"；
填补精神空虚，而寻求刺激的"游戏型"动机；
胁于别人压力，被迫偷窃；
出于报复心理；
出于好奇、模仿心理

图5—1 青少年的偷窃动机归纳

（二）心理特征

青少年自我意识尚未完全形成，心智尚未成熟，其偷窃心理与成人有很大的区别：

1. 占有心理

依据心理学理论，婴幼儿是没有自我意识的，常常会把自己喜欢的东西随意拿过来。随着年龄的增长，自我意识逐渐形成，在自我意识形成的关键时期，家长如果不加注意，缺少必要的矫正，任其发展，久而久之就会出现盗窃行为。

2. 逆反心理

也就是俗话说的"你让我向东，我却偏向西"。逆反心理容易出现在青少年不被老师、同学注意或者受到不公正批评的时候。这种心理如果不加疏导，很容易导致行为异常，如偷窃等。出了问题后，他们就会以"这样很酷"来为自己的错误行为辩解。

3. 嫉妒心理

有句名言说嫉妒是心灵的肿瘤，其特征为把别人的优势视作对自己的威胁而采取贬低、诽谤甚至威胁等行为来求得心灵的"慰藉"。在嫉妒

心理控制下的人常会做一些事后想起来自己都觉得不可思议的事情。

4. 炫耀心理

有些青少年受不良环境的影响，处处喜欢炫耀。青少年没有经济实力支撑着自己的"面子"，多数情况下只能依靠偷窃来解决。他们用偷窃的钱、物在别的同学面前大肆炫耀以满足自己的虚荣心理。

5. 补偿心理

这种心理多发生在那些以前家里条件很优越的同学，他们几乎想要什么就会有什么，而一旦家庭发生变故，不能再支撑他（她）的这种需求的时候，偷窃行为就发生了。

他们依靠偷窃继续满足他们的心理需求。

七 吸烟

（一）概述

近年来，国内青少年吸烟人数呈现逐步上升和低龄化的趋势，吸烟对青少年的身心均产生严重的危害。国内外的研究指出，让青少年真正做到"拒吸第一支烟"具有非常重要的意义。面对青少年吸烟这一严重的社会问题，许多心理学家试图从理论上对其做出清楚的阐述，这为青少年吸烟这一问题行为的研究奠定了一定的理论基础。但由于吸烟行为本身的复杂性，至今还没有一个完善的理论来解释这一问题，大多理论只是从各自的角度出发来探讨这一问题，其中，主要涉及社会学习、问题行为和社会控制这三种理论。

（二）理论研究

1. 社会学习理论

近二十年来，社会学习理论被广泛地运用于青少年吸烟影响机制的理论和实证研究中。该理论认为，青少年的吸烟行为是通过日常生活中直接的观察和模仿而习得的，因此，社会榜样的影响作用极其重要，现实生活中榜样的吸烟行为自然而然会导致青少年对这一行为的模仿。另外，青少年的行为在很大程度上是对后果进行预期后做出的。如果在青少年的预期中吸烟会导致肯定的结果，那么他们就更可能吸烟。青少年的这种预期主要来自他们的个人经历及他们对周围人行为的观察。与此相应，那些认为吸烟是受社会欢迎和社会期望的青少年更可能有实际的吸烟行为，其中特别是那些对自己的社会能力缺乏自信的青少年（Bandura，1986）。

2. 问题行为理论

问题行为理论认为吸烟是问题青少年的重要标志，是问题青少年的反叛行为之一。该理论认为，青少年的吸烟行为主要受各种环境因素的影响，吸烟是青少年反叛行为的重要组成部分。因为尽管青少年能很容易地获得香烟，但吸烟仅对成年人来说是合法的（Forster，Hourigan，MeGobem，1992）。因此，吸烟是那些倾向于越轨、反社会和叛逆性的青少年所采用的达到其反叛目的的一种方便手段，主要因为这种方法会在短期内促效。青少年吸烟的不良后果是开始吸烟会使他们与那些经常吸烟和有问题行为的青少年密切联系，同时也会使他们有更多的问题行为。社会依恋理论认为社会环境通过影响个体内部心理因素而进一步影响个体的行为。青少年所生活的家庭、学校和社团等社会机构通过青少年本身的心理、人格因素影响青少年的认知和行为。青少年所处的文化背景可能会鼓励青少年接受本身文化群体的价值观，从而使青少年倾向于吸烟或不吸烟的行为（Kumpfer，Tunrer，1991）。

3. 社会控制理论

社会控制理论认为：若青少年与社会联结的关系减弱，那他们出现不良行为的可能性就会增加。其中，父母的情感温暖、关心和父母对青少年的监控是各种社会联结中较为重要的部分。现在，检验这一理论的大部分研究已证明，随着父母对青少年联结关系程度的减弱，或者随着父母对青少年监控水平的降低，青少年吸烟的可能性会随之增加（Simons – Mortonetal，1999）。

第四节 青少年不良行为的诊断与干预

一 干预措施研究的发展历程

近年来，随着行为矫正理论和心理咨询理论的发展，不良行为的干预研究越来越受到重视。国外最初对不良行为的干预是建立在治疗层面上的，只对一些已经出现的明显的不良行为的学生进行矫治。如 Aydin（1988）对人际适应不良的学生进行教育干预，结果提高了儿童的同伴接纳水平。Graham（1992）对儿童攻击性行为的教育干预也取得了良好效果。研究者将攻击型儿童置于模棱两可的、偶然的和敌意性的情境之中，通过看录像、角色扮演、讨论等训练方式来提高对社会责任的判断能力，结果发现通过干预训练，实验组儿童对消极感受的直觉、愤怒和攻击行为都显著低于对照组，并且后来的延迟测验结果表明这一效果还能保持到真实情境中去。后来随着学校心理健康教育的发展，人们发现发展性和预防性的辅导才是最重要的。在国内，不良行为的干预研究还处于起步阶段，正规的研究很少。杨勤（2000）等综合干预705名4—14岁儿童的不良行为，采用学校、家庭社区共同的干预方法。干预结束后，对比前后测发现，儿童的不良行为有明显的改善。但这个实验没有精心严格的实验设计，仅对比单组学生前后测得分，很难说明是否受到主观因素的影响。古嘉琪（2001）用团体干预和个别干预相结合的方式对45名小学生进行了综合干预，结果发现实验后学生的问题行为有了明显的好转。

二 不良行为的诊断

（一）诊断标准

对如何鉴别和诊断我国中小学学生的不良行为，不同的学者提出了不同的看法。有学者认为，孩子偶尔表现出来的、轻微的对学习、生活影响不大的行为不属于不良行为，只有那些在孩子行为中经常出现的、比较稳定的、扰乱性较大、对学习效率影响较严重，需要作耐心、长期教育的行为，才属于不良行为。也有学者认为，由于行为本身就是在正常和不正常间发展的连续体，因此一般孩子都不同程度地存在一些不良行为。笔者认为要确认学生行为是否属于不良行为，首先要全面收集资料，如异常行为发生的年龄和背景、内容及形式、持续时间和频率、演变过程，对学生本人、家庭、学校造成的影响，家长、教师、伙伴的应对方法和效果，以及学生自己的认识等方面的资料。其次是把该种行为与孩子所处年龄阶段的正常状态作比较，若明显不同于同龄人的一般行为则可以看作是不良行为。再次是看该种行为的持续性和稳定性，如持续时间较长，则可能预示着不良行为的出现。最后是要看该种行为对家庭、学校、社会的影响，若影响是明显消极的则可能就属于不良行为。

在诊断或评估儿童行为时还可借助标准化的量表作为辅助工具，现在常用的儿童行为诊断量表有：Achenbach 儿童行为检查表（简称 CBC 或 CDCL）、Rutter 儿童行为问卷、Conners 儿童行为量表等。

一般而言，判断一种行为是否为不良行为的标准主要有以下几种：

（1）统计学标准。首先以正态分布理论为基础，然后根据个人的行为是否严重偏离某一人群的平均值来区分其行为是否正常。大多数人的行为状态是正常的或一般，而把小部分人的行为状态视为问题行为。这是最常用的标准。

（2）社会学标准。根据个人的社会适应和社会成就水平来判断个体的行为是否正常。该标准是指我们依据历史和社会的价值体系构思出人的理想状态，再以此为标准来评价现实的人。接近或符合这种标准的行为便被认为是良好行为，如果相去甚远，便被认为是异常或有问题的行为。

（3）诊断学标准。该判断标准以医学上的病态生理学为基础。病态生理学认为，从生理学角度看，与正常个体相比，有不良行为的个体其身心构造和机能上有明显的缺陷、障碍和症状。

（二）诊断方法

综合国内外已有研究，诊断方法主要为量表诊断，常用量表有以下几种：

1. 儿童问题行为问卷

1967 年 Rutter 编制了一套较为系统的《儿童问题行为问卷》（Children's Behavior Questionaire），该套问卷包括三种表格，即教师问卷、父母问卷和儿童自评问卷，适用于 7—13 岁的学龄儿童，可用于区别儿童的情绪和行为问题，也可用于区别儿童有无精神障碍。此问卷经测试有较好的信效度，已被广泛应用于多个国家的儿童问题行为研究中。

2. 儿童行为量表

Achenbach《儿童行为量表》（Child Behavior Checklist, CBCL）是在众多的儿童行为量表中内容较全面，用得较多的一种。CBCL 行为问题部分共包括 113 个行为问题症状条目，条目采用 0、1、2 分评分（从"无此表现"到"经常有此表现"）。由家长根据青少年近半年的行为表现进行评估。原版 CBCL 有良好的信度和效度，中文版的 CBCL 经翻译后分别在中国多个地区进行信度和效度检验，结果表明，中文版的 CBCL 信度与效度均佳。这套量表共有三种表格，即家长量表、教师量表和儿童自评量表。适用于 4—16 岁的儿童。1991 年，Achenbach 又对这套量表做了进一步的修订。

3. 问题行为综合测量

问题行为综合测量（CMPB）是最近发展的问题行为综合评估工具。该问卷以 Jessor 等（1977）提出的问题行为理论为依据。内容主要涉及 10 个方面，分别是：蓄意自我伤害、过度节食、暴饮暴食、过度饮酒、药物滥用、吸烟、乱交、网络成瘾、过度锻炼和攻击。每个问题行为领域采用 6 个条目测量，共 60 个条目，这些条目取自成熟的领域问卷，例如，攻击行为的条目取自 Buss 和 Perry（1922）编制的攻击问卷。该问卷具有较高的内部一致性信度，各分问卷的 α 系数在 0.74—0.91，间隔 2 周和数月的重测信度也较满意，但重测样本量较少（$n < 20$），这可能会造成相关系数不稳定。同时，该问卷具有满意的结构效度，区分和聚合效度。

计分方法：采用 6 点里克特计分形式，从"非常像我"计 1 分到"非常不像我"计 6 分。此计分方法类似人格问卷，然而用这种方式评定特定行为可能并不合适，因为行为的评价通常用频率的方式进行。

4. 儿童长处与困难问卷

美国心理学家 Goodman 于 20 世纪 90 年代编制了儿童长处和困难问卷（strengths and difficulties questionnaire，SDQ）。相比其他同类量表，SDQ 具有很多优点：

（1）题目总量只有 25 个条目，提高了被试的作答效率。

（2）该问卷包括五个因子：情绪问题、行为问题、多动/注意缺陷、同伴关系和亲社会行为，测查更全面。

（3）SDQ 不仅测查儿童问题行为，还测查了儿童的积极行为，即亲社会行为。针对积极行为的提问可减少青少年在答题时的负性情绪，更重视对积极因素的评估状况。

SDQ 共有三个版本，自评版、教师版和父母版。研究发现，SDQ 有非常好的信效度，且能有效地区分儿童青少年内化性及外化性问题的出现。在青少年人群中，SDQ 自评版与教师版、父母版都能够很好地应用于儿童青少年精神疾病的诊断。它作为一种简明有效的测量筛查工具，2001年再次被修订，已经在40个国家和地区广泛应用。

5. 青少年自评量表

采用Achenbach编制的青少年自评量表（Youth Self – Report，YSR）测量青少年的内外化问题行为。量表分为内化问题行为和外化问题行为两个维度。其中，内化问题行为包括焦虑抑郁、退缩和体诉三个方面，外化问题行为包括攻击和违纪两个方面。量表采用3点计分，0表示"不符合"，1表示"有点符合"，2表示"非常符合"，分数越高表示青少年的问题行为越多。

三 干预措施的分类

（一）行为疗法

行为疗法亦称矫正疗法，此法源于行为主义理论，并运用行为主义方法来进行咨询和治疗。它是生理和心理学家把实验室的研究成果应用于矫正人的某些适应不良行为的方法。行为疗法的产生可追溯到巴甫洛夫和华生，前者曾用经典条件反射探讨过动物变态行为的原因，后者以其著名的实验表明一个小男孩是如何在条件作用下对白鼠形成恐惧反应的。其后的心理学家琼斯在1924年运用学习的原理治疗一个惧怕白兔的幼儿。1932年，敦拉浦介绍一种"负性动练"的行为治疗方法，这种方法不但不让病人正面去训练和控制非功能性行为，反而令病人有意地去操作这些行为，因有意志的操作，反而产生控制能力，不再有非控制性行为。随着各种类似的特殊性治疗技巧的描述与运用，行为治疗逐渐形成。

该理论认为，人的异常行为，是个体在其生活经历中通过条件反射（即学习过程）固定下来的。因此，治疗者可以设计某些特定的治疗程序，通过条件反射的客观方法来消除或纠正受治疗者的异常行为和生理功能。目前，这种方法被广泛应用于口吃、吸毒、酗酒、赌博等不良行为的矫治中。20世纪50—70年代，行为治疗方法开始得到较为广泛的运用，并产生了许多相关的治疗理论。

1. 系统脱敏疗法

由美国学者J. Wolpe首创，最初应用于治疗动物的实验性神经症。系统脱敏技术是使用放松训练，通过对由低至高不同等级的恐惧刺激进行想象暴露的方式对恐惧刺激进行脱敏。

2. 延时想象和视觉暴露治疗

延时想象和视觉暴露治疗来自条件反射理论，对于习得性恐惧，消除（或习惯化）恐惧的概念援引了经典的操作条件作用原理。Foa 引入情绪加工这个概念来解释暴露期间恐惧的减少。Foa 认为暴露矫正了错误的关联（去条件化）和评价。这种矫正过程的本质是情绪加工，需要通过恐惧刺激激活恐惧网络，这种方法通过暴露让病人认识到与他们的错误认识相反的想法。

3. 消退训练和强化法

"消退训练即以操作行为来组织厌恶性刺激的出现，如果出现不了行为即予以惩罚，只有良好行为才能避免惩罚。"强化法即奖励被试者表现某种良好行为，在受治者表现良好行为时给予一种"标记"，凭这种标记换取奖品，从而强化良好行为。

在使用这些技术时应注意以下问题。首先，要具体地了解和分析青少年不良行为的特殊机制，教育者要弄清该不良行为是如何引起的，如何变化的，变化是如何被强化的，强化物在其中是怎样起作用的；该不良行为的强度怎样，频率如何；该不良行为对该青少年发展的影响如何。其次，要具体地考虑设计采用何种技术对矫正某一青少年的问题行为更有效。教育者要明确是采用一种方法还是采用多种方法；是采用偏重于外控的方法，还是采用偏重于内控的方法；是采用偏重于解决认识问题的方法，还是采用偏重于情绪感化的方法更适合具体的当事人。最后，要了解在行为矫正过程中，该青少年会遇到哪些来自外部或内部环境的干扰。教育者应能准确地估计到行为矫正的各种干扰因素，如家庭与学校教育不能进行有效的配合，外部诱因的频繁出现，个体身心状态的波动等，并设法加以排除。

（二）认知干预法

1. 概述

认知治疗是以人的情绪和行为受认识过程影响为理论依据，认为人的不良行为和情绪与不良的认知和错误的思维方式有关。因此，治疗者的任务是与病人一起找出这些适应不良的认知或错误的思想观念，纠正并加以克服，从而使患者的认知和思维回到正确的轨道，更接近于现实和实际，进而使其不良情绪和行为恢复正常。认知疗法的发展历史较短，一般认为以20世纪50年代美国学者埃利斯提出的理性情绪疗法为认知疗法的开端。以下简要介绍几种著名的认知理论。

（1）理性情绪疗法

美国学者埃利斯于20世纪50年代提出理性情绪治疗方法，认为人的情绪并不是由某一诱发事件本身引起的，而是由经历了该事件的个体对这一事件的认识、解释和评价所引起的，即著名的ABC理论。ABC来自3个英文词的词首。在ABC理论的模型中，A是指诱发性事件（Activatingevents）；B是指个体在遇到诱发事件之后相应而生的信念（Beliefs），即他对这一事件的看法、解释和评价；C是指在特定情景下，个体的情绪及行为的结果（Consequences）。

通常，人们会认为人的情绪及行为反应是直接由诱发性事件A引起的，即是A引起。RET的ABC理论指出，诱发性事件A只是引起情绪及行为反应的间接原因；而B是人们对诱发性事件所持的信念、看法、解释才是引起人的情绪及行为反应的更直接的起因。

（2）认知转变疗法

这种心理治疗的理论基础是Beck在20世纪60年代提出的情绪障碍认知理论。该理论认为心理障碍不一定是由神秘的、不可抗拒的力量所致的。相反，日常生活中的平常事件，如错误的学习、依据片面的或不正确的信息做出的错误推论也会引起心理障碍。因此，认知转变疗法的过程及技术在于改变受治者的歪曲认知，从而改善失调的情绪与行为。

（3）自我指导训练法

自我指导训练法的理论来自苏联学者Luria等的研究，认为人类的内部语言与行为有着密切的关系，从某种程度上起着影响和控制行为的作用。Meichenbaum在此基础上发展该理论，认为消极的内部语言是产生和影响行为失调的重要因素，并指出通过矫正消极的内部语言，用正面的、积极的自我对话可达到矫正异常行为或心理障碍的目的。

认知治疗的临床运用是由精神科医生贝克及其同事于1976年开始的。认知治疗的理论出发点强调，当研究我们的心理状况与行为时，会发现一个人的心理与行为，常常与他本人对自己、对他人、对事的"认知"有关。而且其非适应性或非功能的心理与行为，经常是因为受不正确或扭曲的认知而产生。假如更改或修正其曲解的认知，就可以改善其心理与行为。所以，认知治疗的重心在于矫正扭曲的"认知"。

2. 方法

(1) 引进新的认知元素，重建品行不良青少年认知结构的平衡

青少年正处于由青少年向成人转化的一个快速发展时期，他们的认知结构正处于不断形成和构建过程中，一些必要的社会认知元素还十分缺乏。他们在爱情和友谊、道德标准和道德评价、人际关系等诸多问题上容易产生偏颇的认识。他们往往分不清英雄行为与哥们儿义气的区别，认为特立独行就是有个性，喝酒、吸烟就是成熟、有风度等。青少年出现行为选择上的失调，也表明了他们自我意识和主体性发展不充分、不完善，他们对自我和外界对象缺乏客观认识。为了从根本上解决这些问题，德育工作者要针对品行不良青少年某些认知元素的缺失，及时引进新的认知元素。比如：系统地向他们讲解青春期常识、传授道德规范和行为准则等道德知识。

(2) 关注"心理对抗"，有效应对品行不良青少年的逆反心理

有实验表明，当一个人相信自己是在自由地从事一项习惯行为时，如果他的自由被取消或受到取消的威胁，就会产生心理抗拒现象。青少年学生因为身心快速变化，常常会产生强烈的逆反心理，这种逆反部分是由认知失调引起的，通常表现为态度与行为的不一致。如果教师和父母对他们一味地发号施令，那么即使他们对某事物有着正确的态度，也可能会采取相反的行动。而且，往往是越禁止的越盛行，越倡导的越得不到响应。因此，要想收到良好的辅导和矫正效果，德育工作者应避免一开始就以"我说你听"的方式进行说教，要创设一个宽松、理性的氛围，引导他们从中获得认知体验，独立进行认知监控，进而逐步提高自身的认知能力和道德思维能力。

(3) 防止"过度理由效应"，合理提高品行不良青少年的道德修养

费斯廷格和他的后继研究者（阿伦森和米尔斯）都在实验中证明，小报酬比大报酬在推动人们从事一项活动方面效果更佳。这就是社会心理学上的一个著名效应：过度理由效应（over justification effect），即附加的外在理由取代人们行为原有的内在理由而成为行为的支持力量，从而使行为由内部控制转向外部控制的现象。德育工作者如果一味利用外在

奖励强化这些青少年的遵纪守法行为，那么就会在无形中给他们正确的行为增加额外的"过度"，以至于他们会为了获得更多的外部奖励而失去内在的道德需求。因此，在辅导过程中要注意观察他们的需要尤其是心理需要，一方面选择有效、适当的强化物来满足他们的道德愿望；另一方面可以通过组织观看爱国主义电影、参加英雄事迹报告会等活动让他们自发地产生对高尚道德的渴望，自觉地提高自身的道德修养。

（4）及时反馈，帮助品行不良青少年形成正确态度

认知失调理论最大的意义在于揭示了改变人们的态度和行为的途径。当态度与行为缺乏一致时，如果这种行为使人感到满意，就可以引起他们态度的改变。行为不良青少年是德育工作的重点，他们往往不服管、不怕压、不听劝，也不受"捧"。如果我们依据采取相应的措施，则可能产生积极的教育效果。举例来说，行为不良青少年经常不守课堂纪律，认为认真听讲、维护纪律是班干部才能做的事，如果教育者把维护班级纪律的重任交给他，就可能导致其出现认知失调，此时教育者要及时对他的工作给予肯定和表扬，让他意识到这种失调。正如阿诺松所说的那样，我们之所以会对自己的言行不一致熟视无睹，是因为没有人强迫我们面对它。因此，教师及时给予反馈，帮助学生意识到这一点，使之维护班级纪律的工作充满信心，从而在根本上改变对遵守纪律的认识和态度。

（三）箱庭疗法

1. 概述

箱庭疗法起源于儿童游戏治疗，而游戏对于儿童少年具有天然的吸引力，是儿童和青春期前少年表达和交流其感受、思想和经验的自然语言。正如成人以言语来表达思想和情感一样，儿童通过游戏来表露内心世界，再自然不过了。箱庭制作过程就像做游戏一样，深受儿童的喜爱。箱庭疗法的非言语特性也使其适应青春期前少年的发展特点。青春期前少年处于具体运算阶段到形式运算阶段的过渡期，处于发展其抽象思维的过程，无法轻松地以言语的方式表达其感受和思想。箱庭疗法以高度的形象性超越了言语障碍，使青春期前少年顺利地表达其内在世界，帮助儿童表达其无法用言语表达和未解决的冲突。

箱庭疗法是指在咨询者营造的自由受保护的空间里，在咨询者的静默见证下，来访者从玩具架上挑选玩具，在盛有细沙的箱子中进行自我

表现，释放出平时所压抑和累积的心理阴影和矛盾冲突，将情境引起负面情绪表现出来，重新自信地面对自己的心理问题，更好地思考、更深刻地认识自我，形成新的认知与行为模式。

2. 适用性

箱庭疗法能够有效地缓解情绪，减少由此引发的不良行为。研究表明，箱庭疗法能有效改善注意力、焦虑、抑郁、攻击行为、社交问题和心理健康状况。团体箱庭能够有效地改善青春期前少年的不良行为。箱庭疗法适用于青春期前少年不良行为的干预，这种适用性主要取决于箱庭本身的特点和青春期前少年的心理发展特征。

最后，团体的形式能够满足青春期前少年的发展和心理需求，并在社会交往的情境中解决问题。一方面，团体箱庭更好地满足青春期前问题行为少年的情感归属；另一方面，团体箱庭促使青春期前问题行为少年在团体的社会情境中习得适应性的行为模式。青春期前少年处于社会—情感成长和发展阶段，这决定了青春期前少年需要在社会交往中获得情感归属，并习得适应性的行为。同伴关系、接受和亲密的友谊对青春期前少年非常重要。在团体箱庭疗法中，治疗者的静默见证与陪伴为少年提供了一个安全的环境，治疗者对团体的把握，团体成员问题的同质性使少年获得其成长所需要但却未能获得的情感归属，利于其解决心灵内部的问题。同时，其人际问题也会得到解决。在团体治疗中，儿童和青少年暴露于一个新的亲密关系中，能够直接而真诚地面对彼此。团体箱庭疗法中，成员间互相提供了一个支持性的团体氛围中，团体成员能够完全投入和专注于箱庭作品的制作，宣泄情绪，有效地表现隐藏于个体内心深处的冲突，在无意识层面上相互理解和支持，成员对同一场面、同一意象的共通理解会激活团体动力场，使成员获得心理支持、援助、理解之感，不同的解释则又启发了个体对该意象不同层面的理解，促使个体在有限的团体中探索，反思过往的经历，学习彼此的应对方式，尝试新的行为模式。

（四）家庭治疗

1. 概述

家庭治疗，也称家庭系统治疗（family psychotherapy）。它是一种理论，也是一种治疗方式。这种治疗不同于个体治疗，治疗师不是把注意力放在发生症状的个人身上，而是放在整个家庭单位的功能失调上，在治疗的过程中，要求整个家庭参与。关于家庭系统治疗诞生的年代，长期以来人们认为是20世纪50年代。但是新的研究表明，家庭系统治疗应该追溯到20世纪20年代的阿德勒（Adler A.）。阿德勒不仅认识到家庭与儿童和青少年问题行为的密切关系，而且从事家庭系统治疗的实践。在系统论运用到心理治疗很久以前，阿德勒就从事家庭系统治疗了。他在第一次世界大战后，在维也纳建立了三十多个儿童指导诊所。在这些诊所里，阿德勒进行了家庭系统治疗。可是，这些诊所到1934年被希特勒的纳粹党取缔了。以后，阿德勒的同事椎可斯（Dreikurs Rudolf）等把阿德勒家庭系统治疗的理论和方法带到美国（Corey，2001）。美国的家庭系统治疗开始于20世纪50年代。在第二次世界大战后，美国出现了大量的家庭重组，家庭不和、离异、青少年犯罪、代际间关系破裂日益突出。为了解决这些家庭问题，有些心理治疗师继续进行个体心理治疗，但是发现治疗的进度太过缓慢而感到不满，而且病人的改变常被其他家人所破坏，于是有些精神病学家、人类学家、哲学家在科学哲学（一般系统论、逻辑学和人类学）、社会运动（社会工作、家庭生活教育、儿童指导、父母教育）和精神病学（社会精神病学、催眠术）研究的影响下，把家庭关系作为治疗的重点，家庭系统治疗就这样开始了（Stone，1986）。家庭系统治疗理论的框架内有众多的流派。我们仅从几个流派中选择一些方法，看它们是如何解决问题的。

2. "重新架构"策略的运用

策略家庭治疗（strategic family therapy）学派重视采取"重新架构"或"改观重解"（reframing）的方法改善亲子关系和父母之间的关系。重新架构是对问题行为进行新的解释，使家庭各成员之间增加相互理解，从自我挫败的系列中解脱出来。例如，有的父母看到孩子不良行为很严重，就说自己是"不好的"父母、是"失败"的父母。家庭治疗师向父母指出"情况"（state）和"品质"（trait）之间的区别，意思是他们在采取的行动方面不合适，并不是意味着他们是"不好的"父母。有的父母偷看孩子的日记或同学来的信件，孩子对父母耿耿于怀，亲子关系紧张。策略家庭治疗师可以告诉孩子，"父母是爱孩子的，但是还没有找到正确的办法"。这样，就有利于孩子对父母的"不恰当的行为"有新的解释，从而减少了对父母的抵触情绪。

3. 悖论心理治疗在治疗阻抗家庭中的应用

有些家庭或家庭成员到家庭治疗师那里去治疗，但是不愿意放弃不良行为或功能不健全的交往关系。使用劝说让他们放弃是无济于事的，甚至出现逆反心理。在有阻抗的情况下，有些家庭治疗师采取悖论心理治疗（paradoxical psycho-therapy）技术。悖论心理治疗要求来访者保持或加重症状行为。例如，有的父母对孩子过分关注，孩子在家学习总是进行"监视"，孩子非常反感，亲子关系紧张。治疗师要求父母加大关注行为，结果父母感觉负担重，从而放弃了"监视"行为，改善了亲子关系，增强了孩子学习的自觉性。这种治疗方法常可迅速控制家长以及儿童和青少年的不良行为。悖论干预的基本原理是："通过保持不变而改变。"悖论治疗的一种最经常用的形式是：当有些儿童和青少年不愿意放弃不良行为时，就鼓励他们故意夸张、放大不良行为，使他们自己都觉得荒唐，从而产生领悟，起到"刹车"的作用；与此相反，有些行为属于合理的行为，故意不让做，会促使来访者和家人设法去做。

4. 家庭治疗与个体治疗的结合提高治疗效率

心理治疗的各个理论都有长处也都有其局限性，家庭治疗的理论和方法也不例外。在许多情况下，儿童和青少年问题行为的解决，只是采取家庭系统治疗的方法是不够的，有时候是行不通的。例如，有时父母等家庭成员由于种种原因不能会见家庭治疗师；有时，不良行为特殊，如"关于与异性同学交往的问题"，不需要家庭系统治疗；在这种情况下，就应该积极地进行个体心理治疗或团体治疗。英国的两位家庭治疗专家指出，家庭系统的理论和方法在解释和帮助有问题的家庭成员时并不总是足够的，应该积极地借用客体关系理论、认知理论及凯利的个人建构论并且与家庭系统论结合一起使用（Dallos & Draper, 2000）。

实验也表明，对儿童和青少年的某些不良行为的治疗，采取个体治疗和家庭治疗（family therapy, FAT）相结合的办法效果比较好。

第五节　案例与干预

王小宇（化名），男，12 岁，家庭环境优越，家中独子，父母溺爱，养成养尊处优的性格。他是学校里的小霸王，组建小团体欺凌同学，老师眼里的问题头疼学生，经常违反课堂秩序，逃课、打架、说谎、不完成作业是家常便饭，老师和学校多次警告教导无果，其不良行为愈演愈烈。

小宇父母找到我们，希望我们能帮助矫正小宇的不良行为。我们首先对小宇进行了为期一周的观察，了解了小宇在学校和家庭的行为习惯。发现小宇在学校和同学、老师的关系比较紧张，经常忤逆老师。在家里也不听父母的管教，我行我素。通过观察、分析以后，我们发现小宇的问题主要出在自卑心理和行为习惯上，因为他自卑，所以不想去学习，不想做作业，上课不听讲，因此成绩不好，但他又非常好强，在好的方面他比不过其他同学，因此他选择在差的方面去超过其他同学，在行为习惯上便表现出差的行为。其实他非常想取得好的成绩、表现好一些。

对小宇的行为进行观察以后，我们对小宇个人、家庭、学校三部分进行了行为主义方式的矫治。

在个人方面，首先我们对小宇进行自我认识教育辅导，让他调整自己的认识，从而改变对某些问题的错误认识，树立新的正确的认识。例如，改变认为完成作业是没有必要的，是浪费时间的，对同学的欺负只是为了更好地交流等错误认知。然后让小宇多与同学交流，了解一下同学对他行为的看法，将他人的看法和自己的认知进行对比，从而认识到自己认知的不足，并提高自我认识。其次是摆脱自卑感，找到小宇产生自卑感的原因，采取让小宇父母、同学、教师对其多关注、多交流的措施，一步步地恢复小宇的自信心。

在家庭方面，父母的溺爱与关注不足放纵了小宇的不良行为，我们通过与小宇父母进行交谈，与他们在矫治行为上达成一致，如平时与小宇多交谈，多关注小宇的生活和学习，改变溺爱的教养方式，和小宇一起多参加一些活动，如社区组织的家庭亲子活动，培养小宇的合作能力和与他人交往的能力。

在学校方面，加强教师对小宇的管教力度，通过学校的规章制度来约束小宇的不良行为。用强化的矫正手段，如果小宇表现好，就通过口头鼓励或小奖品奖励等强化；如果小宇表现出的不良行为没有改善，就取消小宇参加课外活动或自由活动的机会。再者就是发挥同学的榜样示范作用,让小宇用榜样的行为来规范自己的不良行为。要充分发挥好家庭和学校的合力,辅之以小宇自身的努力,一起抵制不良行为的发生。

经过为期三个月的矫治,现在小宇的不良行为发生的次数明显减少,虽然在成绩上的提高并不明显,但小宇能认真听老师讲课,按时完成作业,不逃课,与同学、老师相处模式更加和谐。为了防止不良行为的再次发生,我们建议继续巩固之前的矫正方式,并且与我们多联系,多沟通小宇的情况。

第 六 章

成瘾问题

第一节 成瘾问题概述

一 成瘾问题研究追溯

成瘾是与人类文明共生的一种现象，它的发生至少有5000年的历史，现已发展成为影响人类身心健康的全球性灾难。要理解成瘾，可以用一个经典的实验结果来说明。把小鼠放置于一个杠杆装置旁，如果它挤压了一下杠杆，就可以得到一些内含可卡因的食物。当小鼠对可卡因有了依赖后，不再给它喂可卡因。在一小时内小鼠可以千百次地挤压杠杆，以求获得毒品。小鼠的这种成瘾行为表现与人吸毒成瘾后寻死觅活地寻找毒品的行为状态一模一样。

◆知识视窗

可卡因的作用

可卡因对消化系统、免疫系统、心血管系统和泌尿生殖系统都有损伤作用，尤其作为剂量依赖性肝毒素，可导致肝细胞坏死。少量使用可卡因类物质确能起到消除疲劳、提高情绪的作用，研究认为是因为它能阻断人体神经传导，产生局部麻醉，并可通过加强人体内化学物质的活性来刺激大脑皮层，兴奋中枢神经。表现出情绪高涨、好动，甚而会有攻击倾向。

美国明尼苏达大学医学院精神病学家萨克·W.吉姆发现，赌徒的大脑中会发生类似吸毒成瘾者大脑内的变化。对吸毒成瘾者使用阻断药物成瘾的药物，可以缓解或阻止成瘾者对毒品的需求这也是戒毒的原理。

同样，阻断药物成瘾的药物也对赌徒有效。吉姆对 45 名赌徒试用一种鸦片拮抗剂——环丙甲羟二氢吗啡酮。在 11 周的试验中，环丙甲羟二氢吗啡酮阻断了 75% 的赌徒赌博的冲动和成瘾，但安慰剂对照组只阻断了 24% 的赌徒赌博的冲动和成瘾。同样，对有盗窃癖的病人使用环丙甲羟二氢吗啡酮，在 11 周的治疗后，10 名病人中有 9 人极大地改善了症状。这提示，药物、赌博、盗窃行为刺激了大脑中某些相同的生化通道。

美国耶鲁大学的精神病学家马克·波腾扎发现，当赌徒看到人们赌博和谈论赌博的影像时，就如同可卡因成瘾者看到吸毒图像一样，其大脑的额叶和额下叶的某些区域表现出活性的改变。这个现象已由功能性磁共振图像 FMRI 证实。同样，美国麻省总医院汉斯·布雷特用 FMRI 对正常男性在轮盘赌中的反应作大脑扫描图，结果发现赌徒大脑中富含多巴胺区域的血流增多，显示该中枢产生了兴奋或抑制。

当生活中有某种行为能替代这种报偿或成为新的报偿时，就有可能让人成瘾，当然这样的行为需要长期地反复进行，并且体现到神经回路中。可以形象地说，当某人的一种行为习惯，比如赌博，"劫持"中枢神经回路时，成瘾便发生了。因为，赌博赢了是一种愉悦报偿，输了之后还想捞回来也是一种强烈的欲望希冀将来的补偿。这种理论有点像巴甫洛夫的第二信号学说，在狗喂食之前或同时辅以敲钟，长期这么做在狗的神经与敲钟之间便形成了巩固联系。以后即使只敲钟不喂食，也可以诱发狗流唾液。这也是行为和习惯对大脑的一种深刻影响。

美国哈佛大学成瘾研究所主任霍化德·谢弗认为有大量的成瘾源于经历和行为，比如重复、高度情绪化、高频率的体验等。这些行为和经历可以引起神经适应，即让神经回路发生变化，从而让某种行为长期化。由此看来，属于行为成瘾的还有购物癖、网络成瘾、性活动等。

在赌博和滥用药物上男性与女性之比为 2 比 1。相比之下，女性则更容易在购物、饮食和盗窃方面成瘾。明尼苏达大学的吉姆统计后说，在强迫性盗窃行为上，女性与男性之比为 2 或 3 比 1。而且大约 90% 的购物癖是女性。

此外，行为成瘾肯定是与药物成瘾有差别的。比如，有的研究人员认为，行为成瘾绝没有像药物成瘾那样强烈，因为药物比人类行为的自然愉悦报偿强烈得多。而且，即使行为成瘾与药物成瘾享有共同的神经通道，但也未必能由此证明它们是相同的或相似的。一些疾病也共享同一神经通道，比如中风和帕金森氏症就涉及同一神经通道，但这并不能证明它们密切相关，毕竟它们是两种不同的疾病。但无论怎样，只要深入研究，行为成瘾将为我们认识大脑与行为和行为与大脑的相互关系提供新的内容和线索。

目前世界精神病学界已经普遍认为成瘾性疾病尤其是毒品成瘾是一种慢性复发性脑疾病，国内成瘾医学和心理学专家何日辉提出成瘾不仅是一类躯体疾病，更是一种心理疾病。这样就将传统上从道德角度来看待成瘾性问题而转入从医学和心理学角度看待病人，这一转换具有相当重大的意义，将有助于对成瘾性疾病的进一步的研究以及正确对待患有成瘾性疾病的人群。[1]

二 成瘾理论

（一）精神分析的人格结构理论

弗洛伊德的人格结构由本我、自我和超我三部分组成。本我指人的本能，本我是由一切与生俱来的本能冲动，遵循快乐原则。精神分析理论学者认为，药物成瘾者为了寻求基本"快乐"的满足，便从药物中寻求。青少年的自控能力较差，对药瘾的严重后果认知程度不够，便很容易成瘾。成瘾青少年一般人格是受到父母关爱少，缺乏信任、自尊心、责任感、理想，有过多的愤怒、仇恨、自暴自弃，感受不到世界的温暖。克里斯特尔（Krys-tal）和拉斯金（Raskin）在1970年的研究中说："在自我不足的人格中，毒品被用来逃避他们面临的也许对别人来说并不构成潜在损害的精神创伤……通过使用毒品，虽然现实被逃避开来，但这只是暂时的，当化学反应消退时，充满邪恶的现实世界又重新回到眼前，他们不得不再次从毒品中获得安慰，从而形成对毒品的依赖。"

（二）行为主义之强化理论

行为主义理论认为，人的大脑有三分之一的结构属于行为强化系统。反复做一件事情，就会使行为强化系统过度兴奋，交感神经系统高度变化，这样人便会对反复从事的行为成瘾。成瘾行为受成瘾物质和社会因

---

[1] 张路：《揭示行为成瘾的秘密》，华夏经纬网，2003年8月13日。

素的强化。人们首次使用成瘾物质后,由于体验到成瘾物质所带来的欣快感,成为一种阳性的强化因素,通过奖赏机制促使人们再次重复使用行为,直至成瘾。而停用成瘾物质所引起的戒断症状,痛苦体验的出现是一种惩罚,又是一种阴性强化因素或负性强化作用。为了缓解焦虑,驱除戒断反应,逃避这种惩罚,成瘾者只好继续使用成瘾物质,强迫觅药而避免戒断时的痛苦则产生间接的阳性强化作用,直接与间接的阳性强化协同形成一级强化。社会因素的强化作用体现在形成物质依赖的情景和条件,即二级强化。依赖者受接触到的周围人群的群体心理影响,便可构成社会性的强化,促使物质依赖更加顽固。

(三)认知心理学之自动加工理论

认知主义的研究者认为,大多数关于渴求的理论直接或间接地指出药物渴求的三种成分:(1)个体感到需要药物的主观体验;(2)伴随寻求药物及预期注射药物而产生的与享乐联系在一起的情绪状态;(3)来自个体引发寻药行为体验的动机。成瘾是由储存在长时记忆中自动化行为图示而控制。操作程序不需要注意(即自动)就可完成,并且显示出完整性和协调性。自动化的操作图示有快速、省力、无意识等特征。一些关于自愿(可控的)及不自愿(自动的)认知过程和技巧本质的实验研究直接或间接支持了这一提议。觅药行为与用药行为已经被反复重复,这就形成了一种自动操作快速有效,经常不经注意就完成了而且很难阻止。因此,成瘾可能是一种可以预见行为后果的由环境线索、不遗余力的觅药过程及躯体和自主神经适应所组成的混合体。

(四)人格素质理论

性格是成瘾的基础,发生成瘾者,其人格往往有缺陷,称为"成瘾人格"。通常认为有三种人格缺陷者易产生物质依赖,即变态人格、孤独人格和依赖性人格。这些人格缺陷所表现的共同特征是,易产生焦虑、紧张、欲望不满足、情感易冲动、自制能力差、缺乏独立性、意志薄弱、外强中干、好奇和模仿。一些心理学家更多地使用"依附性人格"来解释吸毒的原因。它的特征是缺乏自我控制和自我尊重,享乐主义、缺乏对未来规划的能力,精神和情绪经常处于抑郁状态。而青少年本来就拥有强烈的好奇心、盲目的模仿能力和逆反心理,很容易因为听别人说吸食毒品后产生美妙的愉快感,就由好奇心、侥幸心、逆反心所致想去体验。

三 概念界定

成瘾（addiction）指个体强烈地或不可自制地反复渴求滥用某种药物或进行某种活动，尽管知道这样做会给自己带来各种不良后果，但仍然无法控制。有些成瘾者多次努力地去改变，但却屡屡失败。世界卫生组织（WHO）专家委员会对药物成瘾的定义是：药物依赖性是药物与机体相互作用所造成的一种精神状态，有时也包括身体状态。它表现出一种强迫性连续定期用该药的行为和其他反应，为的是要去感受它的精神效应，或是为了避免由于断药所引起的不舒适。反复使用精神活性物质者处于周期性或慢性中毒状态。表现为不可遏制地应用偏爱的物质和难以自制或难以矫正使用行为，为获取精神活性物质达到感觉良好或避免戒断痛苦之目的，可以不择手段。典型情况是耐受性增高，并在物质使用中断后常出现戒断症状。成瘾者的生活可能完全由物质使用主宰，因而严重影响，甚至抛弃了其他重要活动和一切责任。因此，物质使用既给个人，也给社会带来损害。

现在成瘾的内涵已经涵盖了物质（药物）成瘾和行为成瘾。成瘾行为（addictive behaviors）是一种额外的超乎寻常的嗜好和习惯性，这种嗜好和习惯性是通过刺激中枢神经而造成兴奋或愉快感而形成的。成瘾一词还涵盖躯体及心理两方面的内容。心理成瘾强调对饮酒、服药的自控力受损体验，而躯体成瘾指耐受和戒断症状。在精神药理学中成瘾的含义更窄，仅指停止用药后发生戒断症状。成瘾的核心特征是患者明确知道自己的行为有害但却无法自控。

四 成瘾问题的分类

成瘾行为分为物质成瘾（substance addiction）和精神行为成瘾（behavior addiction）。行为成瘾的概念多源自物质成瘾，具有物质成瘾的特征，如耐受性、戒断症状等，但行为成瘾并没有摄入精神活性物质。

（一）物质成瘾

物质成瘾又分为精神依赖和躯体依赖。精神依赖是指病人对某种药物的特别渴求，服用后在心理上有特殊的满足；躯体依赖是指重复多次地给同一种药物，使其中枢神经系统发生了某种生理或生化方面的变化，致使对某种药物成瘾，也就是说需要某种药物持续存在于体内，否则药瘾大发产生戒断症状。

物质成瘾主要包括处方药滥用成瘾（如止咳药水、曲马多、复方甘草片、复方地芬诺酯）、阿片类药物成瘾（如吗啡、杜冷丁、美沙酮、丁丙诺菲等）、新型毒品成瘾（如K粉、摇头丸、冰毒、麻古、五仔等）、传统毒品成瘾（如海洛因、黄皮、大麻）、安眠药成瘾（如安定、舒乐安定、三唑仑、阿普唑仑等）。

（二）行为成瘾

行为成瘾也称为过程成瘾，指某些易感人群沉迷于某些行为不能自拔，会出现明显的心理社会和躯体功能的损害，如病理性赌博、病理性拔毛、病理性偷窃、病理性纵火、网络成瘾等。

第二节 特征

一 药物成瘾的特征

1. 脱离社会

青少年滥用成瘾性药物成瘾后，害怕被家人朋友发现，有意疏远，导致脱离社会。

2. 为得到药物不择手段

青少年滥用成瘾性药物成瘾后为了得到购买药物的钱，开始说假话骗钱，甚至偷盗抢劫，通过各种方法购买成瘾性药物。

3. 日常习惯及外貌改变

青少年滥用成瘾性药物成瘾后，由于注意力改变，不讲究个人卫生，个人卫生变得不好，睡眠及饮食习惯改变，经常恶心、咳嗽、流鼻涕以及双眼发红，目光呆滞。

4. 不负责任

青少年滥用成瘾性药物成瘾后，开始变得不负责任，不理会家长的话和学校的要求，经常向学校请假，对家长撒谎，学习成绩下降。

5. 出现异常行为

青少年滥用成瘾性药物成瘾后，会出现一些异常行为，比如会变得神经质，对一般的情景声音会出现一些过激明显反应，经常会出现幻觉，会出现暂时性失忆及健忘，忘记已发生过的事情。

二 网络成瘾的特征

1. 突显性（Salience）。网络成瘾者的思维，情感和行为几乎都局限在网络上，上网成为生活中占主导地位的活动，在无法上网时会体验到对使用网络强烈的渴求。

2. 情绪改变（Mood Modification）。上网成为成瘾者应付环境和追求某种主观体验的一种策略，通过网络活动可以产生激惹、兴奋和紧张等情绪体验，也可以获得一些安宁、逃避甚至是麻木的效果。

3. 耐受性（Tolerance）。成瘾者必须逐渐增加上网时间和投入程度，才能获得以前曾有的满足感，就像吸毒者必须逐次增加毒品摄入量一样。

4. 戒断反应（Withdrawal Symptoms）。在意外或被迫不能上网的情况下，成瘾者会产生烦躁不安等情绪体验，网络成瘾者的戒断反应主要体现在情绪反应上，物质成瘾者会存在严重的生理的戒断反应。

5. 冲突（Conflict）。网络成瘾行为会导致成瘾者与周围环境的冲突，比如家庭关系、朋友关系和工作关系的冲突和恶化；与学习、工作、社会活动等其他活动和爱好相比，成瘾者内心对自己的成瘾行为存在强烈的矛盾心态：意识到过度上网的危害又不愿舍弃上网带来的各种精神满足。

6. 反复（Relapse）。虽经过一段时间的控制和戒除，但成瘾行为仍容易反复发作，再次发作时会表现出更为强烈的倾向。

第三节 案例与干预

赵龙（化名），现年15岁，初三学生。从小赵龙是一名学习成绩良好，听父母话的好孩子，但是从父母离婚开始，事情就发生了变化。赵龙的父亲是一名退伍军人，母亲有一个小食摊，家庭生活物资来源相对稳定。两年前，父母因性格不合离婚后，虽仍然住在一起，但每天的矛盾冲突依然不断，这让13岁的赵龙很是烦恼。赵龙经常在父母冲突时劝阻和调解，但每次都被父亲以"大人的事情小孩掺和什么"的理由堵回去。父母的冲突无疑对赵龙的学习生活造成了很大影响。赵龙的学习成绩变得不稳定，精神状态也不好了。于是赵龙的父母向我们寻求帮助，我们通过访谈了解到赵龙的父亲觉得尽管双方已经离婚，自己依然掌握家庭话语权，渐渐地对所有事情都开始发表自己的评价。父亲越来越专制严厉，除了过问赵龙的学习情况外，连赵龙的衣服颜色都得按照他的想法来，而母亲对于这一切只是默默承受。

于是赵龙开始逃避沉重的家庭氛围，回家时间变得越来越晚，并开始主动提出住校。他沉迷上了电子游戏，成绩直线下降，甚至逃课和逃宿去玩游戏，曾盗取家里的银行卡和钱财充值游戏装备和网费，花费共计两万元。到了初三，原本学习不错的赵龙，如今考高中都变成了一个大问题。父母也对其进行了监管，没收手机，断电断网以及暴力手段全部都用了，情况仍然没有好转。

针对赵龙这一情况，我们制订了干预方法。家庭疗法又称家庭治疗，是以家庭为对象而施行的心理治疗方法。协调家庭各成员间的人际关系，通过交流，扮演角色，建立联盟，达到认同等方式，运用家庭各成员之间的个性、行为模式相互影响和互为连锁的效应，改进家庭心理功能，促进家庭成员的心理健康。我们与赵龙父母联系，说服其给予孩子自我矫正的时间。我们要求赵龙的父母为赵龙制定时间表，严格要求他的上网时间，对赵龙进行适当的监控。当赵龙能够自觉地履行时间表的要求并且自主安排自己的时间时，赵龙的父母要对其进行鼓励与表扬；如果赵龙不能很好地控制自己的上网时间，父母要及时地对他进行指导。要根据赵龙的情况可以对时间表的上网时间进行更改，循序渐进地对赵龙的上网时间进行控制，逐渐地使赵龙戒除对网络的依赖性。

经过干预，我们回访了赵龙及其父母。通过反馈的信息，得知赵龙与以前相比，能够自觉地自我监督上网时间，性格变得开朗起来，学习成绩也得到了一定程度的提高。

第七章

犯罪青少年及干预

第一节 概述

一 研究的发展历程

青少年犯罪问题是伴随着经济社会的发展而出现的。早在公元前1790年，古巴比伦的《汉谟拉比法典》就已经把青少年的犯罪行为与成人的犯罪行为进行了区别，规定了对那些申明同父母脱离关系或逃离家庭的孩子进行惩罚。而希伯来人则根据年龄把青少年划分为不同的阶段，年龄越大，处罚得越重。古老的英国法律规定，对16岁以下的少年犯罪从轻处罚。后来，随着社会的发展，人们进一步认识到，由于青少年的发展身心特点，对犯罪青少年在处罚措施的执行方面，也应加以区别对待。到16世纪时，荷兰、意大利等国的慈善团体，纷纷设立不良少年感化院，具体从事对犯罪及不良少年的感化工作。如1704年，罗马教皇克雷芒十一世在罗马设立圣米迴尔教养院，收容20岁以下的犯罪及不良青少年，对他们进行感化教育。

◆知识视窗

《汉谟拉比法典》

《汉谟拉比法典》（英文名称：The Code of Hammurabi），公元前1700年颁布于巴比伦；它刻在一根高2.25米，上周长1.65米，底部周长1.90米的黑色玄武岩柱上，共3500行，正文有282条内容，用阿卡德语写成。它是世界上最古老、最完整的法典。是汉谟拉比为了向神明显示自己的功绩而纂集的。

(一) 医学角度

1896年,英国犯罪学家W. D. 莫里森在伦敦出版了他的著作《少年犯罪人》,在这本书中,他着重讨论了私生子和婚生子成为少年犯罪人的可能性。不同身份的少年与犯罪之间的关系。这部著作被看作第二次世界大战前青少年犯罪研究领域中的标准著作,它促使一大批美国社会学家研究少年犯罪问题。1912年,美国学者E. 艾博特和S. 布里肯里奇出版《犯罪儿童与家庭》一书;1929年,美国芝加哥学派成员之一的F. M. 思雷舍出版《帮伙》一书;1929年,芝加哥学派的C. R. 肖出版《少年犯罪区》一书,后来他与H. D. 麦凯合作,于1931年出版了这一领域的经典性著作《少年犯罪与城市地区》。以此为开端,美国、苏联、荷兰、日本和英国的许多学者都对这一问题进行了大量的研究,1938年,T. 塞林发表《文化冲突与犯罪》,用文化冲突的观点来解释少年犯罪。1939年,美国犯罪学家E. H. 萨瑟兰出版了《犯罪学原理》第3版,提出了著名的不同交往理论,用社会心理学中的交往理论来解释犯罪及少年犯罪的形成原因,产生了广泛的影响。进入40年代后,对青少年犯罪的研究有了更大的发展。

1929年,德国精神病学家J. 朗格发表了《命运的犯罪:犯罪孪生子研究》,对犯罪与遗传的关系作了开创性的广泛的研究。1931年这本书的英文本在美国出版后,许多学者开始用生物学、遗传学的观点研究犯罪。

(二) 社会学角度

在社会学看来,犯罪是一种社会越轨现象,其具有深刻的社会结构根源。法国社会学家杜尔凯姆认为,越轨"始终被当作反常的、病态的或偏差的现象来研究。它要么被看成是集体意识的匮乏状态,要么被看成是结构紧张在社会行动上的表现,要么被看成是个体心理上的病态征兆。"研究表明,尽管越轨行为会带给人们困惑甚至不适的感觉,且大多被社会所排斥,然而越轨行为是任何健康社会都不可或缺的一部分,是一种普遍的社会文化现象。通过对犯罪这种越轨行为的研究,美国社会学家默顿提出了"社会越轨理论"。默顿认为,社会越轨行为的发生,与确立的合法的文化目标和为实现此目标所确立的方法之间的脱节现象有关。因为青少年自身的世界观、价值观的塑造尚未成熟,其对社会的认知也尚未定型,还处于一种含混不清的状态,如果某种不良的社会亚文化长期对青少年心理产生潜移默化的影响，青少年便会认同这种亚文化，犯罪行为就有可能发生。默顿的社会越轨理论对青少年犯罪这种社会失范现象的源头进行了深入探讨，从整体的视角探究了诱导青少年犯罪的原因的形成，对预防青少年犯罪有着极其重要的社会意义。

20 世纪 70 年代，国外学者如索茨（Thoits）提出了"社会支持理论"，他将其定义为，重要的他人，如父母、亲属、朋友和同事等亲近的人为其所提供的帮助和支持。这些支持与帮助既包括情感上的慰藉帮助，也包括实际遇到的物质或信息资讯上的帮助，因此"社会支持理论"主要是指为社会弱势群体，在生活遇到困难的人，提供无偿的救助帮扶和服务。由于青少年正处于人生最关键的生长发育的重要阶段，他们心理尚不成熟，情绪易波动，行为易鲁莽冲动，这些特点决定了他们本身就是社会的弱势群体，需要政府、社会以及各种社会团体支持和保护。青少年群体作为社会的弱势群体，也是社会支持的主要客体之一。在社会快速变迁的转型期，如若这些处于弱势的青少年，得不到充分的社会支持，凭借自身，他们将无法克服成长过程中的困难与障碍，并因此可能会产生自暴自弃甚至是厌恶社会的消极思想。最终在这种消极情绪的推动下，他们就有可能成为潜在的违法犯罪的边缘人员，而给个人成长成才、社会和谐稳定带来不良后果。

比如，近几年发生的留守儿童犯罪现象，由于一些留守儿童的父母长时间不在身边，所以越来越多的留守儿童出现了不良的心理状态，一些儿童厌学自暴自弃，甚至轻生，一些留守儿童通过霸凌他人得到心理上的满足，一些校园暴力甚至愈演愈烈触犯了法律，在早期未成年心理状态发生变化时就需要家长、学校、老师对未成年心理进行干预，不然这种状态会越来越严重，甚至最后演变成危害社会。

美国犯罪社会学家埃德温萨瑟兰在其《犯罪学原理》（第 3 版）一书中，提出了被誉为"美国犯罪学说中最流行的原因学说"的不同交往理论。"不同交往理论"在研究青少年犯罪问题上具有重要意义，这也是埃德温萨瑟兰对现代犯罪学最突出的贡献之一。"不同交往理论"指出，犯罪行为是从学习模仿的过程中得到的，而判断一个人是否犯罪的决定性因素，则是这些被学习和被模仿的对象是赞同违法还是赞同守法。青少年群体由于他们处于好奇心、模仿力很强的特殊年龄阶段，易于受到外界因素和他人行为的影响。

1957年,在美国犯罪学家格雷沙姆·赛克斯和戴维·马茨阿合写的《中和技术:一种少年犯罪理论》一文中,首先提出了"中和技术理论"。"这一理论是当代西方资产阶级犯罪学流派中解释犯罪现象的重要社会心理学理论,其实质是论述犯罪人如何将犯罪行为合理化的一种理论。"赛克斯和马茨阿认为,大多数的犯罪者并不完全相信犯罪的世界观、人生观、价值观,他们身上具有传统的为社会普遍公认和接受的价值观和态度,所以也就不把自己看成是犯罪人,认为犯罪少年通常是按照传统的规范性文化行动,遵守规范性文化的价值观和标准。"中和技术理论"认为青少年犯罪的犯罪行为就是通过中和技术将其非法行为合理化,从而使自己摆脱从童年起就习惯了的道德的结果。

(三) 心理学角度

1. 精神分析流派

随着社会的发展与进步,对人权的尊重与保护以及青少年犯罪问题的日益突出,世界各国逐步开始重视研究青少年犯罪问题,并涌现了一大批理论学术和立法保护实践的成果。1895年,奥地利精神病医生、精神分析学家弗洛伊德与布洛伊尔共同研究了歇斯底里病症,并写成了《歇斯底里研究》这一专业化书籍。在书中,他们提出了"精神分析学"这个概念,也就是著名的"精神分析理论"。他们将青少年犯罪的原因归为三点:一是由于自我或超我未得到充分发展;二是没有控制法制内驱力,他们认为青少年犯罪者几乎没有抑制本能冲动的能力;三是个人被其本我操纵控制,最终成为罪犯。1915年,芝加哥少年精神病研究所的精神病专家W. 希利出版了《青少年犯罪人》一书,论述了生物学因素、环境因素、心理学因素和社会因素对青少年犯罪者的影响。1921年,美国犯罪心理学家H. H. 戈达德出版了《少年犯罪》一书,讨论智力落后与少年犯罪产生的原因之间的关系。1926年,希利和心理学家A. F. 布朗纳测查了波士顿和芝加哥的犯罪青少年的智力,这方面的研究一直持续了很长时间。

一些学者运用精神分析的观点研究青少年犯罪,试图用本我、自我和超我之间的制约关系以及由恋母情结引起的罪恶感等说明青少年犯罪产生的原因,发表了一系列著作。与此同时,美国学者W. H. 谢尔登发表了《青少年犯罪者的种类》一书，研究了青少年犯罪与体型之间的关系。美国著名的青少年犯罪学家格卢克夫妇出版了《揭开少年犯罪之秘》（1950）和《体型与少年犯罪》（1956）等书，发展了谢尔登理论，全面论述了少年犯罪及其心理问题，对青少年犯罪心理的研究作出了贡献。1955年，A. K. 科恩发表《少年犯罪人：帮伙文化》一书，从文化心理角度研究了少年犯罪，将这一领域的研究方向向前推进了一步。1960年，R. A. 克洛沃德和L. E. 奥林出版了《少年犯罪与机会》一书，试图用下层社会的少年获得成功的合法手段的缺乏，来说明少年犯罪尤其是暴力性财产犯罪的形成原因。1961年，W. C. 蕾克利斯发表了题为《少年犯罪与犯罪的一种新理论》的论文，提出了"犯罪的遏制理论"，该理论认为内部遏制和外部遏制的缺乏是少年犯罪产生的原因。H. S. 贝克尔1963年出版《局外人：越轨社会学研究》一书，提出了标定理论的轮廓，认为少年犯罪时社会给有不良行为的少年儿童贴上坏的标签的结果。

2. 社会生物与心理学

进入70年代后，对于青少年犯罪及其理论的研究进一步深化，有些学者用社会生物与心理学的观点研究青少年犯罪。事实上，西方犯罪学研究的最早起源就是对导致个体产生犯罪行为的生物原因的探索。比如，犯罪学的创始人龙勃罗梭，他和他的同事们就研究了5907名犯罪人的外在体型特征，对近四百名死刑犯进行了颅骨的解剖学研究，拿到了统计数据，从而归纳出天生犯罪人的概念，认为某些具有返祖现象特点的异常生物特征可以成为人犯罪的生理基础。如美国乔治敦大学心理学家J. B. 科蒂斯等发表《少年犯罪与犯罪：生物社会心理学的探讨》（1972），从生物学、社会学和心理学方面研究了少年犯罪问题；有些学者运用认知心理学的观点探讨少年犯罪；还有的学者运用道德发展理论分析少年犯罪等。

3. 行为主义流派

美国心理学家和行为科学家斯金纳、赫西、布兰查德等提出的一种理论，称为"行为修正理论"或"行为处遇理论"。这一理论的基本思想是：仅有爱学习的思想是没有用的，除非有某种强制力量和一些同等的奖励或惩罚。特拉斯勒就应用这种理论来确定"一个人怎样才能不成为罪犯"，必须学会抑制某种行为，其中一些行为就是犯罪行为。意欲犯罪而没有引起恐慌焦虑感，是因为他不用害怕会受到惩罚。

二 犯罪的界定

（一）"犯罪"、英文"criminal"的词源分析

"从词源学上看，犯罪是个多义词，作科学研究，必须以定义加以明确。"对于什么是犯罪不同学科有不同的回答。

15世纪初期进入英语的语境，直接源自古法语的 criminel，意为罪行的。

（二）刑法学意义上的犯罪

犯罪是各国刑法中的一个基本概念，但是在刑法上如何规定犯罪的一般含义，各国的做法并不相同，如有的国家并不规定犯罪的含义，有的国家强调犯罪的法律形式特征，也有的国家强调犯罪的社会危害性的实质特征，还有的国家规定形式与实质相统一的犯罪定义。我国《刑法》第13条采用的就是将形式和实质相统一的定义方法。在我国，通常认为，"犯罪"的基本特征是社会危害性、刑事违法性与应受惩罚性。犯罪的这三个特征密切联系，缺一不可，其中社会危害性是犯罪最本质、具有决定意义的特征，其他两个特征则是从社会危害性中派生出来的。

（三）犯罪学意义上的犯罪

犯罪学意义上的"犯罪"有广义、狭义之分。狭义的"犯罪"从法学的角度出发，认为犯罪是指"严重危害社会的、违反刑事法律的、应当受到处罚的行为。"这种观点与刑事法学对"犯罪"概念的表述基本一致。美国学者萨瑟兰教授也认为，犯罪是破坏刑法的行为，非刑法所禁止的任何行为都不是犯罪。另一位美国学者蒂芬也认为，犯罪只存在法律意义上的，犯罪的条件由法律规定，所以犯罪是破坏公共秩序依刑法规定应受惩罚的行为。当今社会，很多犯罪学家从"罪刑法定"的角度出发，认为离开法律规范，任何一种行为本身都无法被确定为犯罪，而不管行为人的主观恶性多么深，行为的社会危害性多么大。广义上的犯罪概念是从社会学的角度出发，认为犯罪是指"严重危害社会的应受制裁的行为"。与狭义的犯罪观相比，两者的根本分歧在于是否"违反刑事法律"。美国现代犯罪学家约翰逊认为，犯罪是破坏某一种群体利益的行为，是对文化规范的蔑视，而刑法规范只不过是禁止人与人之间关系中

的一定规范的组成部分。储槐植教授也认为,刑事违法性这一刑法上的犯罪特征对犯罪学并不是很重要,因为犯罪学并不为处罚犯罪人提供法律论证,犯罪学不研究如何依法处罚犯罪,只专注为什么会实施犯罪以及如何防止犯罪,这两项内容都不必也不应局限于现行刑事法律。

三 青少年犯罪的定义

狭义的青少年犯罪是从刑法角度而言的,指青少年实施的刑法意义上的犯罪。广义的青少年犯罪是从犯罪学的角度而言的,不仅包括青少年所实施的触犯刑事法律的犯罪行为,而且包括青少年实施的触犯社会治安管理法规的违法行为,甚至还包括违反道德规范的不良行为等。在年龄的规定上,有些国家只规定其年龄上限,英国、泰国和马来西亚的上限均为18周岁,苏联为18周岁,日本将少年的年龄界定在20周岁。有些国家将"青少年"又进一步进行了划分,在香港,年龄不满14周岁的人被定为儿童,14周岁以上16周岁以下的被确定为青少年。美国的《青少年教养法》规定:"青年犯"是指犯罪时未满22周岁的人,"少年犯"是指不满18周岁的人。考虑到这种种不同,《联合国少年司法最低限度标准规则》将其描述为:"少年的年龄规定取决于各国本身的法律规定,要充分尊重各会员国本身的经济、社会、政治、文化和法律制度。""少年是指按照各国法律制度,对其违法性可以以不同于成年人的方式进行处理的儿童或少年人",也就没有对少年的年龄加以强制性规定。

第二节 成因分析及特征

一 成因分析

随着西方社会工业化和城市化的发展,引起了包括家庭结构及职能变化在内的一系列社会变动,使得青少年犯罪现象更加引人注目,对青少年犯罪问题的研究变成一项迫切的社会任务,许多学者开始探讨青少年犯罪问题。

(一)遗传与未成年人犯罪

遗传与犯罪成因之间的关联得到了很多学者的认同,当然,这种认同加入了后天家庭和社会环境的影响的中介作用。遗传作为未成年人犯罪的致病因素也在个体发展的早期阶段就开始施加影响。在遗传与未成年人犯罪之间关系的研究上，比较有影响的包括双生子研究、养子女研究、家族遗传研究、染色体研究、基因研究等。

双生子研究由德国学者朗格和丹麦学者克里斯腾森分别完成的，他们二人都通过对同卵双生子与异卵双生子犯罪行为的一致性比较来验证遗传对犯罪的影响作用。由于同卵双生子基因的相似度高过异卵双生子，鉴于遗传的作用，前者出现犯罪行为一致性的概率就会高过后者。朗格的研究以13对同卵双生子、17对异卵双生子为研究对象展开。前者犯罪一致率为77%，大大高于后者的12%，显示出遗传对犯罪的决定性作用。克里斯腾森的研究以3586对丹麦的双生子为样本展开。在男性中，同卵双生子的犯罪一致率为35%，略高于异卵双生子的13%；在女性中，同卵双生子的犯罪一致率为21%，高过异卵双生子的8%，差异并不明显，未充分显示出遗传对犯罪的影响。不过，两人的研究虽然因样本数量的不同导致结论差异较大，但也显示出共性，即同卵双生子犯罪的一致率始终高于异卵双生子，这其实已经在一定程度上说明了遗传因素对犯罪发生的影响。

养子女研究由丹麦学者哈钦斯旧和梅德尼克完成，他们对143名犯罪养子女和守法子女进行了比较研究。他们得到的数据是，当生父母和养父母都是犯罪人时、只有生父为犯罪人时、只有养父为犯罪人时、生父和养父都不是犯罪人时，儿子成为犯罪人的比率由36.2%依次递减到21.4%、11.5%、10.5%。这说明，因为遗传的影响，儿童与生父母在犯罪上的相似性超过与养父母的相似性。有学者也记载了一项为期四年的对近900名被收养的青少年与家庭的关系研究。研究表明，被收养的青少年与未被收养的青少年相比较，较容易出现犯罪、攻击行为及一些心理问题。被收养的孩子若有一个有犯罪记录的母亲，这个孩子出现反社会人格障碍，以及被逮捕判罪的比例很明显地高于对照组，遗传因素对反社会行为和犯罪都产生了影响。

家族遗传与犯罪的关系也值得讨论。1907年，查尔斯·达文波特的"零家族"（Zero Family），1912年，亨利·戈达德的"卡利卡克家族"（The Kallikaks），此后，还有伊丽莎白·凯特的"格林家族"（The Pineys）、玛丽·利·斯特的"山姆60家族"（The Family of Sam Sixty）等研究都分析了犯罪行为在犯罪人与守法者的血缘亲属中的分布，主张犯罪父母很可能有犯罪子女。后来，剑桥大学的一项研究也印证了这一点，有犯罪父亲的少年比没有犯罪父亲的少年有更大的可能变成少年犯罪人，两者之间的倍数差是两倍。

染色体研究也有许多学者开展，较有影响的观点是，在男性中有一种XYY的性染色体异常，较正常男性XY的染色体多了一个被称之为"犯罪染色体"的Y染色体，具有这个异常的染色体的男性通常身材高大，脚和手指都很长，一般伴随有轻度智力迟钝，或者患有精神类疾病，好斗且具有攻击性，反社会倾向明显，这些特征在儿童时期就很明显，在青少年时期或成年以后很容易导致暴力犯罪。此外，当X染色体出现异常，拥有XXX染色体的女性和拥有XXY染色体的男性未成年人智力普遍比较低下，容易被人引诱而犯罪。染色体作为人体的遗传特质，它的畸变预示着个体遗传性状的改变，可以在一定程度上解释未成年人犯罪。

基因是遗传的最基本单位，近些年来，以基因为主题探讨遗传与未成年人犯罪关系的研究日益增多，出现了许多有效的研究结论。有的学者通过元分析的研究方法得到的结果，即基因的影响可以解释反社会人格和反社会行为的大部分（56%）变异。

(二) 家庭的影响

家庭影响，即家庭环境对个体人格的发展产生的原发性影响。既包括对健全人格形成所产生的良好影响，也包括对不良人格甚至是犯罪人格所产生的影响。家庭教育是未成年人成长的基础。家庭教育并不都是按照社会要求的行为规范来进行的，每个家庭的情况不同，家庭教育的内容和方法千差万别，但从性质和效果来看只有好与不好两类，不好的家庭教育是青少年走上违法犯罪道路的一个原因。家庭教育对青少年犯罪的影响主要表现在：

1. 家庭稳定性被弱化的影响

随着社会的日异发展变化，传统的家庭结构，家庭教育观念也正在悄然地发生变化。由此产生的诸多矛盾和冲突，直接导致家庭的稳定性淡化。今天的家庭受到多元化文化价值、观念和生活方式的冲击，家庭结构不再像以前那样简单淳朴，各种婚外情、离异单亲家庭、残破家庭相伴而生。问题家庭的增多使家庭成员特别是青少年产生焦虑、恐惧的心理，给他们的学习、工作和生活留下许多后遗症。

康树华在《犯罪学》中对破碎家庭概念是这样表述的，所谓家庭破碎，是指因为死亡或因父母感情破裂导致离异、分居、遗弃等原因使父母一方或双方不存在，从而使原来的家庭完整性、稳定性遭到了破坏的一种家庭状况。破碎家庭历来被认为是促使青少年犯罪的一个重要原因，一直是被作为青少年犯罪研究的重要内容。这类家庭中的子女，有着痛苦的情感经历，心里会产生深深的恐惧，这种强烈的刺痛使青少年产生深刻的情绪障碍。有些会悲观失望、痛恨父母，甚至会嫉妒他人、不满现实，从而形成一种反社会的心理，引发犯罪。这些负面影响的程度取决于父母的道德和理智水平，处理得好，虽然爱是不完整的，子女也能平安健康、顺利成长。处理得不好，就会直接影响子女今后的生活，甚至会酿成他们一生的痛苦。

家庭不和、父母吵架，也会给青少年的健康成长蒙上可怕的阴影。青少年由于年龄尚小，还未步入社会，心理方面还不够成熟，对事物的辨别能力差，承受力相对薄弱。对整天生活在父母吵架声中的子女，享受不到父母的关爱和家庭的温馨，有的只是困惑、忧虑和恐惧。这种家庭中的孩子往往性格内向、孤僻自卑，心灵上留有阴影、创伤，这是诱发犯罪的重要因素之一。

知识窗：

亨利·戈达德（1866.08.14—1957.06.18），美国变态及临床心理学家，优生学的早期提倡者，特殊儿童心理学研究的先驱。1887年获得宾州哈弗福德学院的文学学士和1889年数学硕士学位后，担任中学教师和校长数年。戈达德的思想在心理学上的影响有以下几方面：

（1）首创智力落后学校。（2）倡导智力遗传决定论。他的主张对当时美国移民政策产生了很大影响。主要著作有1912年的《卡利卡克家族》和1914年的《低能：原因及后果》。

2. 家庭亲子教育被弱化的影响

一些家庭的父母为了生活，双双忙于自身的工作、应酬等无暇管教子女，难以发挥传统的居家照顾角色，父母对于子女的社会化作用被弱化，出现部分家庭中子女生活单靠自理无人管教的现象，父母与子女之间缺少情感沟通，从而导致陷入孤独、无助境地，往往会被社会上不良风气所感染。俗话说"民以食为天"。由于经济发展的不平衡，导致各类家庭的经济状况，家庭结构也就不一样，家庭困难的父母必然要花费更多的时间去挣钱，以维持生计，无暇顾及子女。尤其就我国目前而言，由于还处在社会转型发展时期，城市下岗职工和经济落后农村尚未脱贫的家庭还大大存在，这类家庭的父母无稳定的收入，谋生艰难，孩子中辍学的很多，促使他们的孩子会更早地涉足社会，由于缺乏正常的家庭生活和文化教育，他们中的很多人容易误入社会犯罪群体当中，甚至很多难以改造，都是"二进宫""三进宫"。再则就是父母双双在外打工的家庭，这类家庭多半将孩子交给长辈看管，而长辈对孩子多半是溺爱，致使孩子好逸恶劳、自私自利的个性任意滋长，久而久之也必然造成专横跋扈的性格。

3. 父母自身道德修养被弱化的影响

有的父母一贯好逸恶劳，不务正业，贪图享受，往往表现出举止不端，品行不正，素质低下，自身形象差，客观上不能为孩子当好"第一教师"，使子女在潜移默化中受到不良影响。由于父母行为不端庄、不检点，没有建立起正面的权威形象，孩子耳濡目染，学习模仿，极易形成不良的性格而导致违法犯罪的发生。家庭教育的错误引导，如有的家长经常搓麻将、逛舞厅，不仅无暇顾及孩子的学习和生活，更无精力管教孩子，导致子女自身修养低下。

（三）社会影响

首先是受社会上不良风气的影响。近年来在享乐主义、拜金主义等不良社会风气的影响下，一些青少年心中种下了虚荣的种子，讲排场、比穿戴、讲吃喝等不良习惯随之养成。加之，坑蒙拐骗、唯利是图、贪污受贿等现象时有发生，对社会风气造成了很大的影响。青少年正处于人生观、价值观养成的阶段，缺乏是非观和社会经验。在不良风气的影响下，很有可能走上犯罪道路。

其次是受社会环境中不良文化的影响。俗话说"近朱者赤，近墨者黑"，目前在文化市场上，图书报刊、音像制品、文化娱乐等中充斥着大量的封建迷信、凶杀暴力、淫秽色情以及有损人民群众健康的内容，对社会文化环境造成了一定的污染。青少年一旦被这些不良文化吸引，极易沉溺其中无法自拔。对于其中内容的一味模仿就走上了犯罪之路。如青少年犯罪中强奸罪和暴力抢劫罪占很大的比重。

再次社会财富急速增加和财富不合理分配的影响,当前我国处于社会主义初级阶段,社会分配、社会再分配机制不健全、不合理,部分处于经济劣势地位的家庭社会地位下降、生活困难,家庭功能出现严重障碍,使家庭对青少年的保护减弱甚至丧失。同时,贫富差异的日益增加使青少年产生仇视社会的心理。

最后对于大量辍学、待业的青少年缺乏帮扶和教育,同时在社会上存在着"学习无用论",加之教育资源地区分配不均,九年义务教育不到位,一些贫困或不发达地区的未成年人因此而辍学,这些辍学的孩子由于文化程度低,鉴别能力差,社会又对他们疏于管理。因此,有的成为害人者而触犯刑律,有的则成为被害人而抱憾一生。

二 特征

(一) 青少年犯罪主体特征

1. 年龄特征

(1) 低龄化

伴随着经济发展及其带来的生活质量的提高,我国少年儿童的生理、心理发育期普遍提前,大部分青少年在十一二岁即在性别特征、身高、体重等方面表现出成人化的特点。这一时期,青少年精力旺盛、好奇心强,但由于年龄的关系,其心理发展不成熟、自控能力较差,如果学校、家长、社会不能对其进行正确的引导,势必会加大其走上歧途的可能性。资料显示,过去未成年人犯罪的平均年龄在 17 岁以上,而近年来青少年犯罪的平均年龄却只有 15.7 岁,有的案犯甚至才 14 岁。近年来,大量资料显示,未成年犯罪人中一般 10—12 周岁开始有劣迹,13—14 周岁开始走向社会进行违法犯罪,14—17 周岁进入犯罪的第一个高峰期。就再犯罪来看,以余杭为例,18 岁以下再犯罪占青少年再犯罪总数的比例,从 2006 年的 5.5% 上升到 2011 年的 8%,上升 2.5 个百分点。在余杭区 2009 年以来发生青少年再犯罪案件中,犯罪主体为 22 周岁以下的有 181 件 233 人,其中 18 周岁以下的有 19 件 28 人;22 周岁以上的有 86 件 106 人(见图 7—1)。

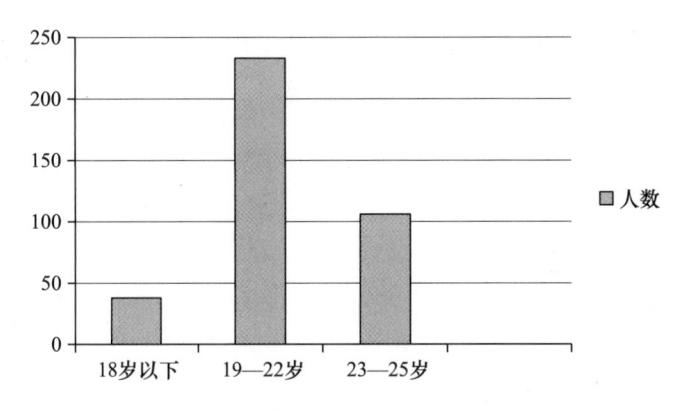

图 7—1　余杭区 2009 年以来青少年再犯罪年龄分布图

(2) 青少年初次犯罪年龄

20 世纪 50 年代和 60 年代，我国少年犯罪一般从 16 岁开始，即 16 岁往往是青少年犯罪的始发年龄。司法实践中大量资料显示，青少年犯罪人中一般从 10—12 岁开始有劣迹，十三四岁开始走向社会进行违法犯罪，14—17 岁进入犯罪的第一个高峰期。据北京市 70 年代所做的调查，17 岁以下的青少年初犯占到整个青少年犯罪总人数的 40% 左右，而且从 1977 年到 1979 年平均每年递增 3% 左右，有的城市甚至增加 10% 还多，违法犯罪的最小年龄是 12 岁。

20 世纪 80 年代到 90 年代，我国青少年犯罪的初犯年龄比"文化大革命"前提前了 2—3 岁。调查资料显示，有的青少年人八九岁开始小偷小摸，十二三岁已经成为扒窃高手。甚至在有的地方查获的青少年人违法犯罪团伙中，年龄最小的成员只有六七岁。如 1994—1996 年上海市关于青少年初次违法犯罪年龄的调查结果显示，初犯年龄在 13 岁以下的青少年违法犯罪占青少年违法犯罪人员总数的比重约为 8.58%，14—15 岁的平均比重约为 18.66%，16—17 岁的年龄比重约为 48.07%。

2000 年以来，青少年初犯年龄比 20 世纪 90 年代又有所降低。关于中国未成年人犯罪的犯罪学研究课题组 2008 年 11 月—2009 年 3 月对北京、湖北、贵州三地未成年人管教所（少管所）在押人员进行了抽样调查，并运用 SPSS11.5 软件对调查结果进行整理分析。调查结果显示，在 924 个有效样本中（调查对象总数为 966 人），初犯年龄最小的为 7 岁，更多的是在 15 岁左右。28.45% 的人初犯年龄为 15 岁，26.8% 的人初犯年龄为 16 岁，22.3% 的人初犯年龄为 14 岁，三项合计，初犯年龄在 14—16 岁的占被调查对象的 77.5%（见表 7—1）。

表 7—1　　　　　　　第一次实施犯罪时的年龄

有效	频数（次）	百分比（%）	有效百分比（%）	累计百分比（%）
7.00	1	0.1	0.1	0.1
8.00	1	0.1	0.1	0.2
9.00	3	0.3	0.3	0.5
10.00	4	0.4	0.4	1.0
11.00	11	1.1	1.2	2.2
12.00	20	2.1	2.2	4.3
13.00	51	5.3	5.5	9.8
14.00	206	21.3	22.3	32.1
15.00	262	27.1	28.4	60.5
16.00	248	25.7	26.8	87.3
17.00	117	12.1	12.7	100.0
合计	924	95.7	100.0	
缺失　999.00	42	4.3		
合计　0	966	100.0		

山东省青少年犯管教所目前在押 1600 多名青少年犯中，第一次实施严重违法行为（包括犯罪）12 岁的占 4.01%，13 岁的占 5.54%，14 岁的占 11.5%，15 岁的占 21.05%，16 岁的占 24.41%，17 岁的占 33.49%。

（3）在押犯年龄分布

据北京市对 2003 年在押的 167 名青少年犯的调查显示，14 岁犯罪的有 41 人，占 15.4%；15 岁犯罪的有 78 人，占 29.2%；16 岁犯罪的有 116 人，占 43.4%；17 岁犯罪的有 29 人，占 10.9%。15—16 岁的青少年犯罪人占 71.6%。另据其他研究者对重庆市未成年人犯罪管教所 1154 名未成年人罪犯的调查，犯罪时年龄为 14—18 岁的 908 人，其中，14 岁的

123 人，占 13.55%；15 岁的 245 人，占 26.98%；16 岁的 323 人，占 35.57%；17 岁的 202 人，占 22.25%；18 岁的 15 人，占 1.65%。15—16 岁所占的比率最高，两项合计占总数的 62.55%。中国青少年研究会的一项调查也表明：近年来，我国青少年犯罪中，15—16 周岁少年犯罪案件占了未成年人犯罪案件总数的 70% 以上。这一组调查数据显示，现阶段青少年犯罪的高峰年龄段是 15—16 岁。因此，有人将这一犯罪高的危险年龄段称为"十五六岁现象"。

2. 文化水平偏低

违法犯罪的青少年中，有绝大多数是辍学者或者在校的流失生，大多数缺少完整的知识结构。从实际统计数据来看，青少年违法犯罪人员的特点是：在校期间学习成绩差、实施犯罪行为的时候文化程度偏低，大多是辍学在家的社会闲杂人员。数据显示，95%以上的违法犯罪是辍学的学生。在对吉林省少管所的 286 名不良少年调查发现，这些少年犯中，他们实施违法犯罪时已经辍学的竟然高达 267 人，而且他们在学校时大多是班级的劣等生或者辍学多年、无所事事。事实表明，辍学青少年是青少年违法犯罪的重灾区。在不同学龄段、不同知识阶段的青少年人群中，文化程度越低，他们的违法犯罪率就越高。其原因在于文化程度低的辍学青少年自身免疫能力差，极易沾染社会上的不良风气，而且陷入其中很难脱离。同时，文化程度低的青少年，其认知力、理解力、阅读力、辨别力都相对较差，直接影响他们健康的人生观、世界观和价值观。由于这些青少年精力旺盛、活跃好动、易于冲动、无所事事，所以他们既无心学习知识，又毫无正当爱好特点，于是借助斗殴等方式来宣泄，直接导致了与学校脱节，成为结交社会不良青年的一员，最终走上目无法纪、违法犯罪的道路。

3. 女性犯罪逐年增加

最近，共青团黑龙江省委权益部就该省未成年犯罪情况进行了调查。调查显示，未成年犯罪年龄越来越小，问题少女增多。据共青团黑龙江省委权益部有关人士介绍，在未成年犯罪中，以往都是男性居多，而近年来，女性青少年违法犯罪开始显现并呈上升趋势。据了解，在未成年女性违法犯罪案件中，有相当一部分是实施偷盗、参与抢劫、组织卖淫等。实施犯罪动机主观上更多的是为了打击报复、寻求刺激。北京石景山法院 2002 年审结的刑事案件中女犯 54 人，其中 40 岁以下的 47 人，占 87%；据山东省关于女性青少年犯罪的资料统计，2003 年收押的女性青少年有 125 人，占本年度收押总数的 18.9%；2004 年收押的女性青少年有 119 人，占本年度收押总数的 20.7%，2005 年收押的女性青少年有 183 人，占本年度收押总数的 27.7%。呈逐年递增趋势，其增长速度是少见的。

4. 农村青少年犯罪现象日趋突出

随着越来越多的青壮年夫妇外出务工，他们中的大部分人把未成年子女留在家中，由祖父母、外祖父母或亲戚代为照顾，成为农村留守儿童。留守孩子父母不在身边，缺乏亲情关爱和及时有效的教育规范，极易产生自卑、孤僻、任性、固执、暴躁等性格缺陷，导致学习成绩不好，厌学、逃学甚至辍学。一些留守孩子在不良社会环境影响下，成了"问题孩子"。据统计，目前福建省青少年犯罪中，留守儿童所占比例已高达 20%。留守儿童的教育问题，已经成为当前不容忽视的一个社会问题。随着社会的发展、人们经济意识的提高，农村涌向城市打工人群的增多，留守儿童在青少年犯罪中所占比重的加大，留守儿童越来越成为人们关注的对象。我国广大农村地区，农村人口占总人口的多数，农村青少年占青少年总人口的多数。以山东省为例，作为中国第二人口大省，也是农业大省，山东省总人口 9300 万人，其中农业人口 7038 万人。省内青少年犯罪尤其是未成年犯罪中，农村青少年犯罪问题引起人们的广泛关注。《中国儿童福利政策报告 2011》披露，目前我国 18 岁以下的人口数量为 2.78 亿，其中全国农村留守儿童就有 5800 万，约占全国儿童总数的 20%。最高人民法院研究室主任邵文虹指出，我国目前有留守儿童 5800 万，近年来，我国各级法院判决生效的未成年人犯罪平均每年上升 13% 左右，其中留守儿童犯罪率约占未成年人犯罪的 70%，而且还有逐年上升的趋势。

就山东而言，留守儿童的不良行为率比非留守儿童高 24.54%，违纪率比非留守儿童高 12.73%，违法犯罪率比非留守儿童高 10.99%，并已达到令人吃惊的 12.54%。一般说来，根据青少年生理和心理发育的特点，非常想念父母却得不到满足，容易导致学习成绩下降，产生焦虑、抑郁和易怒等心理问题。80% 的留守儿童学习成绩中下等，57.1% 的留守儿童有上述心理问题。留守儿童在农村中较多,这与大量外出打工人群有关。整体上,我国农村地区针对留守儿童的家庭、学校和社区等社会控制体系仍然比较弱,如果不能改变这一现状,今后留守儿童的犯罪问题仍将会呈上升趋势。

(二)犯罪青少年的心理特点

青少年犯罪的心理特点除具有一般违法犯罪人的共性外,还有其自身的特殊性。当前犯罪青少年的基本心理特征,主要有以下几方面:

1. 认知特点

青少年时期是儿童向成人过渡时期。在这个时期,身高、体重、肌肉、骨骼、神经系统发育加快,第二性别特征开始出现。青少年生理上的急剧变化引起了心理上的急剧变化。心理变化的显著的特点是产生了强烈的独立意向,迫切要求独立与同社会交往,他们感到自身已经长大,不想再事事依赖成人。可事实上,他们还缺乏这种独立活动、独立处理问题和解决问题的能力。尽管青少年时期,青少年的认知能力有了新的发展,但此时的思维仍摆脱不了经验的支持,具体形象思维仍占很大成分,所以看问题总是比较幼稚,带有明显的片面性和表面性,加上经验有限,往往是非不清,感情用事。青少年认识能力的发展跟不上独立意向的发展是青少年心理发展的基本矛盾,也是主观愿望和客观现实之间的一种矛盾。如果青少年的这种心理矛盾不能得到正确调整,很容易做出违法犯罪的行为。

2. 情感特点

感情冲动、讲义气、有结伙的欲望。对于青少年而言,由于缺乏足够的体力、智力、胆量和经验,故单独作大案的较少,因而采取团伙形式违法的青少年越来越多,且在青少年犯罪中往往具有明显的地域性。以同村、同校、同城市为基础,逐渐纠合在一起共同作案。在纠合过程中形成团伙,并有自己的"寨主"。为壮大自己的势力,他们常常像滚雪球一样结合成更大的团伙。在"人多势众"的心理支配下,青少年犯罪行为往往表现为胆大妄为,不顾一切,说干就干。即使犯罪败露,逃离现场,也感到无所谓。抓获归案后,或恃以"人人有责"或恃以"守口如瓶"或订攻守同盟,这是青少年团伙犯罪中常有的心理活动。由于青少年正处于成长时期,喜欢交际,乐于结群,一旦受坏人和外界不良因素引诱，在人多势众、互相壮胆的情况下，作起案来往往手段极其残忍，根本不考虑后果。可见，青少年这一情感特点，使青少年纠合在一起作案，对社会危害性更大。

情绪不稳定性和强烈的冲动性。绝大多数违法犯罪青少年的情绪具有不成熟和自控能力差的特征，他们往往会因为一点小事就冲动，伤害他人。同时，这种激情式的情绪在主体身上停留的时间较为短暂，当情绪平定之后，青少年犯罪主体往往后悔和害怕，这种消极的情绪反应方式会在青少年犯罪行为的各个阶段产生消极影响，导致青少年从事抢劫、流氓、伤害等暴力型犯罪行为。而且犯罪后情绪表现极不稳定，容易引发新的其他犯罪行为。有不少犯罪青少年这样说道："我一看见别人的钱包，手指就痒痒。"16岁的高一学生柴伟就是有这种情感体验的人。一天，他的同班同学在议论一个流氓用刀片割女同志的羽绒服，被判刑的事情。大家对此事都十分愤恨，说判得对，他却说："对个屁！算他倒霉，若是我，他们甭想抓住我！"此后，他真准备了一把带柄的小刀，先后六次割破妇女的羽绒服，看着羽绒像雪片似的飘落，他狂笑而去。他得到了某种心理上的满足，并且很欣赏自己的本事。然而，多行不义必自毙，一次在拥挤的人群中，他又故伎重施，被人当场捉住，扭送到派出所。进了牢房的"混世魔王"在悔罪书中写道："我没有理想，整天混日子，割别人的衣服，只是觉得好玩，拿别人的痛苦取乐，落到这个下场，罪有应得。"青少年犯罪者为了满足个人低级趣味的需要，对别人缺乏尊重和同情心，体现出他们在情感方面的反社会性。

3. 意志特点

意志薄弱，自制力差，反复性大。青少年的思想具有很大的可塑性，极易受外界客观条件的影响，往往是"近朱者赤，近墨者黑"。违法犯罪的青少年，经过帮助教育，痛哭流涕，表示要改邪归正，表现出易于接受教育的一面。但是，另一方面，也存在较大的反复性，犯罪的青少年出狱后，经同伙一拉，又管不住自己，照样违法犯罪。一般地说，大多数违法犯罪的青少年，既有危害社会的消极因素，又有情愿接受教育改恶从善的因素，这正好反映出他们恶习不深，可塑性强的特点。

有些青少年经过劳改教育，改了又犯，犯了又改，成了多次"进宫"的老手。青少年重新违法犯罪呈由一般犯罪到严重犯罪，由犯单一罪到犯数种罪行的发展趋势。可见，这些人反复犯罪越多，对社会造成危害越大，也越难以改造。因为他们多次作案强化了犯罪动机，已由初犯的恐惧转为熟练，特别是在犯罪行为受到制裁或不切实际的需求受阻后，非但不予收敛，反而疯狂地报复社会，成为难以改造的累犯和惯犯。

4. 动机特点

从违法犯罪动机产生的方式来看，很容易为诱因直接引起的欲望所驱使，表现出偶发性和动机简单。青少年犯罪与成年人犯罪相比，他们的动机往往比较简单，有时甚至表现出正常人无法理解的某种奇特的变态心理。他们的犯罪，一般来说，较少预谋，没有经过事前的周密考虑或精心策划，常常在外界的影响和刺激下，由于一时的感情冲动而突然犯罪，还有一大部分违法犯罪青少年缺乏一贯的道德评价标准，往往是以丑为美，以恶为善，以伪代真。部分犯罪青少年长期在这种不良的生活实践中，最终形成了变态的情绪、情感体验。从这个角度上讲，他们的恶劣行为往往不是为了达到什么明确的目的，而是为了追求心理上的满足和情绪、情感上的愉悦。

从违法犯罪动机的过程看，实施某项犯罪时动机的易变性突出。当实施第一犯罪动机时，遇到阻力和困难，往往使动机变化、升级。如盗窃犯遇到事主搏斗，容易产生杀人的第二动机，杀完以后还可能产生放火灭迹的第三动机。这一系列的动机变化，一般来说，并非是青少年事前经过策划。在第一动机未实施时，激情高昂，激起愤意，往往转移目标，发泄内愤。如报复犯罪中，当犯罪对象找不着时，常常迁怒于别人，对与报复对象有关的人加以残害，甚至对与此事无关的人也进行攻击或起杀机。

(三) 青少年犯罪行为特征

1. 凶残化

青少年犯罪呈暴力化、凶残化。暴力犯罪是指一切以暴力行为为基本特征的犯罪，在实践中，暴力犯罪多表现为故意杀人、故意伤害、抢劫、爆炸、聚众斗殴等。青少年实施的暴力犯罪，在类型上，主要体现为一些非理性的暴力犯罪，这与青少年不成熟的心理有关。青少年的情感情绪具有两个显著的特点：一是情绪情感强烈、不稳定，带有明显的两极性。这主要是处于生理的急剧变化而产生的身心不平衡，自我意识的发展同社会观察的矛盾所引发的。二是情绪在时间上表现为明显的心境化。心境是一种比较稳定而持久的情绪状态。青少年的喜怒哀乐往往变成心境，较长时间笼罩着他们。青少年的这种特点容易出现两种后果：一方面，由于激烈情绪的驱动，他们很难很好地控制自己的行为，从而容易产生行为偏差。另一方面，不良情绪的心境化容易导致青少年的心理问题，这增大了青少年实施违法犯罪行为的可能性。青少年犯罪类型中最常见的暴力犯罪为故意杀人罪、故意伤害罪、抢劫罪等。根据对湖北省未成年人管教所的100名在押犯的调研统计发现，抢劫罪占63%，故意杀人罪占6%，故意伤害罪占7%（见图7—2）。根据武汉市东西湖区检察院的数据统计，抢劫罪、故意伤害罪等暴力性犯罪占青少年犯罪比例的70.6%。

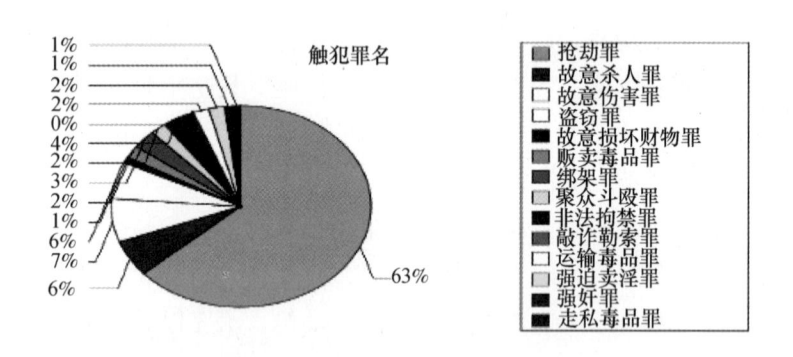

图7—2 青少年犯罪的主要类型

2. 模仿性

模仿性是青少年时期的一大特征。青少年喜欢模仿所感兴趣的犯罪形态和行为方式、手段。因此，当宣传报道、电影、电视、录像及其他文艺作品中出现了新的犯罪形态和行为方式、手段，或在犯罪青少年中流行新异犯罪活动时，通过模仿，便在他们之中很快蔓延开来。

3. 智能化

智能化是指青少年在犯罪中所使用的工具越来越先进，并越来越多地采用现代化的一些技术手段和方法实施犯罪。例如利用手机、计算机等进行短信诈骗、伪造证件、信用卡，利用高科技手段破译、盗用他人密码，窃取钱财。此外，犯罪青少年的反侦查能力也越来越强，作案前会进行精心准备,作案后伪造现场,毁灭和转移证据,增大了案件侦破的难度。计算机网络的飞速发展使青少年上网人数剧增,据中国网络互联中心的统计结果显示,目前我国网民中,8—35 岁的青少年占 85.5%,18 岁以下的占 24%,24 岁以下的占 56%。由于好奇心和缺乏辨别真假是非的能力,青少年极易受到网络上不良信息的影响,据统计,由此引发的犯罪数量增加了 5 倍。

4. 团伙作案比重大

青少年犯罪由单独作案向集体性的共同作案转化。渴望友情、乐于合群,是青少年的一种心理需求独立意识的外在表现。青少年往往到了心理断乳期,就容易在父母面前封闭自我,更爱与年龄相仿、趣味相投的伙伴在一起,形成一群体,容易相互影响。只要其中一人有犯罪意识,就可能共同作案,形成共同犯罪。据统计,60%—70% 的青少年犯罪属于团伙作案,纠集多人,相互利用。据北京市高级人民法院统计,去年在审理未成年人犯罪的案件中,共同犯罪的案件占犯罪总数的一半以上。青少年团伙犯罪中,有些属于一般性结伙犯罪,但也有相当数量的犯罪团伙向犯罪集体发展,并且有的青少年犯罪团伙已经成为完整意义上的犯罪集团。从近几年青少年团伙犯罪发展趋势看,团伙作案惯做大案要案,一旦团伙加入了"两劳人员"或"惯犯""累犯"等成员时,团伙便很快从一般性结伙犯罪发展为有组织的犯罪团伙,甚至成为一种带有黑社会色彩的有组织犯罪集团,当前许多青少年犯罪团伙不仅有名称、有头目,而且有纪律,实施犯罪时有计划、有分工,大部分青少年犯罪团伙属于同性组成的团伙,但也有不少是男女青少年组成的混合型团伙,有的犯罪团伙实施特定的单一类型的犯罪,但也有不少犯罪团伙实施多种类型的犯罪,犯罪团伙的精神纽带主要是"哥们儿义气"和性格志趣的一致性及犯罪意识、犯罪利益的相连性,他们凭借人多势众,称霸一方,横行称霸乡里,无恶不作。一般地说,大案要案均为青少年犯罪团伙所为。

5. 突发性、盲目性

青少年自我控制能力较低,犯罪多呈盲目性。可以说青少年处于人生十字路口,内心幸福与痛苦交织、信心不足与失望绝望并存、不安和苦恼急剧增长。有些青少年不能形成良好的自我监管,从而呈现消极自我的一面。他们把一些事件归咎于社会,形成反社会的心理。

未成年人犯罪一般没有经过事先的周密考虑和精心计划，往往是因为好奇或受到某种刺激而一时冲动，萌生犯意。由于青少年年纪尚小，生理和心理都处在生长发育的阶段。社会阅历和经验也比较少，考虑问题简单且更容易受到外界环境的影响，分析和解决问题的能力较弱，遇到困难和挫折时倾向于走极端。如此一来，他们的犯罪动机往往比较单纯，大部分缺乏预谋和事先的精心策划而走上犯罪道路，常常是受到了某种诱发因素的刺激或者是一时情感冲动的结果。由于以上这一系列的原因，我们在现实生活中也常常看到一些青少年因为几句话的口角而动手打人甚至拔刀杀人的悲剧发生。很多青少年的暴力行为都是从互相看不顺眼到一触即发，从琐事激变到拳脚相向，往往都是突然发生，缺乏预兆，这一点也给我们预防青少年犯罪发生的工作带来了一定的难度。

对山东省青少年犯犯罪时的思想状态统计显示，作案时"想过后果，但还是故意这样做了"的占7.1%，"想过后果，但存在侥幸心理做了"的占22.8%，"犯罪的时候什么都没想"的占70.1%，有的少年犯由于一时的冲动换来终生的悔恨。例如，青岛市区的袁波（15岁）、王超（16岁）某晚酒后在路上遇到行人刘新立、孙电立，袁波无端滋事，因刘新立看自己而骂刘，刘从路旁捡砖头投掷袁波未中，袁、王二人遂持随身携带的弹簧刀追赶刘、孙二人。袁波将刘新立扑倒在地，与王超一起朝刘的胸部猛捅数刀，致刘新立心、肺破裂失血性休克死亡。这种犯罪由于缺乏事先预谋，犯罪后往往犯罪者本人也难以置信眼前发生的惨案。

根据对湖北省未管所100名未成年犯的调查，认为自我控制能力一般及比较差的占63%，仅有6%的未成年犯认为自我控制能力较强（见图7—3）。根据哲学理论"内因是变化的根据，外因是变化的条件，外因通过内因而起作用"，结合实际得出，青少年自我控制能力低是未成年人犯罪爆发的原因之一。

6. 易变性

犯罪青少年由于上述各种心理特点和行为特征的相互作用，特别是由于情感不稳定，容易爆发冲动性行为、犯罪动机内容的多样性和情景性等特点，这就决定了他们行为的易变性特征，表现为犯罪行为的多方向性，实施多种犯罪行为，或在进行某一项犯罪活动时，容易因为主客观情况的变化而迅速发生不同性质的犯罪行为。

自我控制能力评价

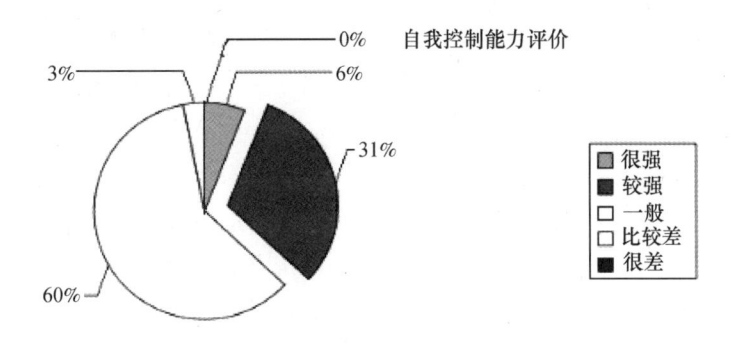

图7—3 对未成年犯自控力的调查

易变性的另一表现是反复性，即一方面，犯罪青少年当某一犯罪行为实现了预期目的后，就产生了满足某种欲求的成功体验，使犯罪动机得到了强化，从而反复不断地实施犯罪行为。另一方面，犯罪青少年在服刑矫治过程中，一遇到困难和挫折，往往会出现反复，即重犯错误，犯罪青少年在刑满释放后，由于意志薄弱，经不起外界不良诱因的诱引或由于贪欲未除，恶习未改，而走上再犯罪的道路，出现反复。

第三节 处遇

一 监禁处遇

（一）青少年犯罪监禁处遇现状与特征

当今社会发展日新月异，监狱机关作为刑事司法体系中的末端国家机器，面临着诸多的挑战与考量。科学管理与处遇罪犯，不断提高教育处遇质量，已成为监狱机关的重要使命。青少年犯罪作为一类特殊群体，如何对他们施以科学有效的处遇，将其改造成为遵纪守法、自食其力的新人，已成为刑罚执行机关着力谋思与探究的一大话题。

目前，我国各省、区、直辖市都建立了专门关押、处遇青少年罪犯的未成年犯管教所（以下简称"管教所"），对青少年罪犯中的未成年犯实行分押、分管、分教。监管处遇除依据适用于所有罪犯的《中华人民共和国刑法》《中华人民共和国刑事诉讼法》《中华人民共和国监狱法》

《最高人民法院关于办理减刑、假释案件具体应用法律若干问题的规定》《××省办理减刑、假释案件若干规定》《××省罪犯考核奖惩办法》以外，还制定了与青少年身心特点、犯罪状况相适应的特殊监管帮教制度、措施与方法。

青少年罪犯监禁处遇模式：当前，全国很多监狱单位以降低服刑人员刑释后重新犯罪率为工作指针，与时俱进，开拓创新，走出了具有中国特色与时代特性的监管处遇之路。未管所作为监狱系统中一个独特的刑罚执行单位，分析其功能定位、运行机制、实践创新，有助于从一个侧面了解和揭示我国对青少年罪犯执行刑罚的理性、科学与文明程度。

青少年罪犯的典型心理与行为特点：青少年罪犯与社会上同类人相比，随着生理、心理等方面的变化，除了自我意识增强、对周围环境敏感、情感丰富、性意识觉醒等常规特征外，还具有因犯罪、监禁等复杂环境产生的一些典型的心理与行为特征。（1）罪责感差，服刑意识淡薄。（2）情绪易波动，暴力倾向明显。（3）叛逆性强，一切"唯我独尊"。（4）"哥们儿"观念重，已形成监内小团体。（5）虚荣心重，感恩意识缺乏。（6）反应敏捷，动手能力较强。

具体处遇政策主要体现在：生活上体现"差异性"；奖惩上体现"从宽性"；教育上体现"人本性"；劳动上体现"习艺性"。

（二）青少年犯罪的监禁处遇措施

针对青少年罪犯的生理构成及心理特点，全国监管处遇系统坚持严格、科学、规范和人文管理，努力促进行刑效果与社会效果的相互提升，不断注重传统手段与现代技术的有机结合，充分发挥行刑资源与社区资源的良性互动，在处遇、感化青少年罪犯方面进行了积极的探索。

（1）坚持以依法治监统领监禁处遇工作全局。严格建章立制，加强行刑执法制度建设。强化狱务公开，积极营造行刑执法阳光运行机制；重视执法监督，注重从源头上发现和规范执法流程；注重法制服务，为监管处遇工作创造有利的法治氛围。（2）深入推进教育处遇工作的科学化和社会化：将国学经典融入监内教学大课堂；重视教育改造内容和手段的创新。（3）积极开展政治、文化、技术教育提升工程。（4）注重对问题罪犯开展思想、行为和心理处遇。（5）注重劳动技能的锻炼与培训。（6）注重出监前的管教与帮扶。

(三) 青少年犯罪监禁处遇存在的问题及完善措施

在监禁矫治青少年犯罪的过程中，全国监狱系统构建了许多有效的模式，实施了许多创新举措，积累了许多有益的经验，取得了许多可喜的成就。但随着国内外形势的发展以及党和国家对监狱工作的新要求，对青少年罪犯在监禁矫治上存在不少问题，有待于理论界与管理层不断地探索与实践。

当前对青少年罪犯监禁矫治中存在的主要问题。行刑矫治体制与社会形式发展还不相适应；教育改造的主体地位尚未从根本上得到确立；外省籍犯罪人员剧增给监禁处遇工作带来新挑战；对青少年罪刑释前重新犯罪预测还存在一些困难；对青少年罪犯的权益保障界限与尺度还很难严格把控。

加强对青少年罪犯监禁矫治工作之若干建议教育、帮助、挽救青少年犯罪，尽量削减其监狱化人格之负面影响，让其在法律范围内享有更多的个人发展机会已成为衡量一个国家社会进步法制文明的一大重要标志。积极探索和试行各种行之有效的矫治方法已是当务之急。创新对青少年犯罪的行刑处遇模式；树立教育为先，教育为本的行刑"大教育观"；进一步完善对青少年犯罪的处遇法律制度；构建外省籍青少年犯罪处遇、帮教新机制；变革对青少年犯罪的罚金刑执行方式；建立青少年罪犯刑释前失业保险制度。

(四) 青少年犯罪监禁处遇国内外主流观念

1. 美国的监禁处遇未成年人罪犯措施

美国未成年人保护法奉行"教育感化原则"和"家长保护原则"，为此强化政府对待未成年犯的挽救责任。政府的职责是挽救、教育未成年犯，让其弃恶从善，改邪归正，从而走上正常的人生道路。处罚仅仅只是作为一种手段，其真正的出发点是矫治。因此，为了让未成年人的适用标准以及处罚方式与成年人有着本质上的不同，在美国，未成年犯在有期徒刑的适用方面被进行了严格的限制，大多数被判处有期徒刑的未成年犯可以适用缓刑，被判处缓刑的未成年犯须定期向缓刑官报告其日常表现、生活情况等，缓刑官则根据其表现决定是收监还是继续在监外改造，如果在缓刑期间再次有违法犯罪行为，就会被投进监狱。除了规定有犹豫制度、社区监管等非司法程序的处理方式外，还规定有送训练学校、送心理处遇机构、从事社会服务、保释、缓刑、罚金等多种处罚方式。

2. 英国的监禁处遇未成年人罪犯措施

从《1908年儿童法例》开始，英国建立了以旨在对未成年人施与福利和进行保护的未成年人司法制度，明确地将与未成年人犯罪有关的刑事处罚措施与成年人犯罪及刑罚相区别开来的原则，奠定了对未成年人犯罪的刑事处遇的理论基础。但是由于英国法律对于刑事责任能力的年龄规定较其他国家来说偏低，即10周岁以上的儿童即具有了刑事责任能力，故其对未成年人犯罪的惩罚范围要比其他国家大得多，因此其对未成年进行社会保护的效果一直不是很明显。20世纪80年代以来，英国政府提出了进行未成年人罪犯司法改革，建立了一个以防止未成年人犯罪为目标的未成年犯罪司法体系，制定了《1999年青少年司法和犯罪证据法例》《1998年犯罪和骚乱法例》《2000年刑法司法和法庭服务法例》和《2001年刑法司法和警察法例》等一系列法令。民间力量和政府的合作是英国未成年司法制度中颇具特色的一项内容，并且从实践看来，这一举措起到了互补的效果。英国对未成年人犯罪案件的审判机构是未成年人法庭，主要审理的是10—17岁的未成年人犯罪案件。此外，民间组织与英国政府合作，成立了多个民间组织机构，对未成年司法的全过程给予帮助和监督。例如，青少年犯陪审团是由包括一名来自当地的由跨部门机构组成的青少年犯罪工作队的专业人员和两名来自当地的社区成员组织，他们的工作都是采取志愿服务的形式，参与未成年犯罪案件的审理。英格兰和威尔士未成年司法理事会，就是作为非政府性质的未成年人司法协调、咨询和政策研究机构。未成年犯罪工作队，是由包括卫生工作者、教育福利官、缓刑监督官、社会工作者以及警察等各自具有不同经验和技能的服务人员所组成，协助未成年犯罪处罚的执行和预防。除了上述三个机构外，英国还有三个涉及未成年刑事罪犯教育和监管改造方面的民间机构，即刑事感化委员会、安置帮教委员会、监狱改革委员会，其职责是保护未成年犯的合法权益，参与国家未成年犯政策的制定，并对其进行监督。

二 非监禁处遇

(一) 青少年犯罪社区处遇现状、特征与社会效果

社区处遇的社区性。社区性是在社区处遇措施里面最为显而易见的。社区处遇的社区性主要包括以下两个方面：第一，社区处遇的社区参与性，即社区处遇的组织和实行需要社区处遇对象、社区工作者的共同参与。首先是社区处遇对象的参与。其次是社区处遇的非监禁性，即社区处遇不是把罪犯关进监狱，而是让其生活在原来的社区环境中的刑事处罚。第二，社区处遇的处遇性。这是社区处遇的本质属性。社区处遇的处遇性主要体现在以下三个方面：首先是社区处遇的重塑性。其次是社区处遇惩罚的人文关怀性，即社区处遇所适用的处罚措施人性化，程度较轻。最后是社区处遇的刑事制裁性。

(二) 青少年犯罪的社区处遇措施

国外主要国家及地区青少年罪犯社区处遇制度及我国之借鉴：在世界范围内，许多国家及地区对青少年罪犯的社区处遇项目研究已具有相当长的历史，制定了专门适用于青少年罪犯的社区处遇项目，值得我国借鉴、吸收，进一步完善我国的青少年罪犯社区处遇制度。美国的未成年犯社区处遇制度规定，如果犯罪青少年希望居住在社区，他必须遵守一定的规则和条件。未成年人缓刑的惩罚性低于监禁，注重强调对未成年人的治疗和更新。对未成年人缓刑的管理，多数州由县法院来管，也有的由州司法系统来管，有的由州执行系统来管，有的是司法和行政结合来管理。未成年人的缓刑可分为非正式和正式两种。外国未成年社区处遇制度对我国的借鉴：社区服务；家庭监禁；养育家庭制度。

青少年罪犯的社区处遇措施：在"宽严相济"刑事政策的指引下，我国针对青少年犯罪应当采取"宽缓为主，严厉为辅"的具体刑事政策，并相应地建立起符合青少年罪犯特点的社区处遇措施。结合外国社区处遇的实践经验和相关研究成果来看，青少年罪犯社区处遇要实现其作用必须兼顾两个方面：一是必须使处遇对象受到一定程度的惩罚，二是为处遇对象回归社会创造条件。当前实践中，我国未成年人社区处遇的主要项目有公益劳动、思想教育、法制教育、社会公德教育、技能培训、心理处遇以及就业指导、生活指导等。针对我国青少年犯罪的实际情况，应当侧重以下措施贯彻实施：坚持个案处遇；加强思想处遇；注重心理处遇；完善家庭处遇；实行就业指导。

国外以美国为例，对犯罪青少年的安置主要是指对他们在从监禁机构释放后的安置，类似成人的假释。确切地说，就是违法青少年从州的训练学校、集中的处所或"家庭"出来后，对他们提供一定的监督并帮助他们重新适应社区的生活。因为他们在离开一些特定的场所后，面对着适应社会的严重障碍，往往有较高的重犯率，需要引起特别的关注。到1992年，在美国有80多个安置项目，所有的项目都提供一定形式的强化监督。

未成年人司法体系中制裁形式的出现，意味着法官在作出处决时有广泛的选择。当未成年人连续违背法院的规则但尚未犯罪，对这样的人可不送进训练学校这样的监禁机构。在训练学校的结果是使青少年远离一般的学校，把这些青少年放到训练学校之中容易使他们通过和犯罪青少年的交往发展负面的、消极的态度；但同时又不适合给予他们简单的社区监督，因此需要采取居中制裁，现在未成年人处遇体系已经发展了以社区为基础的服务项目、赔偿中心（年轻人通过工作的收入来支付受害者），同时给未成年人布置离校后的作业，他们的自由时间降到最低程度。对未成年人居中制裁的形式与成人相比有所不同，但目的是一致的：提供一个比一般的缓刑更严厉而比监禁的惩罚有所减轻的处置方法，为犯罪者改变自己的行为提供较好的机会，提供一种处遇花费更为合理的惩罚来适合中等严重程度的犯罪。主要从未成年人的赔偿、社区服务、家中监禁和电子监控及转换项目方面论述。

（三）青少年犯罪社区处遇存在问题及完善

社区处遇制度对青少年罪犯的处遇有重大的意义，但是，目前我国青少年社区处遇还处在一个探索的过程，传统的社区处遇模式在处遇理念、处遇方法和处遇机构设置方面均存在问题，还需要一个较长的发展过程。例如，青少年社区处遇面临"合法性"危机、社区处遇项目单一、社区处遇内容虚无、区分专门青少年社区处遇的执行结构等，这些问题的存在，严重影响着青少年罪犯社区处遇的深入进行。

现阶段青少年罪犯的社区处遇中存在的问题：目前，我国关于青少年罪犯社区处遇的立法还不够完善，难以完全应付青少年罪犯社区处遇的难点问题；缺乏独立的青少年罪犯的处遇制度；缺乏青少年罪犯社区处遇的专业人员；志愿者难以招募且水平亟待提高；社会关注度不够，缺乏系统的支持。

我国青少年罪犯社区处遇的完善建议：我国的青少年社区处遇体系应当是一个较为封闭的系统，处遇人员来源固定，处遇模式统一，与我国的刑罚执行制度相配套，以处遇那些被判处刑罚但又未执行监禁的青少年犯罪人，弥补当前非监禁刑罚执行措施形同虚设的缺陷。目前，我国青少年罪犯的社区处遇制度还处在试点阶段，从理论上构建一套较为完善的青少年社区处遇制度，为实践工作提供方向上的指引，并在实践中不断修正十分重要。根据我国社区处遇工作的试点实验经验，结合国外的社区处遇的经验和教训，提出如下对青少年社区处遇制度的初步构想：加强青少年罪犯社区处遇工作的专项立法；建立独立的、适合我国国情的青少年罪犯的社区处遇制度；完善社区处遇的运行机制，建立贯穿侦查、起诉、审判、执行整个刑事诉讼体系的青少年罪犯社区处遇制度；完善处置措施，加大考验力度；建立一套高专业水平、协同合作的社区处遇队伍。

（四）青少年犯罪非监禁处遇国内外主流观念

1. 社区处遇的理论基础

社区处遇的理论基础十分广泛，涉及法学、心理学、社会学和教育学等众多领域，以下仅就主流观点和重要理论进行论述。第一，人道主义和人权观念。近代西方基于对"人"的重视和酷刑的批判，提出了罪行法定、刑罚人道的要求，而刑罚人道主义所关注的是惩戒性刑法如何转化为对犯罪者心灵的救赎，使犯罪者产生对犯罪行为的悔过并重新激发其社会责任感和道德心。第二，恢复性司法精神。联合国预防犯罪和刑事司法委员会于2002年4月发布《关于在刑事事项中采用恢复性司法方案的基本原则》，将始于加拿大的恢复性司法精神推广开来。司法现代化的趋势是轻刑化和社会化，由报应性刑罚向恢复性刑罚转化。第三，行刑社会化理论。这一观点认为，监禁刑的封闭性不利于罪犯解禁后重归社会，因此可以通过社区处遇方式适度弱化监狱的封闭性，扩大监狱行政的社会参与，以利于罪犯的再社会化。第四，刑罚的谦抑原则。所谓刑罚的谦抑，是指用最少量的刑法取得最大的刑法效果。它要求立法机关只有在该规范确属必不可少——没有可以代替刑罚的其他适当方法存在的条件下，才能将某种违反法定程序的行为设定成犯罪行为。谦抑原则使得刑罚具有了"最后的使用"意义，促进了西方国家非刑罚化的惩罚方式的施用，非刑罚化的重要内容之一便是非监禁化，在寻求替代的有效方式时，包括社区处遇在内的缓刑、假释、管制、财产罚没等一系列方法得以实践。第五，行刑经济化的观念。将经济学的理念引入社会学、法学领域后，行刑的效益和成本成为分析的对象。在合法合理的范围内将不适用监禁刑的罪犯放置于社区中进行改造，在给予犯罪分子合理量刑和恰当执行的同时，能够减少入狱监禁的人数，降低监禁刑罚带给罪犯本人和社会的副作用。这种观点符合刑罚效益理论，具有较强的可操作性和实用性。

上述观点和理论的提出为社区处遇提供了深厚的理论基础，也为刑罚改革找到了一定的必要依据，推进了行刑社会化的快速展开。

2. 联合国文件对青少年犯处理方式的意见

1985年联合国第七届预防犯罪和罪犯待遇大会正式通过了《联合国少年司法最低限度标准规则》即《北京规则》。《北京规则》第三部分规定："对少年犯罪应充分注意采取积极措施，这些措施涉及积极调动所有可能的资源，包括家庭、志愿者以及其他社会团体、学校、社会机构，以便促进青少年的幸福，减少根据法律进行干预的必要，并在他们触犯法律时对他们加以有效、公平及合乎人道的处理。"同时该规则的第三部分第18条规定："对青少年犯的处罚可采用灵活的方式，尽可能最大限度地避免监禁。"第19条明确指出："把少年投入监禁机关始终应是万不得已的处理方式，其期限尽可能最短的必要时间。"1990年联合国第八届预防犯罪和罪犯待遇大会指定了《联合国预防少年犯罪准则》即《雅得利准则》，再次强调"各国政府应颁布和实施一些特定的法律和程序，促进和保护所有青少年的权利和福祉"。这些规定明确了国际社会对于青少年犯罪的刑罚处理态度，促进了作为替代方式之一的社区处遇在多国的开展。

3. 国内外社区处遇的实施

18世纪后半期，监狱改良运动的鼻祖约翰·霍华德提出了关于反对"监狱非人道化刑罚"的理论，这一理论为日后的刑罚社会化提供了萌发的土壤。在19世纪后半叶,"社区处遇刑"开始进入司法实践领域,发展至今已成为主要刑种之一。

近年来无论是大陆法系还是英美法系的国家大多已经开展并顺利实施社区处遇工作,根据2000年的数据统计,加拿大、澳大利亚、新西兰、法国、美国等社区处遇的人数都超过了70%。美国在社区处遇方面的贡献尤为突出,社区处遇制度在美国孕育发展的历史已有160多年。1841年,波士顿一名叫约翰·奥古斯塔斯的鞋匠看到众多轻微罪犯者遭受监禁之刑的痛苦后,决定通过自己的承保来请求政府将罪犯安排到社区中进行监管并给予自由。据记录,他一生先后帮助了近五千名违法犯罪人免予被监禁,被后人称为"缓刑之父"。第二次世界大战后,美国犯罪日益增多,青少年犯罪的比重更是日渐上升,社区处遇再次成为潮流,1973年,明尼苏达州颁布第一部《社区处遇法》,美国的第一部有关未成年人社区处遇的立法始于1869年的马萨诸塞州。

2003年7月我国最高人民检察院、最高人民法院、公安部、司法部共同发布了《关于开展社区处遇试点工作的通知(司发〔2003〕12号)》,这是我国司法制度改革的一项重要政策。此通知规定了5类适用社区处遇的对象:被判处假释者、被剥夺政治权利者、被裁定监外执行者、管制者和缓刑者。自2004年5月1日起,北京、天津、上海、浙江、江苏、山东六个省市开始该政策的试点工作。2005年司法部又下达了扩大社区处遇试点工作的《通知》,在中部和西部地区各增加6个试点省份,另外教育部自2005年起设立了法律事务(社区处遇)专业,部分高职高专类司法警官院校开始培养这方面的专业人才。2009年10月21日,最高人民法院、最高人民检察院、公安部、司法部在北京联合召开全国社区处遇工作会议,总结社区处遇试点经验,对全国社区处遇工作的进一步开展进行部署。值得注意的是,"十一五"期间我国的社区处遇工作逐步发展,其中未成年人社区处遇工作也逐步得到重视。2006年10月,党的十六届六中全会通过《中共中央关于构建社会主义和谐社会若干重大问题的决定》,要求"实施宽严相济的刑事司法政策,改革未成年人司法制度,积极推行社区处遇"。

第四节　案例与干预

小军（化名），男，17岁，在五岁时母亲因意外去世，其后一直和父亲生活，性格叛逆，早早踏上社会并结交了一群不良社会青年。某次，在社会帮派中"老大"对他进行谩骂嘲讽，小军心生不快，去小网吧消磨时间。在网吧中，坐在小军旁边的一个男孩（10岁）打游戏时比较嚣张。小军一时冲动将该男孩叫出网吧，用刀连捅对方三下，导致对方当场昏厥，经医院抢救脱离危险，但因为其中一刀刺中腹部要害，对以后生活造成重大影响。根据此次对受害者造成的损伤以及小军之前盗窃、抢劫22次的不良记录，法院判决对其进行三年缓刑，由社区矫正机构对其进行监管，社区矫正机构找到我们对其进行干预。

根据小军特殊的成长经历和犯罪行为，我们采用家庭疗法和合理情绪疗法对其进行治疗。

家庭疗法，是以家庭为对象而施行的心理治疗方法。协调家庭各成员间的人际关系，通过交流、扮演角色、建立联盟、达到认同等方式，运用家庭各成员之间的个性、行为模式相互影响互为连锁的效应，改进家庭心理功能，促进家庭成员的心理健康。通过小军和父亲进行角色扮演，他们二人分别站在对方的立场考虑，小军知道了父亲的不易，这些年为了给小军提供更好的生活，父亲一直在外打工，这并不代表父亲不爱自己。父亲也改变了之前对小军非打即骂的态度，了解到小军种种不良行为的原因，由于母亲的去世，导致了小军内向的性格，遇事不愿意和他人交流。踏上社会认识了一群不良朋友，将他们视为知己，在同伴的鼓动下做出了一连串违法的行为。之前父亲一直认为是儿子自己不懂事，通过互换角色，小军和父亲敞开心扉，了解到孩子现在这个样子也是自己缺少对孩子的关心导致的。最后父子二人抱在一起，互相原谅对方，重建家庭功能。

情绪ABC理论是由美国心理学家埃利斯创建的，其认为激发事件A（activating event 的第一个英文字母）只是引发情绪和行为后果C（consequence 的第一个英文字母）的间接原因，而引起C的直接原因则是个体对激发事件A的认知和评价而产生的信念B（belief 的第一个英文字母），即人的消极情绪和行为障碍结果 C，不是由于某一激发事件 A 直接引发的。在和小军的交流中，小军一直强调是对方男孩儿的错误，因为对方表现出对自己的不尊重。通过与小军初中老师的交流，我们发现在学校小军一直比较自卑，尤其当同学问小军自己的父母亲做什么工作时，小军表现开始支支吾吾、不好意思回答的行为。后来小军认为是对方看不起自己，表现非常愤怒。所以我们分析导致小军这次犯罪行为的根本原因不是小男孩的表现，而是小军内心中的自卑，他非常害怕别人看不起自己。我们和小军交流告诉他每个人的人生都是不完美的，母亲虽然去世了，但是不代表母亲不爱他。我们鼓励他和身边的朋友交流，慢慢消除心中的自卑感。

通过干预，小军的性格有了很大的改变，和父亲的关系也变得缓和。为了预防二次犯罪我们鼓励小军继续学习，远离之前认识的不良朋友。

◆ 知识视窗

反社会行为与反社会型人格障碍

反社会行为（Anti-social behaviour）指的是一种故意或非故意、不顾他人观感，而且可能对社会造成危害、无法增进公众福祉的行为。因此世界各国都在民事和刑事上修订反制反社会行为的条文。

反社会型人格障碍（antisocial personality disorder）又称无情型人格障碍（affectionless personality disorder）或社会性病态（sociopathy），是对社会影响最为严重的类型。患病率在发达国家为 4.3%—9.4%，我国台湾地区为 0.3%。反社会型人格障碍的特征是高度攻击性，缺乏羞惭感，不能从经历中取得经验教训，行为受偶然动机驱使，社会适应不良等，然而这些均属相对的。

参考文献

苏春景：《未成年犯罪的个性特征及预防策略》，《教育研究》2017 年第 12 期。

第 八 章

留守儿童

第一节 留守儿童概述

一 留守儿童的定义

留守儿童问题是近年来一个突出的社会问题。随着中国社会政治经济的快速发展，外出打工潮兴起，也随之产生了一个特殊的未成年人群体——留守儿童。定义留守儿童，需要确定以下三个基本要素：（1）外出父母的数量。是父母双方都外出的孩子才算留守儿童，还是父母中有一方外出的孩子就算留守儿童？（2）孩子的年龄界定。多大年龄的孩子是留守儿童？（3）父母外出的时间长度。父母外出流动多长时间的孩子可以被视为留守儿童，是1年以上，还是半年以上，或者3个月以上，或者其他时间长度标准？在这三个基本要素方面，最早达成共识的是"父母双方或者单方外出"的孩子为留守儿童，这主要是因为家庭教育是一个系统整体，父母双方在家庭中具有不同的功能，缺一不可，所以父母双方只要有一方外出务工，就会对儿童产生较为明显的影响。在儿童年龄界定方面和父母外出的时间长度方面，一直以来都存在着较大的争议。

《国务院关于加强农村留守儿童关爱保护工作的意见》将农村留守儿童定义为父母双方外出务工或一方外出务工另一方无监护能力、不满十六周岁的未成年人。综上所述，留守儿童是对我国广大农村、城镇地区存在的一种特殊儿童群体的称谓，指的是父母双方或一方外出到外地打工每年累计六个月及以上，而自己留在农村生活或不在父母身边的城里的16周岁及以下的儿童。他们一般与自己的父亲或母亲中的一人，或与隔辈亲人，甚至父母亲的其他亲戚、朋友一起生活。留守儿童作为一个社会群体其首要的特征是儿童,而留守儿童之所以产生诸多社会问题,也是源于儿童这一群体的特殊性。留守儿童是一个未成年的社会群体,他们处在初级社会化进程中。他们不是成人,没有完全的行为能力。

留守儿童的产生原因可以分为外部和内部两方面,外部社会因素主要为:(1)城市的户籍问题暂时无法解决,其子女高考的户籍报名政策也是留守儿童无法随父母进城的困难之一;(2)各省间教材与考试内容的差异不利于留守儿童适应新的环境;(3)城市学校的门槛性收费使农民工无法承担将其子女迁入城市学校。内部家庭因素主要为:(1)大部分家长尚无足够的经济能力负担举家进城以及在城市内的生活费用;(2)大部分家长超长的工作时间与过高的工作强度也使之无力承担对儿童的照顾。

关于留守儿童主要分为以下四大类:一是半留守儿童,指的是父母一方外出的儿童。包括父亲外出的留守儿童和母亲外出的留守儿童。二是完全留守儿童,指的是父母双方外出的儿童为完全留守儿童。三是单亲留守儿童,指的是夫妻离异或丧偶的破裂家庭中的留守儿童。四是曾留守儿童,由于多种原因,一些外出打工的父母中途回家后不再外出,这种曾经留守的儿童就成为曾留守儿童。

二 留守儿童的发展趋势

(一)积极趋势:部分留守儿童随父母进城接受教育发展为流动儿童

在20世纪90年代中期,公众开始关注农民工问题,公众对农民工的态度经历了从不合理到合理、抵抗到帮助、负面到正面的变化过程。由于农民进入城市带来的治安低下,秩序不良等问题直接影响了城市居住者的利益,公众最先关注的是农民进城的不合理现象,提出的相应措施多呈消极意味,意在对这一群体施以社会控制。随着时间的推移和研究的深入,人们逐渐意识到农民外出对城镇化、城市建设本身、提高农民收入、发展农村乃至发展中国的重大意义后,社会各界对之态度与政策大有改观,政府也出台了保护农民工权益的文件,针对农民工的措施开始重在帮助服务。

特别是在2006年3月27日,新华社授权发布了《国务院关于解决农民工问题的若干意见》,其中明确提出农民工问题事关我国经济和社会发展全局，维护农民工权益是需要解决的突出问题，解决农民工问题是建设中国特色社会主义战略任务。从上述公众对农民工的认知转变过程可以发现，公众对农民工的态度从"社会控制"走向了"帮助服务"，从1996年起，政府出台了一系列有关流动儿童教育的政策，到2003年明确提出了进城务工就业农民流入地政府负责进城务工就业农民子女接受义务教育工作，以全日制公办中小学为主的"两为主"政策。2006年的《国务院关于解决农民工问题的若干意见》中已明确指出：要求输入地政府要承担起农民工同住子女义务教育的责任，将农民工子女义务教育纳入当地教育发展规划，列入教育经费预算，以全日制公办中小学校为主接收农民工子女入学，并按照实际在校人数拨付学校公用经费。城市公办学校对农民工子女接受义务教育要与当地学生在收费、管理等方面同等对待，不得违反国家规定向农民子女加收借读费及其他任何费用。

国家政策的颁布及城市公民认识的转变为留守儿童转向流动儿童提供了一定的空间和机会。

（二）消极趋势

1. 留守儿童的安全权益问题未能得到保障。2004年6月，湖北省黄梅县港镇八岁留守儿童陈双，因与奶奶顶嘴斗气被奶奶用毛巾错手勒死后沉尸水塘。2005年6月中旬，湖北省郧县城关镇留守家中的李老汉突发脑溢血死亡，3岁的孙子被困家中饿死，直到6月26日邻居闻到异味报警后才被发现。2004年12月，江西省吉水县金滩镇的留守儿童罗欢被舅妈谢某用涂过老鼠药的棒棒糖毒死，另有一无辜儿童被毒倒。上述案例表明留守儿童的安全权益未完全得到保障，亟须社会各界关注。

2. 留守儿童的心理健康问题有待解决。2001年11月，湖北省浠水县清泉镇一名13岁女童吊死在学校寝室里。该女童的母亲与姐姐长期在外打工，她和父亲生活在一起。由于长期缺乏母爱，她的性格越来越孤僻，多种不良情绪聚集导致她产生了轻生的念头。2005年11月，江苏省高邮市一名初二女生，因期中考试成绩不理想服毒自杀。种种类似案例说明了留守儿童具有严重的心理健康问题。

3. 少数留守儿童成为"街角"儿童，甚至走上犯罪道路。四川眉山市妇联的调查发现，33.9%的留守儿童的行为习惯较差，有些留守儿童拉帮结派、打架闹事，成为问题重重的"街角"儿童，个别儿童甚至触犯法律。《解放日报》2004年8月31日版报道了公安部的调查显示出两个"大多数"：全国未成年人受侵害及自身犯罪的案例大多数在农村，其中大多数又是留守儿童。福建省一些地方派出所的数据显示，在因打架斗殴、小偷小摸等行为被送到派出所的儿童中，有60%的是留守儿童。

第二节 留守儿童的特征

一 留守儿童的身体健康特点

"逆向"监护现象普遍存在。一些父母将子女寄养在老人家里，老人成为其监护人，但是他们没有考虑到老人自身的身体情况。有些隔代监护人自身身体状况欠佳，根本无力照顾孩子。许多留守儿童不但要负责自身的生活和学习，还要担负起家庭的重任，对其监护人进行"逆向监护"。长此以往，留守儿童的身体状况也会出现超负荷等问题。

留守儿童的内向的性格以致生病后不愿意向其临时抚养人诉说身体的不适，这样小病发展成慢性病的可能性就会增加。

留守儿童的营养摄入量可能不足或营养摄入不够均衡，导致他们的身体健康受到影响。

留守儿童安全知识的欠缺致使留守儿童遇到突发情况不知如何处理。在全国各地，留守儿童溺水、触电、打斗等意外伤亡事件常常发生，甚至被拐卖、被侵犯的恶性案件也常常出现。

由于缺乏父母的保护，留守儿童更容易受到伤害。

二 留守儿童的心理及性格特点

（一）父外留守儿童：明显影响

1. 父外留守儿童对于父亲外出的态度是相当理性的，他们已经认同家庭的这种模式，他们对父亲外出行为的态度是肯定的，甚至希望父亲外出，父亲外出增加了家庭的收入，提高了留守儿童的物质生活水平。

2. 父外留守儿童教育问题不明显的主要原因在于母亲在家庭中扮演多个角色的成功。母亲之所以能够成功地扮演多个家庭角色，其根本原因在于外出后的家庭社会分工与原来的家庭分工差异不大，男主外女主内的职责得以延续。

3. 父亲的长期外出使家庭中男性角色的长期缺失,对于儿童的心理安全感与责任感是否存在影响是值得思考的。

(二) 母外留守儿童:父亲的角色冲突引发的问题

1. 母亲外出带来的首要问题就是一日三餐都断了顿,衣裳脏了也没人洗,生活质量的全面下降,儿童在情感上的受损极为突出。母亲具有繁殖哺乳的生理性特点,这使得她们与儿童有着天然的联系,儿童会在幼年时期形成对母亲的依恋感,一旦母亲外出,便中断了与儿童的日常情感维系,由此导致对母亲的情感渴望与想念严重到一定程度后便会影响儿童的心理健康,儿童可能出现缺乏安全感、心理紧张、抑郁等心理问题,这也正是"心理断乳"造成的一种儿童的不适感。

2. 母亲的外出也导致儿童的放任自流,无人约束。传统上父亲对儿童的照顾的社会期望就较弱,父亲无法从生活细节上照顾儿童的需求和情感的发展。

3. 角色的冲突也对儿童的成长产生了影响。儿童自出生起,便开始通过社会化接受并不断强化性别角色的期望,男童被赋予的社会角色期待是体力强壮的养家者,而女童被赋予的社会角色的期待则是勤于家务的持家者。因此,这种分工与角色的固定化使得农村男性,无论是已婚的家庭生活还是作为儿童时的成长过程,都未有染指家务的可能,男性被排除在灶台之外。虽然男性具备家务劳动的能力,但是传统的文化使之不能、不想也不愿从事家务劳动,这一劳动属于女性的行为范畴。因此,当家庭中传统的社会分工改变时,女性负责外出养家糊口,男性承担家务时,角色对立出现了。这种角色紧张和冲突使得男性无暇顾及儿童的生长,也无力对儿童予以控制监督。

(三) 完全留守儿童:缺乏教育的监护

父母在外出时,首先选择其关系最为紧密的直系祖辈,当没有祖辈或是祖辈健康程度不佳时,便退而求其次,将监护人的选择向外推至近亲属,直至无血缘关系的邻居。但是,即便是最合适的监护人,也毕竟是监护者,不是父母本身,即便这些外来者与儿童有着血缘与情感上的亲密联系,但是在儿童教育过程中依然出现了问题。

1. 管不了:管不了指的是监护人没有对儿童进行社会控制和教育监督的能力。为什么管不了呢?老年人生理的日渐颓势与家庭中心地位的渐失，使他们无论在生理上还是在心理上都开始真正的老化，他们对家庭事务在生理上开始缺乏足够的精力，在心理上也认同这一年龄社会所赋予的角色，开始渐渐放弃对家庭职责的承担，对儿童放手不管。

2. 不好管：不好管指的是监护人的两难。管多了不行，管少了也不行。祖辈、近亲与邻居都存在不好管的问题。祖辈不好管的原因在于核心家庭中，祖辈的地位已经开始边缘化，原有的大家庭中的权威地位消失了，大家庭开始分裂成数个核心家庭，每个核心家庭都有着新的权威，祖辈的权威急剧下降。因此，祖辈的角色由家庭的绝对权威变为监护人，他们无法再严厉地管教儿童。

近亲和邻居等监护人对儿童的衣食住行照顾周全，但对儿童的教育基本停滞，他们担心说多了儿童无法接受，反而因此伤了外出者的情面，破坏了与外出者的良好关系。因此，他们宁可少说少管。

3. 不愿管：并非所有监护人都乐于承担监护之责，有些监护人并不愿意照顾儿童，甚至还有极端个别的监护人因不愿意承担监护之责，对儿童进行虐待。

4. 舍不得管：舍不得管主要是祖辈监护人。农村对血脉的传承视为重中之重，祖辈对孙辈的疼爱不仅是感情因素的使然，更有中国传统文化的要素，这些孙辈代表着家庭的延续，因此，祖辈对孙辈的照顾很大程度上已经超越了父母对子女的帮忙，更是一种代际间无偿的奉献，如同子辈对长辈向上的孝一样，这种隔代的亲昵也从祖辈对孙辈向下发生。再考虑到他们的父母都在外，祖辈便有可怜之意，因此愈发舍不得管教儿童。

以上几种管法都造成了完全留守儿童的纵容型教育。鲍姆思提出了养育方式理论，它认为父母对子女的养育方式分为三种类型：纵容型、专制型与威信型。监护人对于完全留守儿童的教育方式属于典型的纵容型。鲍姆思又将纵容型分为两种：溺爱型与忽视型。四种"管"法中，舍不得管是典型的溺爱纵容型，管不了、不愿管与不好管则是忽视纵容型。(1) 溺爱纵容型的儿童有两个特点：一是得到了过多的关爱与情感。这类儿童在家庭中是备受关注的。二是无须遵循规范。这类儿童在家庭中被施以极弱的控制，他们按照自己的目标完成行动，无须遵循规范，自主性极强。由此，这类儿童也形成了骄纵、任性、自私、以自我为中心等性格特征。(2) 忽视纵容型的儿童则呈现出与溺爱纵容型儿童不同的特征：一是得到的关爱与情感明显不足，这类儿童长期被"晾"在一旁，不受他人关注与关爱。二是经常在无人控制与注意的情况下行动，但是这种行动并非为所欲为，仅是无人关注而已。这类儿童显现出抑郁、紧张、散漫、敏感等性格特征。

（四）单亲留守儿童：双重困扰下的问题儿童

所谓单亲留守儿童指的是来自破裂家庭的留守儿童，"破裂"指的是离异家庭和丧偶家庭。在这样的家庭中，又出现了父母外出问题，因此对于单亲留守儿童而言，面临的困扰是双重的：一是家庭破裂带来的困扰，二是父或母外出带来的困扰。这两种困扰糅合在一起，使儿童的处境更为艰难。因此，在这类家庭中的留守儿童表现出的教育问题最为严重，这些单亲留守儿童大多数都是问题儿童。

（五）曾留守儿童：社会适应的长期不利效应

1. 父母中途回家后，家庭经常收入骤然减少，给予儿童的零花钱相应减少，儿童感受到的物质生活水平可能由此下降。这种变化可能对儿童产生负面影响。

2. 儿童对留守生活适应不良是绝大多数打工父母中途回家的原因。曾留守儿童现在的社会适应水平差的结果进一步说明，曾留守现象给儿童带来的影响可能存在长期效应，曾留守儿童社会适应的总体水平低、自尊低、孤独感强、抑郁高、社交焦虑高，尤以小学生或女生明显。

三　留守儿童的学业表现特点

（一）留守儿童≠成绩差

留守儿童并非等于差生，儿童间的成绩没有差异主要是由两个原因造成的：一是农村中家长对儿童的学习监督与辅导过少，由此即便是家长外出对于儿童的学习也不会造成明显的影响。二是农村儿童整体成绩偏差，因此儿童间的成绩的差异也并不明显。

（二）留守儿童≠辍学儿童

由于父母的双外出提高了儿童的教育支付能力，使儿童继续接受教育有了可靠的经济支持。父母共同外出使父母本身强化了教育的重要，也使儿童自身强化了对教育的重视。

四 社会性发展特点

教师们正确引导帮助留守儿童发展成为社会的有用人才。良好的学校影响,在某种程度上部分代替了家长的监护功能,家庭的监护权部分转移到了学校中去,在一定程度上缓解了儿童的留守问题。此外,良好的学校秩序和教育管理,使得儿童对学校充满了信任、遵从,将学校习得的良好习惯带到了日常生活中来,抵制了外界不良的社会影响,儿童将老师的话奉为"圣旨",在非学校的地点也恪守着老师的要求。

大部分完全留守儿童都不是问题儿童,只有完全留守情况下和单亲留守情况下的两类极端的儿童因失去社会控制,成为问题儿童。溺爱纵容型的儿童因失去社会控制可能成为攻击型儿童,而忽视纵容型的儿童既可能成为攻击型儿童也可能成为退缩型儿童。攻击型儿童很可能发展为街角儿童或是流向犯罪,退缩型儿童则因长期抑郁孤独,罹患心理疾病,严重者甚至回避与他人接触,无法正常生活。

第三节 干预方法

一 社会干预

(一)国家适时修改相关法律,为农民工子女随父母进城就读提供相关保障机制和法律支持,打破一切影响和限制农民工子女就近入学的条条框框,免除一切不合理收费,使农民工子女在教育方面享受与城市儿童同等的待遇

(二)加大各级政府对农村义务教育的投入力度

1. 流入地政府要扩大公办中小学借读生的规模,让全日制公办中小学接纳农民工子女就读,同时资助农民工子女学校。

2. 流出地政府要加大对教育的投入,开办寄宿制学校。

(三)调动社会各方面的力量,为农村留守儿童的健康成长创造良好的外部环境

1. 在进城务工农民较多的地方积极鼓励社会力量开办各种各样的看护中心、寄宿公寓,给有不同需求的打工子女提供不同的学习、看护和寄宿条件,对目前一些地方出现的"代理家长""扶养中心"之类的民间

托管形式，应制定相应的政策，明确其职责，规范其行为。

2. 加强农村乡镇文化建设，大力整治校园周边环境，打击违法经营的网吧，根治各种精神污染对孩子的毒化，让农村中小学生在良好的环境中接受教育和熏陶。

3. 积极组织"青年志愿者"和大中专学生参与农村留守儿童的教育工作，以多种形式为留守儿童提供教育和生活支持。

4. 政府的公安、文化、新闻、出版等职能部门应切实履行自己的职责，与学校共同承担起留守儿童教育和保护的责任。

5. 适应农村剩余劳动力转移的需要，积极开展流动人口子女教育问题的研究。农民工子女教育问题是社会转型期我国教育面临的一个重要现实问题，涉及我国社会经济的众多领域，因此需要组织教育学、心理学、社会学、政治学、经济学等领域的力量，进行跨学科的合作研究。建议在有条件的高校设立专门机构，进行长期深入的研究和实验，以寻求解决问题的对策与办法，这既为国家宏观教育决策提供参考，又为地方政府制定具体政策提供具有可操作性的建议。

二 学校干预

学校干预的重要性：社会上关于"留守儿童"教育的主要做法是一种"还原法"，既然"留守儿童"的问题主要原因是由于父母在儿童教育和生活中的影响缺失所造成的，那就把"留守儿童"教育的中心环节放在监护人管理制度的完善上，或者说，直接倡导父母不外出或避免父母双亲同时外出，所要达到的目标是：欲使"留守儿童"拥有其他儿童一样的生活与教育环境。这种做法虽有一定建设性，但是它简单、回避重点。

本质上"留守儿童"的问题主要不在于亲子离异，而在于学校教育、社会教育以及家庭教育之间的关系失调，学校教育除了学业教学外，还应对学生的生活和心理发展进行干预。

（一）教学管理方面的干预

1. 改革学校内部管理体制

要改革学校的内部管理体制，着力提高教师素质和教学质量，使学校成为孩子喜爱和向往的地方。建立留守儿童档案，随时掌握他们身心变化的情况。进行有针对性的教育和管理，建立留守儿童监护人与学校的定期联系制度，经常与监护人沟通，了解他们在家的情况，督促监护人履行监护职责。组织留守儿童参与文体娱乐活动，充实业余生活，多与他们交流和沟通，抚慰他们的心灵和感情。发动老师、团员、少先队员和其他学生对留守儿童进行结帮扶，减轻他们的心理压力。

2. 采取灵活的办学方式

根据留守儿童群体的特点以及家庭经济状况，可以在有条件的学校实行"校中校"或"一校两制"的管理方式。不少人外出打工，家庭富裕了，愿意投入，希望把自己的孩子送到寄宿条件较好的学校。针对这部分家庭的需求，可以适应允许有条件的学校放开一定的收费政策限制，改善学校的寄宿条件，安排专职生活指导老师、学习辅导老师进行全方位的关爱、管理和教育。

3. 变革学校现有的教育模式

重新配置现有的教育资源，变革学校现有的教育模式。要建立心理健康咨询室，开展心理健康教育，消除学生的心理障碍。要建设"家庭式"学校，成立亲情服务部，开通家长热线或建立"心连心"网站，以便于家长及时了解留守儿童的问题并及时沟通。要优化教育内容，增加农业和科技实用技术等内容，让学生们初中毕业时能掌握一门生存的技能，以适应社会和市场激烈竞争的需要，激发学生的求知兴趣和热情，农村教育应兼顾学生的升学教育和技能教育，要突破陈旧的教育理念，调整课程结构，加强留守儿童的生存、安全和法制教育，使之自尊、自立、知法、守法，提高他们的生存能力和整体素质。要全方位地关注每一个留守儿童，给他们父母般的关爱，以减轻他们的心理压力，满足他们的心理需求，促进他们健康成长。

4. 创建校本课程

关于"留守"，社会大多关注的是"留守"给儿童造成的困难，但实际上，"留守"背后蕴藏着一笔巨大的教育财富。就父母而言，外出打工的父母，在外出打工的过程中，所经历的背井离乡的各种精神与生活上的痛苦与磨难，打工者在外地所演绎的种种感人故事，无疑都是一笔现实的教育财富。这些现实素材对于深化学生对生活的认识，对于沟通、升华亲子间的真情等，都是再有效不过的素材。可以将"留守儿童"父母在外出打工过程中的各种艰辛经历,各种吃苦耐劳,拼搏向上的先进事迹写入教材,列入学生日常的课程当中。如此一来不但能增强父母与子女间的联系,还能发扬父母的榜样作用,"身教"胜于"言传",通过父母对子女的影响来培养留守儿童"自强、自律、自立"的优良品质,在教学过程中增进留守儿童对父母的理解、崇拜、感激之情。

(二) 教师管理方面的干预

1. 设立生活老师。父母由于长期在外无法照顾孩子,使得留守儿童在生活上无人照顾,缺乏成人的关爱。学校可以设立生活老师,对环境适应能力较差,自制力较弱的孩子进行帮扶。强化留守儿童行为规范的养成训练,在教学中加强生存教育、安全教育和法制教育,帮助他们学会自我管理、自我保护。

2. 设立心理老师。亲情关系对孩子的行为习惯,心理健康、人格与智力发展有直接而重要的影响。由于父母不在身边,留守儿童长期缺乏亲情的抚慰和关怀,往往感到焦虑、紧张、缺乏安全感,人际交往能力较差;长期与父母分离,他们的性格往往变得内向、自卑、悲观、孤僻,学校应设立专门的心理咨询室,配备专职或兼职的心理辅导和咨询老师,开设一些心理健康教育课程,为全校教师和学生提供心理辅导和咨询服务,尤其是让留守儿童能针对自身的问题去寻求解决之法,从而为留守儿童排忧解难,引导其心理向着健康的方向发展。

3. 班主任管理。留守儿童存在种种心理问题和烦恼,其实都可以认为是缺乏对现实的正确的态度和内心的不平衡所致。父母外出务工,班主任成为留守儿童接触最多的管理者,班主任应当尽其所能地为留守儿童提供优良的学习环境和教育指导。一是班主任帮助留守儿童学会正确评价自己,培养自信心。"金无足赤,人无完人",每个人都有自己的长处和短处,要善于发掘和发展自己的优势,"避己之短,扬己之长",对自己做出公正全面的评价。班主任要指导留守儿童去做一些力所能及、把握性大的事情,如帮爷爷奶奶做一些家务,帮助有困难的同学,学会克服自己学习上的一些不良习惯等,即使是很小的事,也能获得成功的体验,起到增强自信心的作用。二是培养抗挫折的能力。挫折感在留守儿童的心理上表现很明显,他们常常会由于考试的失败、学业的担忧、社交的障碍、缺少父母的关爱等方面的原因体验到挫折感,遇到挫折时应进行冷静的分析,从客观、目标、环境条件等方面找到受挫的原因,并采取有效的补救措施。要善于根据自己的优势确立奋斗目标,在前进过程中发现不切合实际时,要及时调整,化压力为动力。三是培养合作交流能力。留守儿童由于长时间缺少父母的关爱呵护,自闭心理较为严重,常常不愿与人交往,心理压力较大。在学校教育中,班主任要鼓励他们多参加班级和学校的各种活动,为他们展示和表现自己提供一定的平台。应鼓励他们克服自闭心理,试探着主动与人交往,慢慢获得成功的体验。

(三)班级管理

1. 可以邀请有外出打工经历的父母参与班会,通过他们打工经历的讲述,和打工者与学生间直接交流,使"留守儿童"理解父母,尊重父母,形成正确的生活观。

2. 关注儿童的生活,适时组织留守儿童参与一些娱乐活动,使他们的业余生活丰富多彩,让留守儿童从共同的交往活动中培养他们对集体的依恋和归属感,形成积极的情感体验。

三 家校共育

(一)家庭方面的支持

不少留守儿童的父母视学校教育为子女教育的唯一途径,认为孩子在学校就读,所有问题都应由学校老师负责解决,而对自己如何配合学校教育子女的工作持消极态度,很少与学校联系,导致学校不掌握留守儿童父母的打工情况,而外出的父母对自己的子女在学校的情况也不甚了解。在双方都不知情的情况下,留守儿童的教育问题很难得到解决。为此,父母在外出打工之前,一定要将自己在外打工的情况、联系方式等告知学校,并主动地与学校加强联系,以便及时了解孩子身心发展的状况,配合并支持学校的教育工作。要加强与子女的交流和沟通,最好每周联系一次,还要经常与临时监护人保持联系,了解孩子的学习和生活情况,要利用打工的淡季,尽可能多地回家与孩子团聚,做到挣钱与关心子女教育两不误,使孩子从小在被关爱的氛围和良好的心理环境与社会环境中健康成长。

（二）建立制度化家访

家访的次数每学期应不少于两次，以便及时了解留守儿童的情况，建立起学校和家庭对留守儿童相互支持的培养模式；学校对留守儿童进行一段时期的跟踪观察，及时发现问题，探讨相应的矫正措施，并对有关措施产生的效果及时进行总结，使之形成经验；针对留守儿童缺乏父母关爱，在情感发展上缺少支持的现状，教师要及时进行角色置换，由单纯学习上的指导者转换为关注和指导他们学习、生活、情感、心理等问题的临时父母。抓住节日假期家长回乡的时机，召开留守儿童家长会，使学校、家庭产生合力效应。

（三）办理家长学校

针对临时监护人的素养问题，可以多利用学校、社区机构，办理"留守儿童"家长学校，举办临时监护人的培训班，进行儿童教、养、护的知识普及与培训。

第四节 案例与干预

李啸（化名），男，七岁，生活在一个普通家庭，三岁时父母离异，此后母亲一直没有看望过他，父亲外出打工，每年只有过年才回家住10天，是一名典型的留守儿童。从小由奶奶带大，由于奶奶视力不好，很少让孩子离开她的视线，李啸从小就很少跟其他小朋友一起接触、玩耍，同龄朋友很少。上幼儿园之后爷爷就发现孩子有点儿不对劲，很难跟上幼儿园的生活节奏，连续换了好几个幼儿园，第一个幼儿园待了两年，第二个待了一年半，第三个又待了半年（本来幼儿园三年，但是孩子跟不上节奏，又让孩子多上了一年）。孩子现在上一年级，认拼音、写汉字的能力比其他的小朋友要差很多，比如教他画一个五角星他都学得特别慢，而且给他示范多次都很难完成，每次拿起笔都写不了几个字，遇到一些较难的题时都会嘟囔"太难了""我不会，我想不出来"这样的话，每周作业很难完成，刚开始考试时一张试卷一个字也不写，得零分。同时他缺少许多生活经验，甚至不会穿鞋，不会拉衣服的拉链、系纽扣。孩子的性格也十分内向孤僻。

后来在与孩子的接触中发现，李啸虽然生活中很少主动与人交流，但其实是一个善良、有礼貌的小男孩，每次我们去他家，他都会主动给我们开门和打招呼，我们离开时也会站起来跟我们说再见，很愿意跟我们一起相处，他并不是排斥与别人交流，只是同龄的小朋友觉得他学习不好，不喜欢和他玩儿，这样他就被孤立了。奶奶对孩子很溺爱，觉得他父母离异没人管他挺可怜的，于是在生活物质方面满足他，经常替孩子做一些本该这个年龄阶段的孩子能够做到的事情，导致了他特别地缺少生活经验。爷爷在学习方面也对他非常严厉，平时从不让他看电视，也不注意让孩子多接触些东西、多与人交流，只是片面关注孩子的学习成绩，导致孩子产生了厌学心理。

在与孩子接触过程中，我们感受到孩子尤其排斥学习，对游戏比较感兴趣，所以通过一边游戏一边学习的方法来帮助他。针对孩子不会握笔、写字，排斥学校，对很多事情注意力不集中、做事迟缓没有时间观念，缺乏生活实践等问题我们设计了以下一系列行为主义干预疗法。

首先，我们设计了捏豆子的游戏，让孩子在20分钟用左手的中指、食指和大拇指将豆子一粒一粒地放入瓶内，锻炼孩子手指的灵活性和注意力的集中，并带他寻找握笔感觉。这个活动每次都进展得比较顺利。孩子手指比以前灵活了很多，学会了正确握笔，同时孩子的注意力也得到提高。

然后是书写练习，因为孩子不喜欢写字，写的字也总是记不住，于是我们从教他简单的象形字开始，每次去教他三个象形字。第一次，准备了"家""鸟""竹"三个象形字，问他这个像什么，他只看出了鸟的形状，然后让他猜一下意思，最后让他自己动手画，虽然写得很潦草，与实物差别很大，但是他能很快认识这三个字，并说出这几个字的意思。后来，对他写字要求更严格些，他的字也慢慢变得好看了，也能写更多比较难的字。

之后是走马路沿儿，在第一次对他进行干预时，走马路沿儿他显示出很积极的情绪，刚开始孩子一分钟之内掉下来好多次，我们提示他看脚底，认真一点，明显有了效果，一分钟之内会掉下来三四次，有时一次都不掉，练习到最后能做到完全不掉。在这20分钟里，他一直很开心，很积极地配合老师。经过七周的训练后，孩子走马路沿儿走得已经很顺利，平衡能力提高了很多。

最后帮助孩子交朋友。我们首先和小孩儿做一个游戏，假如我是一个小朋友，问小孩儿应该如何跟我沟通交流，他不知道该怎么开始，于是另一个老师就指导小孩儿怎样跟同龄伙伴（我）进行交流，可以跟其他小朋友介绍一下自己的兴趣爱好等话题，还要向其他小朋友介绍一下自己的家在哪里……这个游戏玩了两次，之后我们带着小孩儿到他们附近的广场玩儿，告诉他必须交到一个朋友，他去找了一个年龄比他小的小女孩儿（三岁），和小女孩儿主动说话，很好地运用了我们在做游戏时所用的交往技巧，很快和那个小女孩成了朋友，孩子表现得也特别开心。

通过三个月的干预，孩子生活能力提高了，喜欢自己独立完成一些力所能及的事情，对于同龄孩子也敢于去沟通交流，孤僻的性格逐渐改变，在学习方面，写字时会有意识地集中注意力，能认和写的生字数量都增多了，对学习的自信心有所提高，成绩进步了很多。

参考文献

[1] 李强、藏文斌：《父母外出对留守儿童健康的影响》，《经济学季刊》2010年第1期。

[2] 胡晓刚：《农村留守儿童家庭隔代教育问题及对策研究》，《中国校外教育》2015年第21期。

[3] 冯建、罗海燕：《"留守儿童"教育的再思考》，《广东教育学院学报》2005年第2期。

[4] 李佳圣：《农村留守儿童教育存在的问题及对策：关于鄂东南农村留守儿童教育问题的调查报告》，《教育探索》2011年第12期。

[5] 殷世东、朱明山：《农村留守儿童教育社会支持体系的构建——基于皖北农村留守儿童教育问题的调查与思考》，《中国教育学刊》2006年第2期。

[6] 徐阳、袁振国：《农村留守儿童教育问题研究》，《比较教育研究》2006年第9期。

[7] 范先佐：《农村"留守儿童"教育面临的问题及对策》，《国家教育行政学院学报》2005年第7期。

第九章

服刑人员未成年子女

第一节 服刑人员子女概述

一 服刑人员子女的定义

服刑人员未成年子女是指由于父母中一方或双方犯罪导致在监狱服刑，然而罪犯仍有子女且未满18周岁，由于缺失父爱或母爱而成为社会关注的人群。服刑人员未成年子女的生活形式主要包括以下六种：

（1）单亲抚养：父亲或者母亲被判刑，服刑人员未成年子女由单亲抚养。在单亲家庭的环境下，未成年子女可能会产生没有家的孤单感受。（2）寄养：父母双方服刑后，他们的未成年子女或者由孩子的祖父母、或者由外祖父母照顾，还有的可能被寄养在叔辈、姑姑等亲戚家中。（3）由年长的血亲哥哥姐姐照料。（4）流浪社会。（5）独自生活兼由邻居、居委会照顾。（6）由监狱协调生活在社会爱心人士赞助的机构中，如：太阳村、爱童园等地。

二 服刑人员子女的基本状况

监狱服刑人员未成年子女是近年来社会变革中逐渐衍生和正在趋成的一个特殊群体。为了清晰地勾勒这个凸显的社会问题，司法部于2005年中期组成课题组，集中力量开展"监狱服刑人员未成年子女基本问题"的调研工作。本次调查以全国31个省（区、市）所有在押的有18周岁以下未成年子女的服刑人员为总体，分别抽取了12个省、区、市的36座监狱中（重型犯监狱、普通犯监狱、女犯监狱各占三分之一）有未成年子女的服刑人员样本11527个，采集数据超出50万条。在此基础上，对我国监狱服刑人员未成年子女的基本情况进行了归纳和整理：

截至 2005 年年底，在我国监狱服刑的 156 万名在押犯中，有未成年子女的服刑人员近 46 万人，占在押犯总数的 30% 左右，服刑人员未成年子女总数逾 60 万。其中，94.8% 的孩子并没有受到过任何形式的社会救助，他们的生存状况面临很多问题。

调查结果显示：45.9% 的监狱服刑人员表示，孩子目前的生活状况没有保障，原居住地在农村的监狱服刑人员中，有 52.8% 认为其未成年子女的生活状况没有保障；25% 的监狱服刑人员表示，对孩子目前的生活状况是否有保障不清楚；不足 30% 的服刑人员认为孩子目前的生活状况处于有保障状态。服刑人员未成年子女中有占 2.5% 的人在社会上流浪、乞讨，约有 1.2% 有违法犯罪行为。调查数据还显示，曾受到过社会救助的服刑人员未成年子女仅占总数的 5.2%，目前全国大约有 6 万个服刑人员家庭的未成年子女的监护权存在着事实上的丧失或者缺损，他们的生活状况、教育状况面临很多问题。

（一）服刑人员子女家庭经济收入偏低，生活质量差

相关调查研究指出，在所调查的服刑人员未成年子女中，75% 的家庭年收入低于 12000 元，许多孩子还只能靠单亲乃至祖父母、外祖父母的微薄收入来维持生活。孩子的每月生活费很少，每月 100 元以上的仅占 18.75%。

（二）服刑人员子女缺乏亲情的关爱，心理健康发展受阻，社交行为出现偏差

未成年时期正是身心健康发展的关键阶段，未成年人尤其需要来自父母的关爱。但是，服刑人员未成年子女因为无法与正在服刑的父母正常相处，所以其成长过程中的重要支持纽带被迫断裂，无法得到来自父母的陪伴与关爱。而且亲人的入狱，给服刑人员未成年子女的心理上蒙上了阴霾，"犯罪子女"的标签，让他们内心自卑敏感，性格倾于内向，甚至自闭。女孩子变得压抑与内向，一定程度的自我封闭，男孩子则逐渐变得行为有攻击性以及发展出一些不良的诸如喜欢撒谎、小偷小摸等行为。这些心理及行为特点极大地影响了服刑人员未成年子女的人际社交行为。

有调查研究指出"服刑家庭子女虽然在社会交往中存在一定问题，

相对普通家庭子女的社交行为来说更为不足",比如：在社会参与、同伴交往方面显著弱于普通家庭子女,但他们的"乐群性"与"成熟度"发展正常,与普通家庭子女没有差异。可见,服刑人员未成年子女也有着正常的人际交往的需求,而且也有这方面潜在的能力。

另外,他们的独立意识比同龄群体要强。多数服刑人员未成年子女认为现在的环境很不尽如人意,希望通过长大后的努力来改变生活状况,或希望独立后能离开现在的生存环境,减少因亲人入狱给自己带来的负面影响,所以,他们的独立意识很强。当然,由于他们还处于未成年时期,所以他们抵御风险的能力还是比较差的。

（三）学习问题严峻，辍学现象严重

大部分服刑人员未成年子女很难完成义务教育,辍学现象严重,极少有机会继续深造,其流浪、乞讨现象严重,犯罪率远远高于全社会未成年犯罪率。由于亲人入狱导致家庭经济相对困难,所以,由此带来的社会歧视加剧了生活无助感,使得其求学过程中很多问题产生,导致他们学习兴趣下降,动力不足,效率降低。有统计结果显示：服刑人员未成年子女中辍学的人数占被调查服刑人员未成年子女总数的13.1%,并且服刑人员未成年子女中的辍学群体在其父或母亲入狱后显著增大。

三 服刑人员未成年子女出现问题的原因

（一）家庭角度

教育是一个系统工程,教育系统包含着家庭教育、学校教育、社会教育三个部分,三者相互密不可分,缺一不可,相互作用,互相影响。在这项系统工程中,家庭教育是一切教育的基础。青少年在成长的阶段的困惑苦恼都需要父母给予关心、疏导、教育。家庭是否健全,是否和谐对孩子今后是否能够健康的成长起着至关重要的作用,对孩子人格的形成有着重要的影响,对人的一生都有着深远的影响。家庭环境的好坏甚至会改变人的一生。

家庭环境恶化引起教育的缺乏。家庭环境良好是孩子健康成长的重要因素之一,其本身就是一种无形的教育,它是物质环境,也是精神环境。精神环境是一种隐性环境,主要体现在文化氛围、生活方式、父母行为等方面,潜移默化地影响着孩子的健康成长。服刑人员道德不良,本身就是对未成年子女的一种不良影响，再加上监护人普遍文化水平不高，文化生活低俗，缺少良好的文化氛围的熏陶，家庭的生活环境被污染了，孩子在家中不能受到正向的引导，就会产生更多的不良影响。另外，监护人因解决经济问题到处奔波，根本无暇照顾子女生活起居，所以引导教育更加欠缺，往往放任其任意发展。更有一部分是由祖辈照顾的，祖辈在精神上和身体上都在走下坡路，自身或许都需要别人照顾，根本无法取代父母来照顾和教育孩子。而由其他亲戚监护的孩子，因为亲戚觉得不便过多干涉其行为，所以几乎处于家庭教育缺失状态。对于这样的家庭来说，在孩子成长的关键时期，孩子本来就身处畸形的家庭环境中，缺乏良好的榜样，和谐的家庭气氛，如果此时在孩子脆弱、迷茫的时候家长不能很好地给予引导和帮助、关怀与呵护，孩子的认识很容易产生偏差，心理出现问题，甚至走上犯罪道路。

亲子关系的中断对服刑人员子女的身心健康有着不可割裂的影响。我国《监狱法》第十九条规定，罪犯不得携带子女在监内服刑。异地服刑目前是我国的主要服刑方式，服刑地点不能由服刑人选择或申请转狱，探视犯人就变得非常麻烦。服刑人员家庭大多缺乏主要劳动力，经济状况不好，没有能力经常去探视，导致亲子关系中断。青少年儿童正处于需要情感支持，需要父母呵护的敏感时期，在此时得不到父母关爱，势必会影响孩子优良人格的形成。服刑人员未成年子女虽然对他们的罪犯家长存在看法，但自然亲情使他们另一方面渴望家长关爱。父辈服刑阻断了这种家长关爱，丧失了家庭的温暖，会导致孩子抑郁、自闭、喜怒无常，导致人格和性格的异常。再加上对在监狱长期服刑的亲人不了解，用想象代替了现实，通过电视、网络、报纸得到的信息，想象出的父母是一种邪恶的形象，心中充满了自卑感，使得孩子很难亲近父母，父母也无法走进孩子的内心。由于经济因素，服刑人员与其子女见面的机会不多，亲情淡化，不利于孩子的健康成长。

（二）学校角度

服刑人员子女父母入狱后家庭变得残缺，最天然的教育环境恶化，导致最基本的家庭教育缺失，这就需要学校来加以引导和帮助。老师和学校的帮助会缓解孩子们异常的心理和改变不良的行为。学校教育不当，不但不能帮助孩子向上，反而会对处在青春期的服刑人员子女的心理和思想起到反方向的作用。使他们心理更加自卑消极。

1. 学校存在教育歧视的现象

教育歧视是在教育过程中对学生后天努力无关的个人特征的评价。根据这个定义，对一个学生的评价要看他后天的努力程度，而不是他的天赋、家庭出身、民族、性别、身体上的先天特征、国籍或所在地区等因素。如果这些与后天努力无关的因素在教育过程中得到了正向的或负向的价值，就可以说发生了教育歧视。教育歧视普遍存在，服刑人员未成年子女更会受到不公平对待。

一直以来，入校学习都要填写家庭信息，为的是帮助学校和老师了解家庭情况，更好地教育孩子。可是一些学校一旦知道某些学生家长是服刑人员，就会拒绝其入学。特别是需要考试的一些重点中学，就算他们成绩优异步入重点中学，也被区别对待。生活中，老师也会对其产生偏见，认为"龙生龙，凤生凤。"学校一旦出现丢东西的情况，首先被怀疑的就是服刑人员子女，这深深地伤害了孩子的自尊心。老师的否定较多，肯定较少，批评教育的效果也会大打折扣。老师的不信任也会波及全班，周围同学也会对其疏远，孩子们对老师也会抱有很大的意见。

2. 教师的教育方法失当

服刑人员未成年子女在家中缺少了应有的关爱和呵护，因此，他们需要在学校生活中补偿，老师的关心和班级的温暖会在很大程度上化解他们心中的痛楚。因为家庭的不完整，服刑人员未成年子女会有更多的烦恼和问题，比其他孩子更需要老师的帮助和心理上的疏导，来弥补亲情的缺失，弥补对健全人格的不良影响。适当的教育方法不但可以让服刑人员未成年子女获得知识，更能使其道德上、心理上良性发展，自觉地遵守学校纪律和社会规范；相反的，不当的教育方式会在更加恶化其不良行为的同时使其对学校的教育产生排斥，影响孩子正确价值观的形成。

几十年来，中国一直提倡素质教育，摒弃应试教育，但是在实际贯彻中存在许多问题。一方面体现在学校过于功利化，特别是农村中学将学生成绩与升学率和老师的奖金挂钩，学习有困难的学生被老师放弃是很常见的事情，服刑人员未成年子女整体的学习成绩与学习态度不如良好家庭子女，于是，很容易受到老师的冷落，成绩越差，老师的关心教育就越少。老师眼中只有成绩，对差生一味地否定、批评，看不到孩子其他的优点，不能找出问题的症结所在，本身就自卑的服刑人员未成年子女，认为这个集体不接受他、歧视他，就越发的压抑，学生慢慢在这个集体中感受不到温暖和归属感，不愿意融入这个集体中。青少年正处于精力旺盛的时期，倘若不把心放在学习和集体生活中，一旦存有邪念，没有家长和老师的帮助和引导，长此以往，面对这个纷繁的世界，稍不留神即会走上犯罪的道路。

另一方面，学校单纯地重视智力教育，殊不知"德智体"以德为先，成绩不是衡量学生优异的唯一标准，往往忽视对学生进行道德教育和心理素质的培养。授课方式应试化，很少融入道德教育，更不要说法制教育了。特别是在农村大多数不会开设此类课程，即便开设，也是让"主课"老师占用，或一带而过，草草了事，只是走走形式而已，学生当然也不会认真听讲，上课时多在看其他书籍，或走神或做小动作。所以在学校教育中心理问题很难解决，素质教育缺失，法律常识知之甚少，很容易受到侵犯，或侵犯其他人的利益，许多少年犯到上法庭才知道自己的行为是违法的。

（三）社会角度

关心和保护服刑人员未成年子女的成长是整个社会的责任，社会帮助应立足于加强宣传，使广大群众真正了解这一群体，消除社会歧视，完善法律法规和社会保障制度，解决服刑人员未成年子女的经济问题，改善不利于服刑人员未成年子女成长的不良环境，保护其健康成长。

1. 社会歧视

中国是一个有几千年历史的悠久文化古国，扶危济困的社会责任和抑恶扬善的道德心境，早已作为传统文化，深深渗透在中国人的骨子里。因此，在中国，人们尊重英雄的子女，鄙视罪犯的孩子；贫困家庭和孤儿会有人同情，服刑人员子女被认为是罪有应得；农村留守儿童保护有国家的高度重视和相关配套政策扶持，而服刑人员的家庭经济困难没有人同情，其子女心理问题和教育缺失没有被重视。人们普遍认为，接受刑事惩罚是罪有应得，法律严惩犯罪是理所应当。而其子女受到的不公平对待与这个社会没有任何关系，源于其父或母的罪过。甚至有一部分人对服刑人员的家人表现出敌意，认为应该打压服刑人员的子女，认为要让罪犯和其家人知道社会对其的仇恨、歧视，这样他们才会有所顾忌。

当了解到是否愿意让其子女与服刑人员未成年子女交往时，家长们都频频摇头，认为服刑人员子女的道德必然相对低下，很怕自己的孩子学坏，有些则会担心自己子女的安全。对是否愿意邀请服刑人员子女来家中做客时，家长们也表现出了顾虑，证明还是对服刑人员的亲人心存芥蒂。因此，服刑人员家庭的子女，特别是处于成长叛逆期的服刑人员未成年子女，其心理素质尚未定型，在这种生活环境中，不敢向社会求助，不敢与邻里交流，不愿向伙伴与老师倾诉，导致自我封闭、逐渐自暴自弃，逐步走向社会的边缘。

犯罪是一个人的行为，应由罪犯个人承担责任，而他们的子女却同样受到了社会的不公平对待，孩子们是无辜的。服刑人员未成年子女有自己的尊严，与其他的青少年享有同样的权利。在已经深受经济和心理双重打击的时候，社会更应该给予他们更多的关怀、理解、帮助和支持，而不是冷漠对待。给这些在成长道路上受到伤害的孩子创造一个温馨、和谐的生活环境。

2. 缺乏必要的法律监督与保障

服刑人员未成年子女的救助已经实行很多年，也受到了社会的广泛关注，可是法律和政策方面还十分欠缺，法律上，只有《监狱法》规定服刑人员不得带子女入狱，可是专门针对其合法权益保护的法律规范还是个空白。在家长服刑期间没有人监护照管的未成年子女，应该由谁来救助和管理，目前在法律上没有明确规定。政策上，按照中国的政策，进入福利院的儿童主要为残疾人或孤儿。最低生活保障针对的也主要为城市的居民。在助学方面，只有国家级贫困县的义务教育阶段的学生才能享受"两免一补"政策，对于其他并没有规定。服刑人员未成年子女显然成了各项法律和政策都无涉及的盲区。

四 服刑人员家庭未成年子女的发展趋势

（一）服刑人员子女的生活环境利于抗逆力的养成

抗逆力是个体生命状态在面对"逆境事件"的一种反应形式和发展状态，其最终的目的是找到个体生命所处的位置和意义。存在的意义感是一个人正常生活和成长的根本所在，也是面对困境依然坚持生存下去的重要力量。服刑人员未成年子女在面对突如其来的变故时，容易质疑个体生命存在的意义。为什么我要面对这么多的磨难，为什么上苍对我如此不公，我活着还有什么意义？因此如何回应以上的发问，找寻、探究其生命存在的意义就成为抗逆力养成的终极目标。

在经历了自我概念的重塑以及外在资源的获取后，抗逆力的养成已具备了内在和外在的前提条件，最后一个步骤就是实现抗逆力养成的突破性进展，使得服刑人员未成年子女找到安身立命和成长发展的"法宝"。

个体生命走向独立，能够独自应对生活中的问题和困境，并且主动改善环境，是个体能够和环境形成更为良好的互动、服刑人员未成年子女抗逆力养成的一种策略选择，也是一种态度。这一策略步骤在抗逆力养成中具有里程碑的意义，因为"独立"意味着服刑人员未成年子女已经能够以自己的力量主动应对生命的困难。

抗逆力的养成的最后归处就是回归生活，"人在情景中"，即人是在环境中存在和发展的，服刑人员未成年子女也是在环境中的，他们在太阳村中、在社区中、在学校里等，他们最好的抗逆力状态就是能够回归到生活的环境中。这里的回归不是一无所变的重新回到原来的生活原点，而是经历从压抑到顺从再到独立这样一个凤凰涅槃、浴火重生式的重新融入。在这个策略过程中，他们重塑了真正的自我，获得了外界的支持，最终找到了生命存在的意义，可以是一名物理学家，可以是歌唱家，可以是作家，但更多的是"成为一个独立而坚强的个体，勇敢主动地应对生活的非难"，是生命的一种新的平衡。

（二）服刑人员未成年子女易误入歧途

青少年的教育一直都是社会关注的热点问题，但是关于服刑人员家庭的子女教育问题，社会关注度却相对不足。这些孩子因为父母的错误随时面临着失学、流浪、饥饿、疾病、虐待的威胁，并承受着歧视的压力。特别是尚未成年的孩子，由于他们的年龄小，社会经验少，我国立法和政府的帮助又都很欠缺，所以，不良的环境很容易影响他们的健康成长。对孤儿和贫困地区的孩子，国家在经济上都有所帮助，可唯独他们在经济上背负着很大的压力。再加上中国文化在家庭本位传统下形成的以家庭为单位的道德评价传统，容易使人对罪犯家庭走出的孩子产生偏见，再加上家庭的破碎，亲情的缺失，让这些孩子感受不到亲人的关爱和家庭的温暖，孩子幼小的心灵受到了极大的伤害，从而感到自卑，使其本来不幸的青少年生活变得更加灰暗，渐渐地他们丧失了对美好生活原本的向往和期待，丧失了创造美好生活的信心，容易走向消极的道路。

1. 青少年犯罪

服刑人员因入狱服刑遗留在家的未成年子女，因种种原因也走上了犯罪的道路的情况并不在少数。有统计表明：被调查服刑人员未成年子女违法犯罪的人数占被调查人员未成年子女总人数的1.2%，服刑人员未成年子女在其父（母）服刑后犯罪的比例要大大超出正常群体的比例。青少年犯罪有很大一部分来自服刑人员家庭，这些家庭子女的犯罪率，远高于整个社会未成年犯罪率。这些孩子多处于青春叛逆期，因为家庭的疏于管教，往往自暴自弃，从而同样走上犯罪的道路。服刑人员子女很大部分是未成年人，这个时期的孩子喜欢模仿父母的行为举止，认为父母就是自己的榜样，却又不具备辨别是非善恶的能力，服刑人员往往都有一些不良嗜好和行为，在这样的家庭环境中，孩子很容易养成一些不良习性，在生活中会因为想彰显个性做出一些有悖家长和老师的行为，并加以坚持。因为父母服刑，导致家庭教育的缺失，孩子一般都同祖辈一同生活，因为经济与身心精力原因，祖辈管教已经力不从心，亲朋好友则不敢管，这就造成放纵孩子疏于管教。而这个年龄段的孩子还容易受欺骗，因为行为叛逆再加上管教不够很容易被恶势力利用，故而也走上犯罪的道路。

案例一：河南省某市某县一服刑人员因故意伤害罪判处4年有期徒刑，他与妻子有一个正在上初中的儿子，儿子由妻子抚养。家庭缺失主要劳动力，家庭经济条件并不是很好，其妻子工作的地方在外地，根本无暇照顾孩子，更别说管教了。怕孩子在爷爷奶奶家吃不好饭，虽然经济并不宽裕，平时每天也会给孩子一些零花钱，孩子消费少有节制，由于正处于青春叛逆期，孩子疏于管教，同时孩子在学校受到同学的歧视，产生自卑心理，性格内向，同学无人愿意与其交朋友。孩子渴望其他同学接纳他，就偷偷拿家中的生活费给同学们买礼物，这种情况出现了两次，第一次偷拿1000元，第二次偷拿800元，家长和老师发现后问其缘由,他说不给同学们买礼物就没人愿意跟他交朋友,只有这样别人才会看得起他。虽然这个孩子还没有触犯法律,但他已经徘徊在犯罪的边缘,随着年龄的慢慢增大,如果没有良好的督导,后果可想而知。

2. 中途辍学

有调查显示,45.9%的监狱服刑人员表示,其孩子目前的生活没有保障。监狱服刑人员未成年子女生活缺乏保障,主要体现在生活费用支出缺乏保障和居住条件明显下降。有统计结果显示:服刑人员未成年子女辍学的人数占被调查服刑人员未成年子女总数的13.1%,在其父或母亲入狱服刑后,这些孩子的辍学现象日益明显。

父母入狱服刑后,一部分孩子没有地方安置,跟随其他亲戚生活,他们寄人篱下,亲人原本并不富裕的家庭很难保证这些孩子的正常学习,一些亲人的冷漠也许并不想让这些孩子继续上学,更有叛逆的孩子会离家出走,在社会流浪,没有生活保障,温饱尚是问题,更不要说受教育了。大多数孩子会由父母一方照顾,大多为母亲,因为家里的主要劳动力丧失,导致家中经济情况急转直下,特别是在农村家庭和重刑犯的家庭,本身就对受教育不是很重视,一位女性往往无能力抚养多名子女,义务教育的费用几乎无法顾及,受教育的机会受到挑战,有些学习成绩平平的孩子干脆就不让上学了,早早地便外出打工赚钱养家,这样让原本贫困、愚昧的家庭环境恶性循环,即使保证他们受到正常的教育,成绩优异者能够考上大学,一直上涨的大学学费对于这样一个家庭来说也只能让他们望而却步,经济的困难是这些服刑人员未成年子女无法受到正常教育的根本性问题。

五 研究我国服刑人员未成年子女教育现状的必要性和重要性

(一)有助于服刑人员未成年子女健全人格的养成

服刑人员未成年子女作为我国青少年中的一个特殊群体,他们由于从小家庭不完整,不能享有真正的父爱或者母爱,甚至父母都在服刑,他们虽然有父母,但是在一定程度上,他们也是"孤儿",是"另类孤儿"。尤其是在心灵上或精神上,他们没人可以沟通,容易形成叛逆的性格,他们很难像其他青少年一样,健康快乐地成长,甚至有的孩子因为自己的特殊背景,不敢和其他同学交流,久而久之养成孤僻、冷漠的性格，进而仇视他人，报复社会，最终，走上父母的老路，成为"罪"二代。因此，如果全社会都对他们提供积极帮助，使他们能够从家庭教育的缺失中走出来，接受全面的学校教育，感受到社会给予的温暖，才能健康成长。

（二）有助于服刑人员更好地改造

俗话说：虎毒不食子。再狠毒的犯罪分子，其内心深处都有一片柔弱之地，那就是他们的孩子。通过对一些出狱的服刑人员的走访得知：在其服刑期间，孩子无疑是他们最牵挂的人，而希望孩子能接受正常的教育，不走他们的老路，更是他们最大的愿望。所以说，如果我们能够保证服刑人员子女在他们服刑期间正常地接受教育，最大限度地保障服刑人员未成年子女的受教育权，这对于服刑人员来说就是吃了一颗定心丸，这也在一定程度上提高他们在狱中改造的积极性和降低他们出狱后的社会危害性，有利于减少和预防二次犯罪，从而实现服刑改造的真正目的。

（三）有助于维护社会的和平稳定

给服刑人员的未成年子女提供良好的教育保障，能够从两方面实现社会的和谐稳定。一方面，就服刑人员而言，如果他们的未成年子女的教育得到保障，当他看到自己的孩子健康快乐地成长，他们将会化对社会的仇恨为改造的力量，对社会满怀感恩，在出狱之后立足岗位、认真工作，为社会贡献自己的力量。一旦他们子女的生存和教育问题解决不好，在出狱之后他们可能会继续干一些违法犯罪的事，依然是社会的危险分子。另一方面，就服刑人员未成年子女而言，如果他们不能接受良好的教育，他们在社会上一旦受到了不法分子的胁迫和利诱，很容易走上犯罪的道路。有调查表明：15%的青少年犯罪都是因为家庭的不完整，比如，父母服刑或者父母早逝或离婚，而服刑人员的未成年子女一旦走上犯罪道路，那将更加不利于社会的稳定发展。因此，保障服刑人员的受教育权，有助于预防和减少青少年犯罪，维护社会的治安。

第二节 服刑人员未成年子女的特征

父母不但是孩子的第一任老师，也是孩子崇拜和模仿的榜样，他们心中父母的形象总是高尚的、善良的，父母一旦服刑，孩子原本模仿、崇拜的偶像和尊重的长辈成了社会指责、人人唾弃的罪犯，孩子心中的落差是巨大的，再加之周围邻居，班里同学对他的议论、嘲笑，更让孩子无法接受。这时的孩子正处于成长阶段，其中的中学生处于青春期，大脑尚未发育成熟，社会经历和阅历还很匮乏，自我心理调节能力相对成年人较弱，根本不能接受残酷的现实和强烈的刺激，这会影响他们的正常的心理发展，甚至会产生很多心理问题。

一 自卑心理

服刑人员未成年子女作为一个特殊群体，他们因为父母的入狱而被贴上标签，被社会边缘化，面临着非常严重的爱和归属的危机。当自己一直视为偶像和榜样的父母成为罪犯，与自己心中的完美形象抵触时，绝大多数孩子产生自卑心理，认为自己低人一等，怀疑朋友、同学、老师会不喜欢他，在学校生怕别人问及关于父母的事情，不愿意与人交流，特别是父母触犯了如强奸、杀人这些罪行的孩子就更觉得抬不起头来，进而出现自闭的情况。调查显示：有20%的服刑家庭的子女不愿意接受社区帮助，在愿意接受的80%受访者中，绝大多数选择了"非公开化"的帮助形式，愿意接受"公开资助"的仅有7.0%。由此可知，这些孩子不愿意被特殊化，不愿意带上"特殊群体的"标签，其自卑心理是普遍存在的。

"贴标签"是社会弱势群体的一种首要反应，与其相对应的社会态度就是"歧视"。标签理论认为，犯罪是社会互动的产物，而个人被有意义的他人——如教师、亲戚、警察等贴上标签，描述为偏差行为或犯罪者，他就逐渐自我修正，而成为偏差行为者或犯罪者。他们很在意他人对自己的看法，很不愿意自己被贴上"犯人的小孩儿"这样一个标签，但现实就是这么残酷，越是不想发生的事情，就越是以各种形式存在着，所以，他们感觉非常的无力。

案例一：访谈对象——男，16岁

我们村很小，也就几十户人，我爸被带走那天，警车声音很大，村里人都在我们家门口，那个时候我正跟我爸、我妈还有我弟一起看电视，突然那个警察就到我家把我爸逮了。说实在的，我爸以前名声就不怎好,老骗人,我跟我妈都说过他好多次了,他就是不听。我爸被带走后吧,村里每个人都知道了,我觉得我都不好意思出门了,也不想去上学,就在家里待着,我妈怎么说我都不出门。

服刑人员未成年子女被贴的标签就是"罪犯"的孩子,对他们的价值预设就是将来也可能犯罪,社会的这种态度让他们感到非常的无力,有时候想宣泄出来那些不良的情绪又找不到合适的途径,就只能闷在心理不表达了。

根据埃里克森的理论,青少年正处于人生发展的第五个阶段,青少年的心理危机也是一种由儿童向成人发展的社会化过程中的危机,其核心问题是自我统合的问题。如果统合失败,则发展受阻,导致角色混乱、退缩或行为异常,如果统合成功,危机化解。自我同一性形成,标志着童年期的结束,成年的开始。服刑人员未成年子女进入青春期后,身体和家庭的剧变使他们产生了比较多的不信任感、羞耻感以及自卑感,陷入自我同一性的尴尬局面。他们更容易产生憎恨他人的逆反心理,这可能增加社会的不平等以及不安定的因素。

案例二:访谈对象——男,13岁

我爸在我很小时就不在了,我娘也被抓了。刚开始不觉得怎么样,后来邻居老对我指指点点的,特反感。我就总搞破坏,往邻居家的茅坑扔炮,用石头砸他们家的玻璃,往他们家的锁里塞土。反正能干的我都干了,啥也不怕。

处于青春期的孩子们自尊心强,当他们受到尊重的时候,就会产生一种满足感;相反,当他们被歧视或者被看轻的时候,就会有一种挫折感。而且他们对别人的评价非常敏感,争强好胜,不甘落后的心理也十分突出,此时羞耻感也会相伴而生。从访谈中不难看出,家庭的变故以及周围环境的变化使他们无所适从,认为他人在对自己"指指点点",并且因为自己的怀疑而报复他人。而且进入青春期后,叛逆心理表现比较严重,当意识到自己被嘲笑、忽视与歧视的时候,容易让他们产生强烈的愤怒和反抗,综合体现在"谁都管不住,什么也不怕"的心理,有一种"破罐子破摔"的倾向。

二 逆反心理

服刑人员子女往往都是敏感的，身边人的一句话都在刺痛着他们幼小的心灵，亲人不在身边本身就感到恐惧孤独，加上身边的同学、朋友言语上的欺凌，心中的压力无处释放，女孩子往往会自闭，而有些男孩子认为无法反驳，就用武力解决，久而久之产生了暴力倾向。这样更难融入到群体中去，性格更加孤僻怪异，形成心理习惯，不愿意与老师和家长沟通，不愿意接受教导，产生逆反甚至是攻击的心理，形成恶性循环。人与人之间的关系中最为重要和亲密的就是血缘关系，在这种血缘关系中，几乎所有的父母都会无私地关心和爱护自己的孩子，给予他们支持和慰藉。对于孩子来说，最需要的是父母和家人的关怀与情感交流。然而对于服刑人员未成年子女来说，因为父母双方或一方入狱造成这种家庭的亲密关系被剥夺和破坏，过早地隔断了孩子与父母的亲密接触和情感联结，孩子在情感依赖方面是受伤害的，这可能使他们感受到自己是心灵和情感极为贫乏的"孤儿"。

三 嫉妒心理

家庭的不幸让这些孩子生活困苦，再加上缺乏父母的关心，家庭的温暖，他们渴望关爱，当看到同龄的孩子得到父母的宠爱，无忧无虑的时候，当看到在良好家庭氛围内的孩子成绩优异受到学校老师表扬的时候，心中的不平衡感油然而生。冷酷、冷漠、攀比的心理严重。对现在生活的不满很可能都用一些不正常的方式发泄到同学身上，希望用自己的方式找到与他人平等的感觉。这样便会加剧恶化人际关系，助长其畸形心理。

第三节　服刑人员未成年子女的干预方法

一 干预宗旨

干预的本质是为了不干预，让服刑人员未成年子女感觉到自己和正常的孩子一样，自由自在地生活。

服刑人员未成年子女的许多心理问题都是由于感受到自己的特殊性

造成的。这种来自外界的过多干预，不但不会减少服刑人员未成年子女的心理障碍，反而加重了服刑人员未成年子女的心理负担，使他们产生与社会格格不入的自卑心理。因此，对于服刑人员未成年子女最重要的干预宗旨就是不干预，学校和社会应为他们提供宽松的发展空间，树立全纳理念，即全身心地接纳服刑人员未成年子女，帮助他们在爱的包围中快乐地成长。

二 社会干预途径

保护服刑人员未成年子女的合法权益是一个系统工程，是全社会的职责，各有关部门要充分发挥职能作用，密切合作，协调联动，形成合力，共同担负起维护这一特殊弱势群体的合法权益的重任。

（一）加强舆论宣传，呼吁全社会共同关注服刑人员未成年子女

目前，社会、群众和有关部门尚未给予服刑人员未成年子女足够的关怀和爱护，甚至一些群众将对罪犯的不满和气愤发泄到他们的子女身上，对其冷漠无情、嘲笑谩骂，使他们的自尊遭到严重伤害，以致服刑人员未成年子女的人格向两极化发展，要么自卑懦弱，要么有暴力倾向。还有些群众对保护服刑人员未成年子女不甚理解，认为正常的儿童还保护不过来，为什么花如此大的气力保护一群服刑人员未成年子女呢？

因此要加强舆论宣传，消除误解，让大家充分认识到服刑人员未成年子女在精神上遭受的打击和在社会、学习中所面临的困难，他们已经形成了一个特殊的弱势群体。如果对他们置之不理，不采取有效措施关心其成长，抚平其心灵的创伤，很有可能使他们产生心理疾病或走入歧途，成为社会的负担。

（二）完善立法，为服刑人员未成年子女的救助提供法律和制度保障

我国目前专门针对服刑人员未成年子女权益保护的法律还是空白，这与服刑人员未成年子女的现状是极不对应的。面对人数众多且呈上升趋势的服刑人员未成年子女，若不能用法律法规将保护他们权益的行为规范化、制度化，势必会造成对服刑人员未成年子女权益保护的责任主体不明确等一系列问题。因此，国家各级立法机关应该针对服刑人员未成年子女的现状，制定相应的法律法规，切实保障服刑人员未成年子女的权益。

（三）完善社会保障体系，将服刑人员未成年子女纳入社会救助范畴

社会救助是社会保障的最低层次，主要对象是社会的弱势群体，救助的目标是保障其最低生活。我国应该尽快建立对服刑人员未成年子女的救助制度，对服刑人员未成年子女进行国家救助，以解决父母服刑给家庭造成的经济困难。救助方式可以采取对父母双方或一方正在服刑的经济困难的未成年人每月发放一定数额的生活补助，补助数额的确定可以参照当地的最低生活保障待遇。待其父母刑满释放后，根据实际经济情况，可以停止发放。

（四）成立服刑人员未成年子女救助基金会

可以在中华慈善总会的监督下成立一个专款专用的服刑人员未成年子女救助基金会。基金的来源可以是国家财政资助，也可以是社会捐赠，还可以发行福利彩票及用这笔基金投资使其保值、增值。其中接受社会捐赠是筹集服刑人员未成年子女救助基金的主要途径。基金会可以动员社会力量为服刑人员未成年子女救助项目建设提供赞助；接受社会各界的募捐和赞助；接受外国友好团体和个人、海外华侨和港、澳、台同胞的捐赠等。

基金会筹集到的资金全部用于服刑人员未成年子女救助事业。例如用于服刑人员未成年子女儿童村的建设；或者由父母服刑的监狱及居住地村委会、居委会或未成年人保护组织出具父母服刑期限、家庭状况、经济状况的证明，书面向基金会提出申请，即可得到专项基金的资助。

（五）建立服刑人员未成年子女帮教制度

服刑人员未成年子女成长的不利因素主要存在于家庭和社会中，主要表现在缺乏父（母）的监护教育及社会的歧视待遇，以及由此引发的个体不良心理。因此，建立服刑人员未成年子女帮教制度非常必要，帮教工作可以采用以下几种形式：对服刑人员未成年子女的监护人实施帮教、学校帮教、村民委员会帮教。帮教主要内容包括：对服刑人员未成年子女的监护人的职责予以监督、保证义务教育顺利完成、对其心理问题进行干预等。帮教工作应配备专门的工作人员，负责领导帮教工作的实施，具体帮教工作应聘请有爱心、有责任心、社会威望较高的教育工作者、心理学家、青年志愿者来完成。帮教工作要以人文关怀为核心内容，切忌虚张声势，避免过度干预引起"标签化"的负效应。

（六）教育行政部门和学校可以适当减免服刑人员未成年子女的学杂费

教育行政部门和学校对服刑人员未成年子女应给予特殊照顾，降低条件、就近入学，给予公正待遇、不得歧视，对家庭经济困难的服刑人员未成年子女根据实际情况减收、免收学、杂等各项教育费用。我国《义务教育法实施细则》第十七条规定，对家庭经济困难的学生，酌情减免杂费。这给我们在解决一些服刑人员未成年子女由于父母服刑给家庭造成的经济困难而无法接受义务教育在实际操作中提供了依据和保障。

（七）政府出资兴建福利性质的服刑人员未成年子女保护机构

许多服刑人员未成年子女由于犯罪、监禁等原因导致了家庭的破裂，子女无人监护。近几年来，这类未成年人逐渐增多，个别监狱基于对服刑人员的改造出发，投资兴建了儿童村，收容这些近似孤儿的服刑人员未成年子女。也有个别公民出于爱心，个人出资建立儿童村。例如大连的"爱在海边"儿童村，由私人投资兴办，收容了14名服刑人员未成年子女，但由于创办人的健康及经济原因，目前处于艰难维持状态。可见，非官方机构由于缺乏资金及专门的教育人员而使其稳定性很难保证。同时，全国这类机构也为数很少，满足不了服刑人员的需求，所以政府投资兴建安置服刑人员未成年子女的儿童村较为理想。

（八）政府提供优惠政策，鼓励兴办服刑人员未成年子女保护机构

完全由政府兴办的这种保护机构具有稳定性的优点，但社会公众往往难以接受，尤其是纳税人会认为由他们出钱为服刑人员"埋单"是有失公平的。这与国家必须投资兴建监狱虽然是一个道理，但从经济、仁爱的角度出发，鼓励私人兴办或公私合办这类机构也是可取的。政府可以通过减免税收的方式吸引私人投资，这样既为服刑人员未成年子女提供了社会保护，又引导了社会公众的慈善性投资。当全体社会成员的仁爱之心被广泛调动之后，所有的偏见、歧视也终将被消灭。当投资监狱的花费用在了投资教育上，社会的发展导向也会逐渐地扩大光明。

（九）政府、社会组织和爱心人士的物质支持

以往的社会支持全局限于给资金、食物、衣服等方面，现在的支持越来越考虑接受者的需要，"太阳村"中的这些孩子正处于思维活跃、求知欲比较强的阶段，捐赠过来的图书显然让他们眼前一亮，也为他们开

阔眼界、积累知识提供了有利条件。

(十) 专业团队的心理服务

父母双方或一方入狱，另一方面再婚或者去世，对服刑人员未成年子女造成了比较严重的心理创伤，甚至会引起一系列的"丧失反应"，他们需要专业的人员对他们进行心理干预，以防产生心理疾病。除了某大学的心理咨询老师以外，还有一些北京、上海、香港甚至境外的心理咨询老师、社会工作者也会到"太阳村"进行探访并提供服务。

(十一) 大学生志愿者的引导和改变

近年来大学生已经成为志愿者服务的重要参与者，大学生志愿者代表着一个有知识、有激情、有追求、有梦想的群体，当他们来到"太阳村"的时候，已经不仅仅是支教老师或者可以谈天说地的大哥哥、大姐姐，更是成为服刑人员未成年子女的人生向导，陪伴他们、倾听他们，以生命影响生命。

来到"太阳村"的不少志愿者最初都是抱着"献爱心"的心态，但是，当他们跟孩子接触之后，逐渐发展出一种责任意识，每周固定时间过来做志愿服务，与孩子建立了比较稳定的关系，还会把孩子们的需要发到人人网、微博等新闻媒体上，引起了更多人的关注和帮助。在他们的帮助和引导下，孩子们的状态发生了很大的变化，他们开始对大学有了期盼，对自己的人生也有了更好的规划。

社会组织和爱心人士的介入使得服刑人员未成年子女获得了更多的资源，也有了更多的人生体验。

三 学校干预管理

(一) 学校教育对策

1. 树立全纳理念，消除歧视。

全纳性教育以批判的眼光审视过去的特殊教育模式，将人分成类别，贴上标签，然后耗费大量资金为其建立特殊学校和专业机构。一些留守儿童学校的建立虽然有效地解决了服刑人员未成年子女的教育问题，但服刑人员未成年子女从小就与主流群体分割开来，长期看来，这不仅不利于服刑人员未成年子女享受平等参与社会的机会和接受教育，而且也不利于主流社会容纳他们。而全纳式学校则应无条件地接纳学区内所有的适龄入学儿童接受相应的国民教育。这种教育模式使身体有缺陷的孩子从小就与健康的孩子融合在一起，长期相处可以建立友谊，减少歧视和陌生。我们要勇于承认人与人之间有先天差异、身体上的差异、经济状况的差异、性别的差异、语言上的差异等，但是我们有责任为所有不同的人提供平等的接受社会的机会和学习的机会，以满足所有人的生活与学习的需要。要在学校中创造出一种人人彼此尊重，互相学习和多元化的文化氛围。全纳教育意味着和谐，努力构建家庭、校园、社会三位一体的和谐环境。全纳教育意味着包容，他接纳古今中外优秀教育理论和教育流派，接纳各类教育机构和专业人员，以海纳百川、有容乃大之势为我所用，帮助服刑人员未成年子女去除特殊化，引导集体对他们的接纳、包容，从而使他们打开心扉，接纳他人和同学，社会交往正常化。

2. 学校要心中有数。

教师及校领导应该心中有数，及时更新服刑人员未成年子女的情况，记录在册，开展与这部分特殊儿童的家庭关注，及时与其家人沟通。教师应当作为学校与家庭的桥梁，多与这些儿童及他们的抚养者谈心，增加儿童的亲社会行为教育，给予他们情绪疏导和心理上的支持。

3. 打开沟通之门。

可以在学校设立亲情热线，加强服刑人员未成年子女与抚养者之间的沟通，管理方式可以借鉴以往的优秀范例，即参照贵族学校日常管理模式，一周在校五天，周末回家休息，也可根据具体情况，为了避免服刑人员未成年子女接触社会不良人群，接受全封闭式管理模式，以此增加的额外开支，由社会、政府等各界共同承担。

4. 开展健康校园活动。

参照服刑人员未成年子女的心理问题，有针对性地开展课内及课外双向活动。课内即学校根据相关教育家、心理专家的建议，开设健全人格，促进健康成长，培养良好习惯及情绪管理的科目，让每个在校的学生均有所成长。可采取多种方式，如话剧表演、小老师备课等方式，学校尽可能地采取多媒体设备，寓教于乐，在课堂上多给服刑人员未成年子女以展示的机会，让他们有更好的心理成长。课外活动，即社会参观活动，学校可以联系画展、儿童话剧等活动，让这些孩子无意中融入同伴群体，在参观或者观赏的过程中有所启发，必要的时候给予正向的引导，邀请家长的参与，促进抚养者与儿童的沟通。

5. 专业心理咨询活动。

校园设立心理咨询中心，任课教师及时反映学生情况，如有必要可以让全体学生参与团体咨询，年纪较小的学生可以参与心理游戏，如心有千千结、沙盘游戏、画树画人等，通过这些投射测试，探究他们的内心世界，在班主任的配合下，让有经验的咨询师指导进行，相信通过多次的实践一定会让服刑人员未成年子女这一特殊群体内心有所明朗，必然有助于其学习成绩的提高。

(二) 教师的角色

孩子的成长，首先是从父母的瞳孔中确认自己的存在，他们是稚弱的，还没有独立认识世界的能力，随后"重要他人"的影子也会进入他们的心理年轮。"重要他人"说过的话，做过的事，他们的行为方式，会以一种近乎魔法的影响根植于他们的心灵。老师在某种程度上就扮演着"重要他人"的角色，他们的一举一动、一言一行、一颦一笑都可能给学生的心理打上深深的印记。服刑人员未成年子女在受到家庭的打击之后，老师的重要作用愈加凸显。

1. 教师用心呵护服刑人员未成年子女，成为他们的妈妈。

服刑人员未成年子女每天最长的时间都是在学校里度过的，与他们接触时间最长的就是他们的老师了。老师就像妈妈一样感染着他们，温暖着他们。老师的一个温暖怀抱就为服刑人员未成年子女撑起了一片蓝天，老师的一句表扬或者支持的话语就成为服刑人员未成年子女前进的动力。如果一个人在学校被老师接纳和尊重，其内心的自我认同程度和自我接纳程度就会比较高。

正如《放牛班的春天》，马修老师以自己的人格、爱与尊重让充满暴力、恐怖、严厉制度的少年管制学校里的一群"混世魔王"拥有了各自精彩的人生，他用跳动的音符驯服了一群像小野牛般的桀骜不驯的心灵，让他们感受到了阳光的温暖，春天的气息。

案例一：访谈对象——女，17岁

对我影响最大的就是我初中的语文老师了，我的语文很好，每次都能考得很好，写的作文也不错，每次老师都会让我到黑板前面读。其实老师是知道我们家的情况的，可是一直对我都比较照顾，没有看不起我啥的。我现在学幼师，也是受到他的影响，我不能像他一样去教小学或者初中，不过我也可以当老师。等我当了老师，也要对我的学生好，不打骂学生。

2. 教师用爱点亮服刑人员未成年子女的心，指引他们前进的方向。

乐观感并不一定是你拥有多少财富，学到多少知识，掌握多少技能，而是一种发自心底的对生命馈赠的感恩，是一种自我感受能力。服刑人员未成年子女经历了那么大的磨难，并不是他们对幸福或者快乐的标准降低了，而是懂得感恩，懂得去从容面对生活了。虽然他们在生活中是不幸儿，但他们在社会中却是幸运星。因为受到了教师爱的滋养，他们比同龄人更能体会幸福的味道；因为从小肩负重大的责任，他们比同龄人更具独立生活的能力；因为教师的谆谆教导，引领他们心向阳光，走向光明。因此，服刑人员未成年子女对快乐的感受能力较强，与其同龄人相比，他们更容易得到幸福和快乐。

案例二：访谈对象——男，14岁

什么是幸福啊？幸福用一个笑话说就是猫吃鱼，我吃肉，奥特曼打小怪兽。家里发生了那么多事，我觉得能吃上一天三顿饭，能安心地学习、看电视，能有朋友跟我一起玩，这就很幸福了，我觉得我现在就很幸福，将来通过我的努力一定会更幸福。

3. 教师倾听服刑人员未成年子女的心声，成为他们的朋友。

当服刑人员未成年子女遭遇"逆境事件"时，首先面对的问题就是如何接纳这样的一个事实，或者说应该以什么样的身份去接纳这样一个事实。在这个过程中他们有意识或无意识的已经开始进行认知的选择，去选择那些对自己伤害较小的事实去感知。之前自我概念被瓦解，需要进行重新厘定，是一个认知再构造的过程。在这个阶段，服刑人员未成年子女多数呈现出压力和逃避的状态。

服刑人员未成年子女在得知父母双方或一方入狱时，第一反应就是不能接受，第二反应就是沉默，压抑自己的内心，并以这样一种方式默认自己是"罪犯"的孩子。这个过程是漫长而痛苦的，他们大多不愿向他人倾诉，只是独自一人在不断纠结折磨中形成自我概念的再次厘定。

面对服刑人员未成年子女痛苦的心理斗争，教师应该静静地陪伴着服刑人员未成年子女，在他们需要帮助的时候帮他们"解围"，做一个合格的倾诉者和引导者，成为他们前进道路上的挚友。另外，还要注意服刑人员未成年子女的"隐私权"保护工作，尊重并爱护学生。

（三）教师的干预时机

服刑人员未成年子女接受自己"新的身份"需要一个过程，在他们自己看来是带有污点的。教师应当尊重服刑人员未成年子女的心理接受过程，避免过多的干预造成服刑人员未成年子女的"特殊化"心理。教师应当为服刑人员未成年子女提供一个宽松的成长环境，尊重他们的身心发展规律，在服刑人员未成年子女需要帮扶时给予适当的干预。

（四）教师干预的方法

根据埃里克森的社会化发展理论，不同年龄阶段的服刑人员未成年子女应该采取不同的干预方法。

1. 婴幼儿时期对服刑人员未成年子女的干预：服刑人员未成年子女由于这一时期的性格特点是主动对羞愧，再加上社会对服刑人员未成年子女的认识偏见、过度关注，教师应该做的就是给予他们一个宽松的成长环境，让他们自己主动去探索、去发现，在不断的实践中树立自己的自信心，培养自我认同感。

2. 小学阶段对服刑人员未成年子女的干预：本阶段是儿童成功感形成的重要阶段。面对服刑人员未成年子女的教育，首先应为服刑人员未成年子女引领一条正确的道路，其次要对他们抱有期望，使服刑人员未成年子女与教师建立生命的连接，朝着教师期望的方向发展。皮格马利翁的效应帮助服刑人员未成年子女养成了勤劳上进的好习惯，使他们相信命运是掌握在自己手中的。

案例三：访谈对象——女，14岁

我跟我的物理老师说过我想当物理学家，她说只要我好好学习，把最基础的东西学好了，将来就可以实现我的理想。我感觉她算是我生命中一个很重要的人吧，她从来没有把我当成一个跟别的孩子不一样的孩子，甚至对我比其他人都好。我刚来的时候挺自卑的，而且那时候也比较小，到了一个比较新的环境总是不好意思跟别人说话，就一个人埋着头学习，什么都不管。后来上初中了，就碰见了我们现在的物理老师，她特别关心我，也对我的期望比较高，可能也是因为我的物理成绩比较好吧。我觉得自己也没有想象中的那么差，虽然家里有比较特殊的情况，但只要我努力了还是可以改变的。

3. 中学阶段对服刑人员未成年子女的干预：这一时期的儿童容易被角色同一对角色混乱所干扰，也开始考虑"我是谁"的问题。教师一定要在这一时期做好服刑人员未成年子女的心理疏导工作，时刻观察他们的心理动态，防止其心理问题的产生。

（五）活动课程的组织与创新

杜威认为，课程必须与儿童的生活相通，应该以儿童为出发点、为中心、为目的。理想的课程应该促进儿童的生长和发展。面对服刑人员未成年子女这一特殊群体，课程设计的重点不是知识的传授和学习，而是情感的弥补与宣泄。因此在课程设计中可以更多地加入音乐、美术等艺术课程，让服刑人员未成年子女在学习技艺的同时，以正确的、美好的方式将自己的情感表达出来，防止长期的情绪积压带来的心理问题。除此之外，户外体育游戏也会对服刑人员未成年子女产生积极的作用。

1. 体育游戏可以改善人际关系。

我国著名心理学家丁瓒教授指出"人类心理适应，最主要的就是对人际关系的适应"。集体运动项目需要大家相互之间的配合与协同，正好客观上促进孩子在锻炼过程中主动与人接触，提高了他们的心理适应能力，同时在运动中增强了组织和协调能力，有助于友谊和领导地位的形成，这些都是改善他们人际关系的关键。

2. 体育游戏可以提升意志力。

敢于向困难挑战、坚持不懈、勇于拼搏是体育精神的充分体现，对于监护缺位的服刑人员未成年子女来说，健全的人格和意志力是他们自立的基础。服刑人员未成年子女面临过度保护的家庭生活以及来自社会和学校的交往障碍，克服这些障碍最关键的就是培养他们坚强的意志力和决心。行动的自觉性和果断性是意志健康的重要标志，坚韧、顽强也是意志的重要内容。参加体育运动，既是对身体的锻炼，更是一种对意志的考验。体育活动具有独特的环境条件，要求学生不断地在生活中克服客观困难和主观困难，在克服困难之中培养良好的意志品质，并能将之迁移到日常生活、学习中去。

3. 体育游戏可以使服刑人员未成年子女保持积极的心境。

心理学告诉我们，心境是一种较稳定、持久，而且在一段时间内会影响人全部行为的情感体验。良好的心境对人的行为具有增力作用，长期的体育活动会以多种方式对人的乐观主义倾向的形成产生影响，少年儿童在体育运动过程中，能够通过运动来增强安全感和自豪感，并且通过课余时间的自主锻炼来消除紧张情绪。

四　监护人管理及干预

（一）强化家庭意识

家庭教育是未成年子女教育的基础，尤其家庭的巨大变故，使得服刑人员未成年子女对现有的认识产生了怀疑、恐慌，在这样的特殊时期，家长应当及时调整好心态，为子女做好表率作用，家长是子女的第一任教师，言谈举止都对子女产生深远的影响，乐观向上的心态有助于服刑人员未成年子女及时走出家庭破裂所带来的危害。有些服刑人员未成年子女父母一方犯罪后，另一方出走，造成子女交由他人监护，这种情况下，子女的身心遭受到了巨大的打击，监护人应当重视与其进行心理沟通，及时化解孩子的心理矛盾，正确地面对社会的评价，积极地迎接生活。面对家庭角色的缺失，应当及时预见所带来的影响，并加以预防，尤其是青春期的青少年，进入这个特殊阶段，孩子的情感变得细腻、敏感，应当及时关注孩子的变化，对于不良的心理影响应当及时地辨别、指正。

（二）提升监护人的素质

监护人要重视自己言行的榜样示范作用，保持良好的心态，自立自强，向服刑人员未成年子女传递积极向上的价值观和人生观。虽然另一方服刑给家庭带来了困难，但切不可怨天尤人、意志消沉、自我封闭、乱发脾气，甚至因此染上恶习。在日常生活中，要正视困难、乐观开朗、自立自强，教孩子学会如何有效地应对压力，使孩子对现实怀有信心、对未来充满希望。

（三）改善教养方式

监护人要多与服刑人员未成年子女沟通交流，密切关注他们的心理变化，并及时给予回应和支持。避免采取溺爱、专制、放任、漠视等不良教养方式，要以民主平等的态度与孩子相处，既给予孩子充分的温暖，又不失合理的管教。面对由于父（母）服刑带来的经济、生活、学习等方面的问题，监护人应与孩子一起理智面对，并共同协商、讨论如何解决问题。

（四）优化家庭氛围

监护人要加强责任感，多找机会与孩子进行情感交流，表达对孩子的关爱与重视。家庭成员之间应当和睦相处、相亲相爱、减少冲突。身为父母的服刑人员也要与孩子保持密切联系，通过书信等方式表达自己的牵挂和关爱。通过创设支持性的家庭氛围，让孩子感受到家的温暖、获得正向情感支持，满足孩子的被爱、安全感、归属感等基本心理需求。

五 未来发展与展望

（一）自我概念的重塑

对于服刑人员未成年子女而言，他们在面临"逆境事件"会出现"恐惧""焦虑""耻辱""伤心"等，父母的离去使他们陷入混乱和迷失的状态，不知道自己所处哪里、不知道自己将要做什么、不知道自己将要到哪里。面对来自家庭、学校、社会等方面的制约或支持，他们首先要认识自己，认同自己。在研究中发现，服刑人员未成年子女的抗逆力水平是存在差异的，那些抗逆力水平比较高的服刑人员未成年子女应对"逆境事件"时，自我认同的程度也相对较高，他们能够很好地认识到自我的生命状态，包括身体状况、心理状况、所处环境等，并辨别出其中的风险因子和保护因子，然后像变色龙一样随着环境的变化而主动地进行选择和调试，较快地适应新环境。这种由内而外迸发出来的精神能量是巨大的，恰如"小草的破土、小鸡的破壳"，是一个生命历程的开始。

（二）外部资源的引导

服刑人员未成年子女在应对"逆境事件"时，来自自身以外的威胁或者支持，诸如家庭、学校、社区包括整个社会等。他们为了获得一定的资源，或者讨得他人的好感，而自觉或不自觉地调整着自己的行为和逻辑。他们会模仿一些优秀人的行为甚至是一个概念或符号，按照主流价值观下的条条框框形塑自我，这是一种自我规训，是一种向光性扭曲（大树为了得到更多的阳光，整个树干都跟随阳光的方向发生一定的扭曲）。

这种外获式的自我形塑可以帮助服刑人员未成年子女获得更多的外

部支持,是一个由外而内的过程,就像小草成长中的阳光,小鸡成长中的粮食,虽然有可能被过于强烈的阳光"烤焦"或者过多的粮食"撑死",但是适度的汲取对抗逆力的养成也发挥着重要的作用。

(三)抗逆力的养成

服刑人员未成年子女抗逆力养成会受到保护和风险两个角度以及内部和外部两个面向的因素影响。他们的抗逆力养成的起点是父母双方或者一方入狱这个"逆境事件",在经过压抑与逃避、顺从与反弹、独立与回归这三个策略过程,逐渐完成了自我概念的重构、外部资源的获取以及生命意义找寻的转变,实现了自我效能感、乐观感和归属感的全面提升。服刑人员未成年子女抗逆力养成的动态过程,是一个多方参与、自我调适、自我形塑的迂回式正向发展过程,是一个结构风险因子、构建保护因子和重构生命状态的过程。

第四节 案例与干预

米粒,女,8岁,父亲因抢劫入狱,母亲与父亲离异。7岁前米粒由奶奶爷爷抚养,7岁后米粒被送去"太阳村"进行集体生活。米粒性格内向,不爱与人交往,当有人与她打招呼的时候她都会用手捂着脸,当有人叫她的名字时她都会躲起来不让大家看见。米粒平时略有暴力倾向,喜欢踢东西,她曾经踢坏了一棵刚栽种的树,把刚栽种的花也给折坏了,花瓣碎的满地都是。米粒不喜欢和他人有身体接触,她总是以拳击的方式来抵触一些想与她亲近的人。米粒的嫉妒心较强,不愿意其他的孩子和她喜欢的老师亲近,假如老师亲近其他孩子,她就会好几天不和这个老师说话。对此,"太阳村"的负责人找到我们,想要对米粒进行干预,帮助她融入集体。了解到米粒的基本情况后,我们采取沙盘治疗和合理情绪疗法对她进行干预。

为了对米粒的心理情况进行深入了解,我们首先对她进行了沙盘诊断和沙盘疗法。沙盘诊断是根据干预对象对物体的摆放位置、所选择的物体,对干预对象内心深层情绪的一种判断。沙盘疗法也称箱庭疗法,就是在"沙箱中制作一个庭院"。作为一种心理临床技法,让来访者在有细沙的特制箱子里随意摆放组合玩具来再现其多维的现实生活,使来访者的无意识整合到有意识中,是一种从人的心理层面来促进人格变化的心理治疗方法。在我与米粒第一次进行沙盘游戏的时候,米粒在沙盘的一侧摆放了一个城堡,城堡的外面有一个华丽的公主,公主旁边站了一位富裕的中年男子。米粒摆放的另一侧只有一颗石子。我问米粒:"还需要摆放一些其他的东西嘛?"米粒低下头回答说:"不用了。"我指着小公主说:"真好看!"米粒露出了笑容,我问她:"这个男子是谁?"米粒回答道:"是她的爸爸。"我说:"她的爸爸一定很疼爱她。"米粒坚定地回答:"是的。"我看向那颗石子问道:"为什么有一个石子呢?"米粒说:"不是石子,是一颗不开花的树。"我重复她的话:"不开花的树?""对啊,没有人要她了,她不会再开花了。"根据米粒所做的沙盘,我找到了她的父亲,了解到米粒之前的家庭非常的富裕,直到父亲的生意失败了米粒家的日子越过越穷,米粒的母亲也变得越来越暴躁,米粒爸爸迫于压力去抢劫而判刑进了监狱。对比沙盘,我猜想米粒摆放的小女孩就是她,是她过去的生活。和"太阳村"负责人的交流中得知,米粒的爸爸进了监狱之后,她的妈妈和奶奶陆续抛弃了她,还总是戴着有色眼镜看待米粒,有一次米粒丢了铅笔盒,她的妈妈和奶奶说她和她爸爸一样没出息,送来之后从没来看过她,好像真的不想要这个孩子了。通过与负责人的访谈,我感受到了米粒心中欠缺的安全感,她说她是一颗不开花的树,她对植物的破坏是对她现状的不满,对她亲人的反抗。对此,我们又和她进行了随后的沙盘游戏。第二次沙盘游戏是我和她一同进行的,我在她摆放的石头上放了一只小猫,她把小猫拿走了,她说:"这里什么都没有。"我把小猫放在了城堡边上,她也不乐意,她说:"没有小猫。"于是之后我又陆续拿了小狗、蝴蝶、小花等依次放在石头旁边和城堡旁边,我想看看米粒能不能有接受的事物,当我拿起小狗的时候,米粒说:"小狗放在石头边上吧。"我说:"小猫不可以也放在这嘛?"米粒说:"我没养过小猫。"原来米粒是希望曾经陪伴她的小狗现在也能陪伴她,她也认为小狗不会抛弃她,可见她的内心还是很需要关爱的。之后每次我去看望她都会给她带她爱吃的草莓,慢慢地她愿意让我接近她,并且在石头边上摆上了一个大人和一个小孩。我见她有了进步,可以不再封闭自己,就想着帮她解决下一个爱嫉妒的心理问题,我就在女孩陪伴的情景下又放了几个小孩,米粒说:"怎么这么多小孩啊?"我说:"我想让他们陪你玩啊。"米粒说:"不要! 有他们你就不喜欢我了。"我说:"不会啊,我是来叫她们给你做草莓蛋糕的,做好了你分给我们吃好吗?"米粒终于接受了我的提议,并且她告诉我她是害怕我和她奶奶一样喜欢她弟弟妹妹不管她。

除了使用沙盘疗法,我们还对米粒进行了合理情绪疗法的干预。

合理情绪疗法,美国著名心理学家阿尔伯特·艾利斯[Albert Ellis 1913.09.27]于20世纪50年代创立,其理论认为,引起人们情绪困扰的并不是外界发生的事件,而是人们对事件的态度、看法、评价等认知内容,因此要改变情绪困扰不是致力于改变外界事件,而是应该改变认知,通过改变认知,进而改变情绪。他认为外界事件为A,人们的认知为B,情绪和行为反应为C,因此其核心理论又称ABC理论。

在和米粒进行交流的过程中,我们发现,米粒对身边的其他人十分排斥,她认为周围人总是不怀好意地接近她,因而总是对他人产生敌意,甚至会因此做出过激行为。根据她的表现,我们慢慢和她进行交流,告诉她每个人都是善良友好的,并没有任何人心怀敌意来接触她,希望她自己也能慢慢地接受他人,与别人交流。在干预过程中,我们鼓励米粒与身边的孩子交朋友,慢慢改变她的错误认知。针对米粒表现出的嫉妒心理,我们也是对其进行心理疏导,帮助她寻找自身的优点和专长,并且引导她学会关心他人。在后期我们也发现米粒的心理状态慢慢得到改善。

通过大家的共同努力,米粒渐渐地可以和孩子们进行正常交流,她的暴力行为出现的频率也在降低。为了治疗效果更好,我们会定期跟踪对其治疗,并对其进行适当引导。

参考文献

[1] 周涛:《谈服刑人员子女的社会保护》,《辽宁警专学报》2005年第4期。

[2] 刘怀光、刘岸泓:《基于EPQ的服刑人员未成年子女心理问题分析》,《广西政法管理干部学院学报》2011年第5期。

[3] 孙铭慧、许莉娅:《服刑人员未成年子女抗逆力的养成研究》,硕士学位论文,中国青年政治学院,2013年。

[4] 张美伦、刘岩：《服刑人员未成年子女行为偏差的社会工作介入探析——以 C 市太阳村儿童为例》，硕士学位论文，吉林大学，2015 年。

[5] 常田子、马进举：《服刑人员家庭未成年子女教育问题研究》，硕士学位论文，河南大学，2012 年。

[6] 郑敏：《服刑人员未成年子女的心理特点与教育对策》，《淮海工学院学报》（人文社会科学版）2013 年第 12 期。

[7] 李卉、陈昕：《T 机构服刑人员未成年子女的需求调查及救助模式的探索》，硕士学位论文，中国社会科学院研究生院，2012 年。

[8] 刘汉生：《体育对服刑人员未成年子女心理重建的效用》，《体育文化导刊》2011 年第 9 期。

[9] 关旖：《服刑人员未成年子女心理问题原因分析及应对策略》，《法制与社会》2013 年第 36 期。